逢先知
文丛

逢先知 著

毛泽东和
毛泽东思想

伟大旗帜

三联书店

Copyright © 2019 by SDX Joint Publishing Company.
All Rights Reserved.

本作品版权由生活·读书·新知三联书店所有。
未经许可，不得翻印。

图书在版编目（CIP）数据

伟大旗帜：毛泽东和毛泽东思想／逄先知著 . —北京：生活 · 读书 · 新知三联书店，2019.6 （2020.10 重印）
（逄先知文丛）
ISBN 978 - 7 - 108 - 05947 - 5

Ⅰ . ①伟… Ⅱ . ①逄… Ⅲ . ①毛泽东思想研究 – 文集 Ⅳ . ① A84-53

中国版本图书馆 CIP 数据核字（2018）第 244061 号

责任编辑	王海燕　唐明星
装帧设计	蔡立国　刘　洋
责任校对	张国荣
责任印制	董　欢
出版发行	生活·讀書·新知 三联书店
	（北京市东城区美术馆东街 22 号 100010）
网　　址	www.sdxjpc.com
经　　销	新华书店
印　　刷	三河市天润建兴印务有限公司
版　　次	2019 年 6 月北京第 1 版
	2020 年 10 月北京第 3 次印刷
开　　本	635 毫米 × 965 毫米　1/16　印张 28.5
字　　数	270 千字
印　　数	08,001 - 11,000 册
定　　价	54.00 元

（印装查询：01064002715；邮购查询：01084010542）

逢先知工作照

1960年3月8日,毛泽东在广州主持《毛泽东选集》第四卷通读会。毛泽东右侧起依次为:逄先知、许立群、康生、田家英、胡乔木、熊复、姚溱。

1962年3月22日，毛泽东在武昌接见湖南调查组全体成员。前排右四为田家英，右六为王任重，后排右四为逄先知

总　序

　　1950年3月，我从华北人民革命大学分配到中南海中共中央书记处政治秘书室。这是一个专门为毛泽东主席和其他几位中央书记处书记处理群众来信来访的工作机构，后来改名中央办公厅秘书室。从同年11月起，我在田家英同志领导下，管理毛主席的图书并先后参加《毛泽东选集》一至四卷的编辑工作，担任他的秘书，直到1966年5月"文化大革命"开始。这期间，曾随田家英同志（时任中央政治研究室副主任）在中央政治研究室（毛主席决定成立的）工作了三年多；参加过毛主席指派田家英同志领导的几次重要的农村调查和工厂调查；协助田家英同志起草过一些中央文件。

　　"文革"中我被隔离审查，在秦城关了七年多。1975年，根据毛主席的指示，我和关在秦城的许多同志一起被释放，恢复了自由。我又到中办"五七学校"劳动锻炼了两年多。1977年恢复工作，任职于中国科学院政策研究室。

　　1980年，毛泽东主席著作编辑委员会办公室改组为中央文献研究室，继续编辑毛泽东的选集和其他专题文集。由于我参加过《毛泽东选集》编辑工作，组织上把我从中国科学院调到中央文献研究室。2002年，我七十三岁时从中央文献研究室的领导工作岗位上退下来，办了离休手续，后又继续工作了十年，直到2013年《毛泽东年谱（1949—1976）》出版，时年八十四岁。我于1983年被评为编审。算起来，我在中央文献研究室实际工作了三十四年，成为一名党的文献工作者。我热爱这个工作，投入了全部精力。在这三十四年里，就编研业务方面来说，我主要从事的是毛著、毛年谱、毛传的编辑和撰写工作，还参与主持《邓小平文选》一至三卷的编辑工作。

我没有什么专著，主要是结合编研工作，在报刊上发表了一些文章。从这些文章中，大体可以看出我的工作经历。

三联书店的同志提出，要为我出一套文丛。我从多年来发表的文章中选出五十九篇，按内容主题分为四册。所有这些文章，除个别篇目外，都按照发表时间顺序排列。本书引用毛泽东、邓小平的文章，均根据人民出版社1991年出版的《毛泽东选集》第2版、人民出版社1994年出版的《邓小平文选》第2卷和1993年出版的《邓小平文选》第3卷。

第一册《伟大旗帜》，谈毛泽东和毛泽东思想。这是我参加毛著、毛年谱、毛传编撰工作中写的心得体会文章，和在几次毛泽东思想研讨会上做的报告和讲话。这些文章、报告和讲话，着重介绍毛著、毛年谱、毛传，强调坚持和发展毛泽东思想，论述毛泽东的历史功绩，以及如何看待毛泽东晚年所犯的错误等，可以看作我对毛泽东和毛泽东思想的研究成果。第一册开卷篇《中国人民革命胜利的伟大纪录》，是介绍《毛泽东选集》第四卷的，发表于1960年的《中国青年》杂志。这是文丛中唯一一篇"文革"前写的文章，距今已五十七年，不可避免地带有当时的历史烙印。有五篇写毛泽东读书生活的，记录了我为毛泽东管理图书的所见所闻，为世人留下一些毛泽东读书情况的记忆。这五篇文章曾收入三联书店出版的《毛泽东的读书生活》一书。

第二册《光辉道路》，谈中国特色社会主义理论。主要介绍邓小平著作和他的中国特色社会主义理论（中共十五大定名为邓小平理论）。其中一个内容是阐述毛泽东思想和中国特色社会主义理论的关系，强调后者是对前者的继承和发展。我一直认为，这是一个非常重要的问题。把这个问题说清楚了，就可以理解中国共产党的指导思想是一脉相承的，又是与时俱进的，是马克思主义在中国具体化的历史发展过程。任何把毛泽东思想和中国特色社会主义理论割裂开来、对立起来，都是错误的。在第一册的文章中，也特别论述了这个问题。中国特色社会主义理论在实践中不断发展。继邓小平理论之后，经过江泽民提出的"三个代表"重要思想、胡锦涛提出的科学发展观，形成习近平新时代中国特色社会主义思想，成为中国共产党长期坚持的指导思想。

第三册《关键在党》，谈中国共产党的建设和党的历史。这一部分是以毛泽东思想、中国特色社会主义理论、十八大以来习近平总书记的有关讲话精神为指导，论述党建与党史方面的一些问题。这些文章主要是回答：为什么必须坚持中国共产党的领导；中国共产党有哪些独特的优势；在新的历史条件下，如何加强党的建设；怎样做一个合格的共产党员，等等。还有几篇关于中共党史的论文。有几篇我认为比较重要的，是针对党内和社会上出现的一些错误思潮，有针对性地发表的个人看法。其中《回顾毛泽东关于防止和平演变的论述》一文，曾由中央文献出版社出版过单行本。

第四册《怀人说史》，收集了为缅怀我所敬仰的几位领导同志田家英、胡乔木、胡绳和好友龚育之同志所写的纪念文章。其中《毛泽东和他的秘书田家英》是为纪念田家英同志写的长篇回忆文章。它从一个侧面，反映了"由40年代到60年代的毛泽东的思想变化，进而了解这一期间的中国共产党和中国历史命运"（胡乔木语）。文中着重记述了毛泽东派田家英组织的几次农村调查的来龙去脉，这几次调查我都参加了。这篇文章曾在几家中央级报刊连载，收入中央文献出版社出版的《毛泽东和他的秘书田家英》一书。胡乔木同志为此文写了一篇《校读后记》。《我所了解的胡乔木同志》，原题为《永远怀念胡乔木同志》，是笔者在胡乔木诞辰八十二周年纪念座谈会上的发言，收入文丛时做了大量补充，篇幅增加了两倍。增加的内容都是从我的笔记本中摘录的,是当年胡乔木同志同我或我们的谈话记录。

另外,根据原中央办公厅秘书室五位老同志的座谈情况和另外一些知情的老同志提供的回忆材料,整理而成并在《炎黄春秋》发表的《揭穿〈戚本禹回忆录〉中的谎言》一文,作为附录收入第四册。此文由我执笔整理。

最后,做一点说明。除了文丛第四册的《我所了解的胡乔木同志》一文,其他文章均保持原貌,主要校正了个别史实的错讹,做了一些文字修改。

逄先知

2018 年 7 月

目 录

中国人民革命胜利的伟大纪录　　1

毛泽东思想提出的过程　　48

读《毛泽东农村调查文集》　　59

博览群书的革命家　　65

毛泽东读马列著作　　83

古籍新解，古为今用　　99

毛泽东读报章杂志　　121

读有字之书，又读无字之书　　130

光辉永在　真理长存　　139

加强与深化对毛泽东和毛泽东思想的研究　　159

在毛泽东生平和思想研讨会闭幕会上的讲话　　166

关于毛泽东研究的几个问题　　186

我与《毛泽东选集》　　214

《毛泽东文集》的意义　　223

毛泽东在领导新中国的建立和建设中给我们留下哪些遗产？　　236

编写《毛泽东传（1949—1976）》的一些体会　254

《毛泽东传（1949—1976）》对建国以来几个重大历史问题的研究　272

按照《关于建国以来党的若干历史问题的决议》的精神评价毛泽东　306

对《关于正确处理人民内部矛盾的问题》的几点认识　310

在毛泽东思想生平研究分会成立大会上的讲话　319

毛泽东关于建设社会主义的一些思路和构想　324

毛泽东与新中国第一部宪法的诞生　365

毛泽东的历史功绩　370

《毛泽东年谱（1949—1976）》的主要特点和研究价值　394

重新学习《为人民服务》　441

中国人民革命胜利的伟大纪录*
——介绍《毛泽东选集》第四卷

在庆祝建国十一周年这个欢乐的节日里,《毛泽东选集》第四卷出版了。全国青年和全国人民,将掀起一个新的学习高潮,热烈欢迎这部伟大的马克思列宁主义著作的出版。

《毛泽东选集》第四卷编辑了毛泽东同志在第三次国内革命战争时期,也就是从抗日战争胜利到中华人民共和国成立以前,这一段时期的重要著作。

第三次国内革命战争时期,在中国革命历史上,占着特别重要的地位。在这个时期,中国人民在中国共产党和毛泽东同志的领导下,最后推翻了帝国主义、封建主义和官僚资本主义的统治,在中国建立了一个独立的民主的人民共和国。这是全中国人民的胜利,也是全世界人民的胜利。中国革命的胜利,鼓舞着一切被压迫民族、被压迫阶级进行英勇的斗争。正如毛泽东同志所指出的,这个胜利冲破了帝国主义的东方战线,具

---

* 这篇文章发表在《中国青年》1960年第19期。

有伟大的国际意义。

中国人民革命的胜利,是经过长期的艰苦斗争,克服许许多多的困难,方才得到的。不论困难有多少,困难有多大,只要有中国共产党和毛泽东同志的领导,中国人民总是无往而不胜。第三次国内革命战争,中国人民在党的领导下,仅仅用了四年的时间,就把一个为美帝国主义全力支持的蒋介石集团所发动的全国规模的军事进攻完全粉碎,取得了革命的基本胜利。指导这次革命胜利的,是马克思列宁主义,是毛泽东思想,它的集中体现就是《毛泽东选集》第四卷。

《毛泽东选集》第四卷的内容非常丰富。不论其理论意义和实践意义,都是不可估量的。它充分地体现了毛泽东同志的最坚定最彻底的无产阶级革命精神,对着凶恶的敌人,敢于同他斗争,敢于夺取胜利;它深刻地表现了毛泽东同志在极端复杂的革命斗争中,如何纯熟地运用马克思列宁主义的理论和策略解决中国革命问题,领导中国人民取得革命胜利。《毛泽东选集》第四卷和前三卷一样,都是毛泽东同志把马克思列宁主义的普遍真理和中国革命的具体实践相结合的典范,并进一步发展了马克思列宁主义。它不但是指导中国人民民主革命胜利的思想武器,对于我国社会主义革命和社会主义建设事业,也有重要的指导意义。同时,它又是反对帝国主义、反对现代修正主义斗争最锐利的思想武器。我们应当认真地学习和研究《毛泽东选集》第四卷,当作一项重大任务,以提高我们的政治觉悟和理论水平,更好地建设社会主义的祖国。

以下就《毛泽东选集》第四卷中的一些主要问题作一些简略介绍。

一、对付反动派的方针和策略,
以革命的两手反对反革命的两手

在抗日战争结束的时候,毛泽东同志分析中国政治的基本形势说:"新的情况和任务是国内斗争。蒋介石说要'建国',今后就是建什么国的斗争。是建立一个无产阶级领导的人民大众的新民主主义的国家呢,还是建立一个大地主大资产阶级专政的半殖民地半封建的国家?"[1]这就是中国的两种命运、两个前途的斗争。这个斗争构成了从抗战胜利到中华人民共和国成立这个历史时期的基本内容。

蒋介石卖国集团,在美帝国主义的支持下,在抗日战争一结束,就要从人民手里抢夺抗战胜利的果实,使中国仍旧成为一个大地主大资产阶级专政的国家,把中国变为美国的殖民地。为了实现这个目的,他们老早打定了主意,用打内战的办法,消灭中国共产党所领导的人民革命力量。但当时他们还不能立即发动全面的内战。这是因为,一方面,他们受到国内外

---

[1]《毛泽东选集》第4卷,人民出版社1991年第2版,第1130页。

反对中国内战的政治力量的压力;另一方面,他们还要争取时间,准备内战,等到准备好了的时候,再向解放区和人民解放军发动全面进攻,一下子把革命力量消灭干净。由于这两方面的原因,国民党反动派在美帝国主义的指使下,在日本投降以后不久,表面上接受了中国共产党和中国人民停止内战的要求,同中国共产党在重庆进行和平谈判。就在谈判的同时,国民党不断地向解放区发动军事进攻,加紧部署全面内战。一方面装出和平姿态,同共产党进行谈判;一方面积极进攻解放区,积极准备全面内战,这就是国民党反动派实行的反革命的两手政策。

国民党的反革命两手政策,是由它的阶级本性决定的。毛泽东同志根据马克思列宁主义阶级分析的理论,对于反动派的本性作了彻底的揭露。毛泽东同志指出,反动派是坚决与人民为敌,坚决要消灭人民的力量,"反动势力对于人民的民主势力的原则,是能够消灭者一定消灭之,暂时不能消灭者准备将来消灭之"[1]。他用"寸权必夺、寸利必得"这句话刻画出国民党反动派坚决消灭人民力量的本质面目。国民党反动派为了实现它的反革命目的,常常施展各种欺骗阴谋。它是既残忍又阴险,既凶恶又狡猾。毛泽东同志在揭露国民党反动派本性的时候,特别指出,不能幻想反动派的本性会有什么改变,任何善

---

[1]《毛泽东选集》第4卷,人民出版社1991年第2版,第1185页。

良的愿望也改变不了它的阶级本性的一丝一毫。毛泽东同志在去重庆的前两天及时地提醒全党："绝对不要希望国民党发善心，它是不会发善心的。"[1]

为了在中国建立一个无产阶级领导的新民主主义国家，毛泽东同志针对国民党反动派的反革命政策，提出中国共产党的根本方针，这就是"针锋相对，寸土必争"。他说："蒋介石对于人民是寸权必夺，寸利必得。我们呢？我们的方针是针锋相对，寸土必争。我们是按照蒋介石的办法办事。蒋介石总是要强迫人民接受战争，他左手拿着刀，右手也拿着刀。我们就按照他的办法，也拿起刀来。""现在蒋介石已经在磨刀了，因此，我们也要磨刀。"[2]毛泽东同志特别提到我们党历史上由于陈独秀右倾机会主义的错误而使革命遭受失败的惨痛教训。他说："陈独秀对于反革命向人民的进攻，不是采取针锋相对、寸土必争的方针，结果在一九二七年的几个月内，把人民已经取得的权利统统丧失干净。这一次我们就要注意。我们和陈独秀的方针绝不相同，任何骗人的东西都骗不了我们。我们要有清醒的头脑和正确的方针，要不犯错误。"[3]

毛泽东同志不但确定同国民党反动派进行斗争的根本方针，而且提出对付反动派的灵活的革命策略。反动派对付人民

---

[1]《毛泽东选集》第4卷，人民出版社1991年第2版，第1154页。
[2] 同上书，第1126、1127页。
[3] 同上书，第1128页。

用了两手,一手是和平欺骗,一手是军事进攻,都是为了一个目的,就是消灭人民的革命力量。这是反革命的两手。毛泽东同志针对反革命的两手提出了革命的两手,这就是:一方面,努力争取国内和平,反对内战,利用和平斗争的方法,实现社会政治改革;另一方面,对国民党反动派发动全国规模内战作充分的准备,当敌人用反革命战争进攻人民的时候,就领导人民起来坚决以革命战争消灭反革命战争。

坚决反对内战,这是中国共产党从抗日战争以来一贯的要求和主张。抗战一结束,我们党就尽一切努力向国民党政府要求防止和停止内战,实现国内和平。毛泽东同志亲自到重庆,同国民党进行谈判。在谈判中间,我们党作出许多努力,在1945年10月终于达成"双十协定"。接着又同各民主党派一起,在政治协商会议上迫使蒋介石接受了共同的决议。从此,就为着维护和坚持这些决议而奋斗。这一切说明,中国共产党是真诚希望和平,坚决反对内战。但是,正如毛泽东同志所指出的,"不要打内战的只是中国共产党和中国人民,可惜不包括蒋介石和国民党";"内战危险是十分严重的,因为蒋介石的方针已经定了"。[1]按照毛泽东同志的指示,我们党在争取国内和平的同时,又准备另一手,即对于蒋介石发动内战作充分的准备,把自己的工作重点放在准备敌人发动军事进攻这一

---

[1]《毛泽东选集》第4卷,人民出版社1991年第2版,第1125、1126页。

点上。

毛泽东同志提出的革命的两手政策，再清楚不过地说明，我们党和毛泽东同志对于人民是采取了多么严肃负责的态度。人民渴望和平，我们党、我们的领袖，就向反动派力争和平；人民受到内战的威胁，我们党、我们的领袖，又勇敢地领导人民准备对任何反革命的武装袭击，给以坚决的回击，保卫人民的权利。由于实行这样的政策，获得了全国人民的同情和支持，又使全党和全国人民在思想上保持警惕，在工作上作好充分准备。这样，和平也好，战争也好，我们党总是处于主动地位，美蒋反动派却陷于被动和孤立的地位。

毛泽东同志制定的这个革命策略，以及对于这个策略的运用，精辟地说明了关于反对反动派的战争阴谋、争取和平民主的一些原则性问题。

首先，关于怎样争取和平的问题。毛泽东同志指出，国内和平的实现，不是依靠"一切愿望和平害怕战争人士的呼吁"，而是依靠人民力量的壮大，依靠对于内战挑拨者的坚决打击。他时常提醒全党，绝对不要把实现和平的希望完全寄托在同敌人的谈判上面，更不能把它寄托于敌人"发善心"。他在《评蒋介石发言人的谈话》的评论中写道：制止蒋介石发动内战的唯一办法，就是"坚决迅速努力壮大人民的民主力量，由人民解放敌占大城市和解除敌伪武装，如有独夫民贼敢于进犯人民，则取自卫立场，给以坚决的反击，使内战挑拨者无所逞其伎"[1]。在《关于重庆谈判》的报告中又说:"不给敢于进攻解放区的反动派很大的打击,和平是不会来的。"[2]在争取和平的斗争中,可不可以向敌人作一些让步呢?毛泽东同志认为,为了换得全国人民需要的和平和民主,作某些必要的让步是容许的。例如,我们党在重庆谈判中间,就让出了八个解放区的地方。但这种让步,"必须以不伤害人民的根本利益为原则"。这种让步,必须是有利于革命而不是不利于革命,有利于人民而不是不利于人民。毛泽东同志在《中共中央关于同国民党进行和平谈判的通知》中写道:在谈判中"我方亦准备给以必要的不伤害人民根本利益的让步。无此让步,不能击破国民党的内战阴谋,不能取得政治上的主动地位,不能取得国际舆论和国内中间派的同情,不能换得我党的合法地位和和平局面。但是让步是有限度的,以不伤害人民根本利益为原则"。[3]至于人民的武装,那是"一枝枪、一粒子弹,都要保存,不能交出去"。[4]这是确定不移的原则。如果想用牺牲人民根本利益的办法,用对敌人"无限制的让步和服从"的办法,甚至把自己的武装都让出去,用来换取和平,那就是右倾机会主义,是毛泽东同志坚决反对的。

---

[1] 《毛泽东选集》第4卷,人民出版社1991年第2版,第1150页。
[2] 同上书,第1159页。
[3] 同上书,第1154页。
[4] 同上书,第1161页。

其次，关于怎样对待同敌人谈判的问题。为了寻求和平反对内战，我们党采取了各种方法和途径，其中也包括和平谈判这样的形式。在谈判中，努力地和耐心地争取同国民党达成一些有利于和平和民主的协议。但是我们党从来没有幻想协议一经达成，和平和民主就轻易地到来。相反，毛泽东同志反复指出，不要轻信反动派的诺言，谈判中达成的协议，还只是纸上的东西，当反动派不需要它的时候，会随时撕毁的。毛泽东同志去重庆谈判的前两天就指示全党，绝对不要因为谈判而放松了对于反动派反人民政策的斗争。我们党在同国民党进行和平谈判的中间，要揭露美帝国主义和蒋介石的反革命真相，以便教育广大人民。因为人民在不觉悟的时候，还有相当多的人相信蒋介石，存在着对于国民党和美帝国主义的幻想，受到了他们的欺骗。通过谈判揭露敌人的"假和平，真备战"的阴谋，把谁是真要和平、谁是假要和平的真实情况公之于世，是非常必要的。毛泽东同志确定同国民党谈判的方针是："不拒绝谈判，借以揭露其欺骗。"谈判，无疑是对敌斗争的一种重要形式。但革命事业的发展，根本依靠的是人民群众的斗争，而不是同敌人的谈判。第三次国内革命战争时期，我们党有过两次跟国民党的和平谈判，这些谈判都配合着汹涌澎湃的群众革命斗争，使得革命形势的发展，更加有利于人民，而不是有利于反动派。

最后，在争取和平中间，要不要把内战危险告诉人民。争取和平，进行谈判，绝不能麻痹自己，必须同时把内战危险告诉人民，使人民对于蒋介石发动反革命战争有充分的准备，这是毛泽东同志特别强调的一点。事情很明显，人民对于和平的愿望是一回事，和平能不能实现又是一回事，内战打不打得起来，毕竟不完全决定于人民这一方面。从抗日战争时期以来，毛泽东同志就再三再四地指明了内战的危险，使全党、全军和全国人民有思想准备。他说："这一点很重要，有这一点和没有这一点是大不相同的。"[1]内战危险既然存在，就应当告诉人民，否则就会麻痹人民，涣散人民的革命意志，使人民在凶恶的敌人面前解除思想上的武装，内战一旦爆发，就处于毫无准备或者准备不足的状态，使革命遭受重大损失。为了引起全党对这个问题的警惕，毛泽东同志又特别重提1927年我党由于对蒋介石的反革命突然袭击毫无精神准备，而遭到革命失败的历史教训。毛泽东同志不但及时地把内战危险告诉人民，而且不断地教育全党同志、全体战士和全国人民：如果美蒋反动派一定要把内战强加在人民头上，那么，人民就要敢于拿起武器，用革命战争反对反革命战争。事实证明，这样做，极大地提高了人民的革命意志，"使全国人民、我们的党员和军队，早有精神准备"[2]。当不守信义的美蒋反动派撕毁和平协定，燃

---

[1]《毛泽东选集》第4卷，人民出版社1991年第2版，第1126页。
[2] 同上。

起全国规模的内战烽火以后,由毛泽东思想所武装的党和人民,并没有被战争吓倒,而是用自卫战争粉碎了蒋介石的进攻,把蒋介石的反动统治打垮,一个无产阶级领导的人民大众的新中国就诞生了。

中国革命的胜利,完全证实了毛泽东同志提出的关于同反动派进行斗争的方针和策略,证实了毛泽东同志在反对反动派战争阴谋问题上的一切论断的英明正确。

二、不抱幻想,不怕恐吓,同帝国主义坚决斗争到底

帝国主义是中国人民的敌人。中国人民民主革命的基本任务之一,就是反对帝国主义。帝国主义对中国人民进行了一百多年的压榨和侵略,使得中国长期处在极端落后、极端贫困的境地。特别是美帝国主义,为了把中国变为它的殖民地,帮助蒋介石打内战,由"美国出钱出枪蒋介石出人替美国打仗杀中国人"[1]。中国人民从自己的切身经验中得出结论,除了坚决同帝国主义和它的走狗作斗争,把帝国主义在中国的统治彻底推翻,别无出路。中国人民进行了长期的斗争,终于在三年的解放战争中,最后把帝国主义从中国赶出去。中国人民在帝国主

---

[1]《毛泽东选集》第 4 卷,人民出版社 1991 年第 2 版,第 1484 页。

义面前站起来了。《毛泽东选集》第四卷正是一部中国人民对帝国主义及其走狗进行斗争取得胜利的伟大纪录。

在《毛泽东选集》第四卷的许多重要著作中，根据列宁关于帝国主义的理论，根据中国人民反对帝国主义的丰富斗争经验，揭露帝国主义的侵略本性，指出被压迫的人民应当怎样对待帝国主义，怎样同帝国主义作斗争。毛泽东同志关于这方面的许多极为宝贵的论述，是指导中国人民在民主革命时期进行反帝斗争并取得胜利的思想武器。中国民主革命的任务已经完成，但是反对帝国主义的斗争并没有结束。这些论述，又是中国人民在革命胜利以后，为反对帝国主义的战争计划保卫世界和平而进行斗争的指导原则。

不抱幻想，不怕恐吓，同帝国主义坚决斗争到底，这是中国人民反帝斗争的一条基本经验。毛泽东同志在《抗日战争胜利后的时局和我们的方针》中说过："美国帝国主义要帮助蒋介石打内战，要把中国变成美国的附庸，它的这个方针也是老早定了的。但是，美国帝国主义是外强中干的。我们要有清醒的头脑，这里包括不相信帝国主义的'好话'和不害怕帝国主义的恐吓。"[1]

不相信帝国主义的"好话"，就是说，要认清帝国主义的本性，不对帝国主义抱幻想，不受帝国主义的欺骗。帝国主义

---

[1]《毛泽东选集》第4卷，人民出版社1991年第2版，第1132—1133页。

的侵略和掠夺的本性，是由它的经济地位所决定的，不以人们的任何愿望为转移。它是永远不会改变的。毛泽东同志在《丢掉幻想，准备斗争》一文中早已明确地告诉了人们：帝国主义者的本性是不能改变的，直到他们灭亡。

对于帝国主义的本性，中国人民并不是一下子就认清了的。经过长期的斗争，积累无数的经验，包括正面的和反面的，才做到这一点。随着中国革命的发展和胜利，特别是由于帝国主义侵略这种反面教育的作用，对于帝国主义抱幻想的人们，在中国，已经是越来越少了。但是，还有一部分人，主要是一些怀有旧民主主义思想的知识分子，对于帝国主义，主要是美帝国主义，还有幻想。毛泽东同志在关于美国白皮书和艾奇逊信件的评论里，针对这种思想，作了尖锐的批评，叫他们"丢掉幻想，准备斗争"。

中国的这一部分知识分子，幻想帝国主义者会改变侵略本性，放下屠刀，立地成佛。毛泽东同志在《丢掉幻想，准备斗争》一文中指出："帝国主义分子决不肯放下屠刀，他们也决不能成佛。""有一部分知识分子还要看一看。""他们容易被美国帝国主义分子的某些甜言蜜语所欺骗，似乎不经过严重的长期的斗争，这些帝国主义分子也会和人民的中国讲平等，讲互利。"[1]又说："希望劝说帝国主义者和中国反动派发出善心，

---

[1]《毛泽东选集》第4卷，人民出版社1991年第2版，第1486、1487、1485页。

回头是岸，是不可能的。唯一的办法是组织力量和他们斗争，例如我们的人民解放战争，土地革命，揭露帝国主义，'刺激'他们，把他们打倒，制裁他们的犯法行为，'只许他们规规矩矩，不许他们乱说乱动'。然后，才有希望在平等和互利的条件下和外国帝国主义国家打交道。"[1]

帝国主义者对于在中国的失败，是绝不甘心的。他们绝不会从失败中得到教训，由此而改变他们的侵略本性。在中华人民共和国即将成立的时候，毛泽东同志就唤起人们警惕帝国主义分子及其走狗对中国人民的报复阴谋。他在新政治协商会议筹备会的讲话中说道："帝国主义者及其走狗中国反动派对于他们在中国这块土地上的失败，是不会甘心的。他们还会要互相勾结在一起，用各种可能的方法，反对中国人民。……我们决不可因为胜利，而放松对于帝国主义分子及其走狗们的疯狂的报复阴谋的警惕性，谁要是放松这一项警惕性，谁就将在政治上解除武装，而使自己处于被动的地位。"[2]

一些人为什么会对帝国主义抱有幻想，对帝国主义的观察总是不正确，因而使自己陷于被动地位呢？毛泽东同志指出：这是因为他们没有或不赞成用历史唯物主义的观点，也就是阶级斗争的观点去看问题。

---

[1]《毛泽东选集》第 4 卷，人民出版社 1991 年第 2 版，第 1487 页。
[2] 同上书，第 1465 页。

帝国主义究竟可怕不可怕？毛泽东同志在1946年8月同美国记者斯特朗的谈话中，提出一个著名的论断：帝国主义和一切反动派都是纸老虎，看样子可怕，实际上并不可怕。他说，从长远上看，真正强大的力量不是属于反动派，而是属于人民。毛泽东同志举了俄国沙皇的例子，举了希特勒、墨索里尼、日本帝国主义的例子。这些帝国主义反动派，不都是曾经被人们认为很有力量吗？但是一个一个地倒下去了，历史证明它们都不过是纸老虎。毛泽东同志又特别指出美帝国主义和它的走狗蒋介石反动派也是纸老虎，它们也将同历史上一切反动派一样，被证明是没有力量的。

毛泽东同志说，帝国主义和一切反动派都是纸老虎，这是从战略上说的。就是说，从全体上，从长远上看，它们是外强中干的，没有力量的，人民终究要把它们打倒，所以必须如实地把它们看成纸老虎，轻视它们，蔑视它们。从这一点上，建立我们的战略思想。同时，他又指出，帝国主义和一切反动派又是会吃人的真老虎，又要从这一点上来建立我们的策略思想。就是说，在具体斗争的时候，又必须重视它们，必须采取谨慎的态度。总之，就是把帝国主义和一切反动派看成纸老虎和真老虎的矛盾的统一。在战略上藐视敌人，在战术上重视敌人，这是毛泽东同志在长期的革命斗争中形成的一个极为重要的思想。早在1936年他在总结第二次国内革命战争的经验时就指出了："我们的战略是'以一当十'，我们的战术是'以十当一',这是我们制胜敌人的根本法则之一。"[1]后来,他不断用这个思想来教育和武装全党。在1958年12月中共中央政治局武昌会议上,毛泽东同志又说:"同世界上一切事物无不具有两重性(即对立统一规律)一样,帝国主义和一切反动派也有两重性,它们是真老虎又是纸老虎。……一面,真老虎,吃人,成百万人成千万人地吃。人民斗争事业处在艰难困苦的时代,出现许多弯弯曲曲的道路。中国人民为了消灭帝国主义、封建主义和官僚资本主义在中国的统治,花了一百多年时间,死了大概几千万人之多,才取得一九四九年的胜利。你看,这不是活老虎,铁老虎,真老虎吗?但是,它们终究转化成了纸老虎,死老虎,豆腐老虎。这是历史的事实。人们难道没有看见听见过这些吗?真是成千成万!成千成万!所以,从本质上看,从长期上看,从战略上看,必须如实地把帝国主义和一切反动派,都看成纸老虎。从这点上,建立我们的战略思想。另一方面,它们又是活的铁的真的老虎,它们会吃人的。从这点上,建立我们的策略思想和战术思想。"[2]对于帝国主义和一切反动派,必须从战略上轻视它们,充满革命信心,敢于斗争,敢于胜利;在战术上则又必须重视它们,采取谨慎态度,善于斗争。中国的革命就是在这个重要思想指导下取得了

---

[1]《毛泽东选集》第1卷,人民出版社1991年第2版,第225页。
[2]《毛泽东文集》第7卷,人民出版社1999年版,第455、456页。

胜利。

第二次世界大战以后，在一些人们的头脑中，似乎美帝国主义强大得不得了；各国反动派也正拿着美国的"强大"来吓唬人民。为了戳穿美帝国主义纸老虎的真面目，长自己的志气，灭敌人的威风，毛泽东同志在他的许多著作中，对于美帝国主义作了深入的分析，集中地说明了它在实质上绝不像一些人们所想象的那么强大。它的基础是虚弱的，它的内部分崩离析，它脱离人民，它有不可克服的经济危机。毛泽东同志在《目前形势和我们的任务》的报告中说："在第二次世界大战以后的美国帝国主义，是否真如蒋介石和各国反动派所设想的那么强大呢？是否真能像流水一样地接济蒋介石和各国反动派呢？并不如此。美国帝国主义在第二次世界大战期间所增强起来的经济力量，遇着了不稳定的日趋缩小的国内市场和国际市场。这种市场的进一步缩小，就要引起经济危机的爆发。美国的战争景气，仅仅是一时的现象。它的强大，只是表面的和暂时的。国内国外的各种不可调和的矛盾，就像一座火山，每天都在威胁美国帝国主义，美国帝国主义就是坐在这座火山上。"[1]

中国人民从长期的反对帝国主义的斗争中，摸透了帝国主义特别是美帝国主义的脾性。帝国主义就是欺软怕硬。只要不怕它恐吓，敢于同它作坚决的、针锋相对的斗争，帝国主义的

---

[1]《毛泽东选集》第4卷，人民出版社1991年第2版，第1259页。

侵略是完全可以打败的。

历史总是违背着帝国主义的愿望。它越是要征服人民，就越发激起人民的革命精神，结果使自己陷于孤立，走上绝境。毛泽东同志在《丢掉幻想，准备斗争》一文中指出："帝国主义给自己准备了灭亡的条件。殖民地半殖民地的人民大众和帝国主义自己国家内的人民大众的觉悟，就是这样的条件。帝国主义驱使全世界的人民大众走上消灭帝国主义的伟大斗争的历史时代。"[1]帝国主义的统治在中国覆灭的条件，就是帝国主义自己准备的。

毛泽东同志指出："现在是全世界资本主义和帝国主义走向灭亡，全世界社会主义和人民民主主义走向胜利的历史时代。"[2]中国革命的胜利就是出现在这样一个时代里；而一个占世界人口四分之一的半殖民地大国的胜利，又大大地加速了帝国主义的灭亡，促进了社会主义的胜利。

三、依靠人民革命战争打碎反动派的国家机器，是中国人民解放的根本道路

革命的根本问题是政权问题。夺取政权，就是意味着打碎

---

[1]《毛泽东选集》第4卷，人民出版社1991年第2版，第1483页。
[2] 同上书，第1260页。

旧的国家机器。旧的国家机器，是代表和维护反动统治阶级利益的工具，是压迫人民的工具。因此，要革命，要夺取政权，对于旧的国家机器，不是改造它，更不是利用它，而是把它打碎。这是马克思和恩格斯早就确立，后来又被列宁和斯大林发展了的一条革命真理。在毛泽东同志的著作里，这个真理得到发扬光大。

统治阶级是不会自动让出政权的。归根到底，不实行暴力革命，打碎旧的国家机器，人民的政权是建立不起来的。列宁在《国家与革命》中指出："资产阶级国家由无产阶级国家（无产阶级专政）代替是不能经过'自行消亡'来实现的，根据一般规律，只能靠暴力革命来实现。"[1]党中央和毛泽东同志从来没有给人民以幻想，似乎反动派可以和平地让出政权。中国的历史证明完全不是这么一回事。美蒋反动派在他们还占着军事优势的时候，不用说是不会这样做的；就是当他们已经处于劣势，甚至快要灭亡的时候，还是不肯向人民屈服投降，把政权交出来。相反，还施展一个"和平"谈判的阴谋，作为争取喘息时间，以便卷土重来，扑灭革命的幌子。中国共产党也曾经试图通过和平的方法实现中国的社会政治的改革，但是与人民坚决为敌的美蒋反动派打破了人民的这个愿望，是他们首先进攻解放区和人民解放军，是他们于1946年6月26日以大举围

---

[1]《列宁全集》第25卷，人民出版社1958年版，第387页。

攻中原解放区为起点，发动了全面内战。中国革命的事实多么鲜明又多么生动地证明了列宁的话："资产阶级不会对无产阶级实行和平的让步，一到决定关头，他们就会用暴力保卫自己的特权。"[1]"各反动阶级通常都是自己首先使用暴力，发动内战，'把刺刀提到议事日程上来'。"[2]忠实于列宁主义的中国共产党和毛泽东同志，从来就没有把自己的工作基点放在敌人和平让出政权上面，而是对于敌人的"首先使用暴力"作充分的准备。毛泽东同志在《抗日战争胜利后的时局和我们的方针》报告中，用生动形象的话，表达了必须用革命暴力解决政权问题的思想，同时批评了那种认为只靠政治影响就可以解决问题的错误想法。他说："凡是反动的东西，你不打，他就不倒。这也和扫地一样，扫帚不到，灰尘照例不会自己跑掉。……我们有些同志就是相信政治影响，以为靠着影响就可以解决问题。那是迷信。""苏联红军不进入东北，日本就不投降。我们的军队不去打，敌伪就不缴枪。扫帚到了，政治影响才能充分发生效力。我们的扫帚就是共产党、八路军和新四军。""中国的地面很大，要靠我们一寸一寸地去扫。"[3]

同列宁认为军队是保护旧制度的"最坚固的柱石"一样，毛泽东同志说，军队是国民党反动派的命根。所以，打碎旧的

---

[1]《列宁全集》第4卷，人民出版社1958年版，第242页。
[2]《列宁全集》第9卷，人民出版社1959年版，第117页。
[3]《毛泽东选集》第4卷，人民出版社1991年第2版，第1131、1132页。

国家机器，最根本的是解决反动武装的问题。第三次国内革命战争时期，就是中国的武装的革命和武装的反革命最后决战的时期，谁胜谁负，决定着政权是掌握在人民的手里，还是掌握在蒋介石的手里。这是决定人民能不能走上解放道路的一场伟大的革命战争。党中央和毛泽东同志全力领导了这个革命战争。关于战争问题的著作，在《毛泽东选集》第四卷占着极重要的地位。

在解放战争的开始，敌我双方军事力量的对比是怎样一种情况呢？总的说来，敌人处于优势，我们处于劣势。敌人有四百三十万军队，而且已经在美帝国主义的直接帮助下完成了进攻的准备；他们拥有三亿人口的地区，重新控制了大城市；他们还从日本军队那里接收了一百万人的全部装备；他们更得到了美帝国主义军事上和财政上的巨大援助。这就是蒋介石敢于发动冒险战争所凭仗的力量。而人民解放军呢？当时只有一百二十万军队，不论在数量上和装备上都远不及国民党军队；解放区的人口只有一亿多一点，而且大部分地区还没有实行土地改革，还保存着反动的封建势力，就是说，人民解放军的后方还不是巩固的。但是，毛泽东同志根据马克思列宁主义的科学，分析了国际和国内的形势，在蒋介石刚一发动内战的时候，就向全党指出："我们是能够战胜蒋介石的。全党对此应当有充分的信心。"[1]在蒋介石发动全面内战这个严重时刻，毛泽东同志以敢于革命的气概，革命必胜的信念，不断教育和鼓舞全党同志、全体战士和全国人民；着力批判过高估计敌人力量过低估计自己力量，因而对于斗争前途抱着悲观看法的右倾思想。毛泽东同志后来在《目前形势和我们的任务》的报告中指出："在这种时候，如果我们表示软弱，表示退让，不敢坚决地起来用革命战争反对反革命战争，中国就将变成黑暗世界，我们民族的前途就将被断送。"[2]从内战一开始，毛泽东同志就指出："美帝国主义及其走狗蒋介石的强大仅仅是暂时的，他们的进攻是可以粉碎的。所谓反动派进攻不能粉碎的神话，在我们队伍中不应有它的位置。"[3]

为什么能够打败蒋介石？最根本的原因是：我们进行的战争是人民的战争，是正义的，获得了全国人民的拥护和支持；蒋介石发动的战争是反人民的战争，是非正义的，受到了全国人民的反对。毛泽东同志在对比解放战争初期敌我双方军事力量的时候，曾经作过这样的分析："蒋介石军事力量的优势，只是暂时的现象，只是临时起作用的因素，美国帝国主义的援助，也只是临时起作用的因素；蒋介石战争的反人民的性质，人心的向背，则是经常起作用的因素，而在这方面，人民解放

---

[1]《毛泽东选集》第4卷，人民出版社1991年第2版，第1187页。
[2] 同上书，第1245页。
[3] 同上书，第1215页。

军则占着优势。人民解放军的战争所具有的爱国的正义的革命的性质,必然要获得全国人民的拥护。这就是战胜蒋介石的政治基础。"[1]解放战争是为解放人民而进行的战争,也是依靠人民而进行的战争,因而它具有无穷的力量,可以打败任何敌人。毛泽东同志说得好:"战争的伟力之最深厚的根源,存在于民众之中。"[2]

决定战争胜败的因素,是战争的性质而不是军队的装备,是人而不是物,这是毛泽东同志一贯坚持的历史唯物主义的观点。毛泽东同志和我们党从来就反对那种只看到武器的作用而看不到或者没有充分看到人的作用的唯武器论,而是在战争中充分依靠广大的军民群众,不断提高军民群众的政治觉悟,使他们懂得为什么打仗。在这里,毛泽东同志所坚持的观点,同列宁的观点是完全一致的。列宁在讲到战争胜负决定于人民群众的时候说过:"在任何战争中,胜利属于谁的问题归根到底是由那些在战场上流血的群众的情绪决定的。士兵们相信战争的正义性并且意识到有必要为了自己弟兄们的幸福而牺牲自己的生命,他们会提高斗志并且肯忍受空前沉重的负担。"[3]在中国人民解放战争的开始,蒋介石的军队,在装备上,比起人民解放军优良得多;但是毛泽东同志一开始就指出:"我们所依靠

---

[1]《毛泽东选集》第4卷,人民出版社1991年第2版,第1246页。
[2]《毛泽东选集》第1卷,人民出版社1991年第2版,第511页。
[3]《列宁全集》第31卷,人民出版社1958年版,第117页。

的不过是小米加步枪,但是历史最后将证明,这小米加步枪比蒋介石的飞机加坦克还要强些。"[1]早在抗日战争时期,毛泽东同志在《论持久战》中就驳斥了当时流行的唯武器论,指出武器是战争中的重要因素,但不是决定的因素。决定的因素是人而不是物。由于中国的抗日战争是正义的,日本的侵华战争是非正义的,因此中国抗战必胜,日本侵华必败。历史是完全按照毛泽东同志的预断发展的。抗日战争的胜利是这样,人民解放战争的胜利也是这样。我们说,战争决定的因素是人,丝毫不是说武器不重要。相反,我们的军队总是不断努力改进和提高武器装备及军事技术。我们是说,必须把人的作用和武器的作用统一起来,而以人为主导作用。这才是全面的观点,历史唯物主义的观点。

中国人民战胜蒋介石,依靠了一支中国共产党所领导的人民军队。这支军队,是按照毛泽东同志的建军路线建设起来的。它是站在人民的立场上,全心全意为人民服务的军队。这支军队,有许多特点,建立了强有力的革命的政治工作,是一个最重要的特点。毛泽东同志把军队的政治工作看作战胜敌人的重大因素。中国人民解放军的政治工作,在解放战争时期积累了新的经验。毛泽东同志总结了这些经验,规定了部队内部政治工作的方针,"是放手发动士兵群众、指挥员和一切工作

---

[1]《毛泽东选集》第4卷,人民出版社1991年第2版,第1195页。

人员，通过集中领导下的民主运动，达到政治上高度团结、生活上获得改善、军事上提高技术和战术的三大目的"[1]。这就是中国人民解放军长期以来所实行的著名的政治、经济、军事的三大民主。在解放战争时期，毛泽东同志根据新的实践，找到一个在军队中进行政治工作的新的形式，这就是采用群众诉苦和三查的方法所进行的新式整军运动。他说："由于诉苦（诉旧社会和反动派所给予劳动人民之苦）和三查（查阶级、查工作、查斗志）运动的正确进行，大大提高了全军指战员为解放被剥削的劳动大众，为全国的土地改革，为消灭人民公敌蒋介石匪帮而战的觉悟性；同时就大大加强了全体指战员在共产党领导之下的坚强的团结。在这个基础上，部队的纯洁性提高了，纪律整顿了，群众性的练兵运动开展了，完全有领导地有秩序地在部队中进行的政治、经济、军事三方面的民主发扬了。这样就使部队万众一心，大家想办法，大家出力量，不怕牺牲，克服物质条件的困难，群威群胆，英勇杀敌。这样的军队，将是无敌于天下的。"[2]从1947年以来在全军普遍进行的新式整军运动，直接为人民解放军夺取几个大的战役的胜利和全国的胜利，打下了坚实的思想政治基础。

中国人民解放军所以能够打败蒋介石，从军事方面说，是

---

[1]《毛泽东选集》第4卷，人民出版社1991年第2版，第1275页。
[2]同上书，第1294页。

由于执行了毛泽东同志所规定的正确的战略战术。在第三次国内革命战争时期，毛泽东同志的战略战术思想有了很大的发展。由于革命力量新的成长和敌情的变化，人民解放军由抗日战争时期以打游击战为主转变为以集中兵力打运动战为主；而到后期，人民解放战争则已经发展到使用大量重武器和进行攻坚战术的大兵团作战了。从《毛泽东选集》第四卷关于军事方面的著作中，就可以看出这样一个发展的过程。

在蒋介石发动全面内战不久，毛泽东同志就在《集中优势兵力，各个歼灭敌人》的指示中，根据敌军处于优势，我军处于劣势这一情况，提出人民解放军应当采取的正确的战略方针和作战方法是：以歼灭敌军有生力量为主要目标，不以保守或夺取地方为主要目标的作战方针，以及为了达到这个目标而采取的集中绝对的优势兵力，各个消灭敌人的作战方法。这样，在全体上，我军处于暂时的劣势，但是在每一个局部上，我军却占着绝对的优势，把敌人一个一个地消灭掉。中国人民解放军，由于实行了这种战略方针和作战方法，在战争的初期退出了一些城市和地方，而在运动战中消灭了大量的国民党军队，使自己越战越强。经过一年作战，人民解放军就由战略防御阶段转入了战略进攻阶段。毛泽东同志及时地提出第二年作战的基本任务：举行全国性的反攻，即以主力打到国民党区域，由内线作战转入外线作战。接着，人民解放军取得了解放战争中有决定意义的辽沈、淮海、平津三大战役的胜利，直到彻底打败蒋介石，解放全中国。

毛泽东同志在《目前形势和我们的任务》的报告中，把中国革命战争的战略和战术，作了系统的科学总结，提出著名的十大军事原则。他说，这些原则"就是人民解放军打败蒋介石的主要的方法"，"是人民解放军在和国内外敌人长期作战的锻炼中产生出来，并完全适合我们目前的情况的"。十大军事原则，是毛泽东同志运用辩证法解决军事问题的典范，是马克思列宁主义军事科学中的极宝贵的财富。这种战略战术是建立在人民战争这个基础上的，任何反人民的军队是不可能利用的。

总之，人民的革命战争，依靠党所领导的一支人民军队，这支军队有着为人民战争所必需的一系列的战略和战术，这些就是中国人民推翻国民党反动统治，建立人民政权的最根本的办法。

四、放手发动群众，团结一切可能团结的力量，结成最广泛的革命统一战线，是中国革命胜利的基础

任何一个真正的彻底的人民大革命，没有不是充分发动和依靠群众的。是不是放手发动群众，敢不敢放手发动群众，这是无产阶级领导的革命和资产阶级领导的革命的根本区别之一，是马克思列宁主义和右倾机会主义的一个分界线。在我们

党的历史上，毛泽东同志曾经同那种不敢发动群众、阻止群众前进的右倾机会主义进行过坚决的斗争。毛泽东同志反对过陈独秀的不敢支持已经起来的伟大的农民革命斗争的右倾机会主义，也反对过抗战初期党内出现的一些同志信任国民党超过信任群众，不敢放手发动群众斗争的投降主义。中国共产党第七次全国代表大会的方针就是：放手发动群众，壮大人民力量，团结一切可能团结的力量，在党的领导下，打败侵略者，建设新中国。

根据七大的方针，我们党在第三次国内革命战争时期，作了最艰苦的发动群众的工作，出现了空前未有的群众大发动的革命形势。我们所以能够在强过于自己的敌人的疯狂进攻面前，站得住脚，敢于而且也能够粉碎敌人的进攻，从根本上来说，就是靠这一条。这也就是我们党制订整个战略计划的根本出发点。毛泽东同志1945年底在关于东北工作的指示中说过："国民党在东北一个时期内将强过我党，如果我们不从发动群众斗争、替群众解决问题、一切依靠群众这一点出发，并动员一切力量从事细心的群众工作……我们在东北就将陷于孤立，不能建立巩固根据地，不能战胜国民党的进攻，而有遭遇极大困难甚至失败的可能；反之，如果我们紧紧依靠群众，我们就将战胜一切困难，一步一步地达到自己的目的。"[1]在敌人发动

---

[1]《毛泽东选集》第4卷，人民出版社1991年第2版，第1180页。

全面进攻以后,毛泽东同志又指出:"为着粉碎蒋介石的进攻,必须和人民群众亲密合作,必须争取一切可能争取的人。"[1]毛泽东同志的这些教导,都是我们党发动群众工作的重要指针。

发动群众,主要是发动农民群众,首先是广大的贫农和雇农。农民是民主革命中决定胜负的基本力量。中国的革命战争,实质上是无产阶级领导的农民战争。人民解放战争依靠了农民的支援,人民解放军的士兵就是穿起军装的农民。不发动农民的革命积极性,要取得战争的胜利是不可能的。为了充分发动农民群众,使解放战争获得巩固的后方,党中央和毛泽东同志,在解放战争初期,及时地把在抗战期间的减租减息政策,改变为没收地主土地分配给农民的土地政策,提出彻底改革土地制度的号召。毛泽东同志指出:"封建主义是帝国主义和官僚资本主义的同盟者及其统治的基础。因此,土地制度的改革,是中国新民主主义革命的主要内容。"[2]"如果我们能够普遍地彻底地解决土地问题,我们就获得了足以战胜一切敌人的最基本的条件。"[3]彻底的土地改革成为推翻蒋介石的反动统治的重要环节之一。

中国共产党领导农民实行土地改革,有着极为丰富的经验。毛泽东同志作了系统的总结和理论的说明。他规定了党在

---

[1] 《毛泽东选集》第4卷,人民出版社1991年第2版,第1187页。
[2] 同上书,第1313—1314页。
[3] 同上书,第1252页。

民主革命时期土地改革的总路线:"依靠贫农,团结中农,有步骤地、有分别地消灭封建剥削制度,发展农业生产。"[1]根据这个总路线,他又制定了土地改革工作的基本原则、具体政策和策略。所有这些,形成了马克思列宁主义关于解决中国土地问题的一套完整的科学体系。

把满足贫农和雇农的要求作为土地改革工作的基本任务,这就把占农村人口百分之七十左右的基本群众的积极性发动起来;同时,对于占农村人口百分之二十的中农,又采取坚决团结的政策。这样,就在农村中建立了十分广泛的反封建的统一战线。这是一方面。另一方面,土地改革所反对的对象,人数很少,对他们又采取分别对待的政策,把主要打击的对象缩小到最反动最顽固的分子。由于这两方面的情况,使得解放区的土地改革工作顺利开展,迅速发展。从1947年10月颁布《土地法大纲》以后的一年中,人民解放区就有一亿人口的地区彻底解决了土地问题。广大的翻身农民革命积极性空前高涨,坚决地站到共产党和人民解放军方面,踊跃地支援人民解放战争。这是一个具有伟大历史意义的事变。这个事变所带来的直接结果,就是加强了工农联盟,巩固了人民解放军的后方,保证了人民解放战争的胜利。

打败蒋介石,不但因为有了一个巩固的工农联盟,而且更

---

[1]《毛泽东选集》第4卷,人民出版社1991年第2版,第1317页。

因为建立了一个由工人阶级领导的以工农联盟为基础的广泛的革命统一战线。团结一切可能团结的人，最大限度地孤立敌人，这是毛泽东同志的一个十分重要的政策思想。他说："中国新民主主义的革命要胜利，没有一个包括全民族绝大多数人口的最广泛的统一战线，是不可能的。"[1]第三次国内革命战争时期，由于我们党执行了正确的政策，出现了一个空前广大、空前巩固的全民族的革命统一战线，包括了工人、农民、城市小资产阶级、民族资产阶级、开明绅士、青年学生、其他爱国分子、少数民族和海外华侨。这些人加在一起占了全国总人口的百分之九十以上。我们取得胜利就是依靠了这百分之九十以上的人民。

在这个统一战线中，主要的力量是一切从事体力劳动和脑力劳动的人民。但是民族资产阶级和从封建地主阶级分化出来的开明绅士虽然都不是主要的力量，但也是一个有一定影响的力量，应当团结他们。关于民族资产阶级，毛泽东同志很早就分析了它的两面性，制定了对于这个阶级的基本政策，这就是又团结又斗争的政策。第三次国内革命战争时期，毛泽东同志把这个政策生动地运用到革命实践中去，反对了一切离开这个政策的错误倾向。

毛泽东同志指出，解放战争时期，民族资产阶级的多数，

---

[1]《毛泽东选集》第4卷，人民出版社1991年第2版，第1257页。

由于美蒋的迫害和限制日益加剧，增长了对美蒋的仇恨。他们可以参加反对美蒋的斗争，或者在反对美蒋的斗争中采取中立的态度；同时，他们在经济上又有一定的重要性。所以，我们便有可能和有必要去团结他们，不争取他们，不团结他们，是不对的。党中央和毛泽东同志曾经反对那种不要代表民族资产阶级的党派，不要开明绅士的"左"倾关门主义的错误倾向。他指出，"左"倾关门主义"只会使我党陷于孤立，使人民民主专政不能巩固，使敌人获得同盟者"[1]。毛泽东同志在指出民族资产阶级可以参加革命或者在革命中采取中立态度的同时，又指出民族资产阶级是一个"在政治上非常软弱的和动摇的阶级"，对于他们的错误和缺点必须进行必要的和适当的批评与斗争。党中央和毛泽东同志在这个时期，也反对过那种对民族资产阶级和开明绅士的错误思想和主张采取右倾迁就主义态度的错误。这种错误实质上是一种党内投降主义的表现。民族资产阶级的动摇性和软弱性，在阶级斗争异常尖锐的解放战争时期，表现得非常明显。每当革命形势向前推进的时候，特别是要到最后消灭帝国主义和封建主义统治的时候，在资产阶级分子中间，主要是在资产阶级右翼分子中间，总要暴露出和提出各种妥协的改良主义的思想和主张，企图使革命带上温和的色彩。这正是民族资产阶级的阶级本性的表现。民族资产阶级一

---

[1]《毛泽东选集》第4卷，人民出版社1991年第2版，第1437页。

方面同帝国主义相对立，同时又和工人阶级相对立。它可以参加人民民主革命，但其革命性跟工人阶级的革命性是有原则区别的。在解放战争初期，即革命力量对于反革命力量还没有取得决定胜利的时候，一些民族资产阶级和上层小资产阶级的知识分子，曾经把自己放在国共两党之间的中间地位，幻想在大地主大资产阶级的专政和工人阶级领导的人民民主专政之间，另找所谓"第三条道路"，企图在中国建立民族资产阶级领导的旧民主主义的政权。这是一个反动的政治主张。对于民族资产阶级的各种妥协的、反动的思想和政治主张，我们党都及时地进行严肃的必要的批评和斗争。这就是说，在团结民族资产阶级的同时，一点也不模糊资产阶级和无产阶级的纲领、政策、思想的原则区别，并且在思想上、政治上进行和平的斗争，使群众从资产阶级的影响下解放出来。这样，才保证了革命在无产阶级领导下取得彻底的胜利，也才能在彻底地反对帝国主义、反对封建主义的基础上，更好地团结民族资产阶级。

民族资产阶级的两面性，在它不同的阶层中的表现是不一样的。毛泽东同志具体分析了这个阶级的三种力量，即依附劳动人民反对反动派的左翼分子，依附帝国主义、封建主义和官僚资本主义、反对人民民主革命的右翼分子，和在这两者之间采取犹豫和观望态度的中间派，根据他们不同的政治态度，予以分别对待。对于民族资产阶级的右翼，则是采取政治上孤立和打击的方针，揭破他们在群众中散播的各种反动影响。毛泽东同志的这个分析,对于执行又团结又斗争的政策,正确处理工人阶级和民族资产阶级的联盟关系,是非常重要的。

一个工农联盟,一个工人阶级和民族资产阶级的联盟,加上其他阶级、阶层的人民,就形成最广泛的统一战线。而这个统一战线必须是在中国共产党的坚强领导之下,"没有中国共产党的坚强的领导,任何革命统一战线也是不能胜利的"[1]。

党怎样实现对统一战线中的同盟者的领导?毛泽东同志总结过去的经验,特别是第三次国内革命战争时期的经验,提出一个重要的公式:"领导的阶级和政党,要实现自己对于被领导的阶级、阶层、政党和人民团体的领导,必须具备两个条件:(甲)率领被领导者(同盟者)向着共同敌人作坚决的斗争,并取得胜利;(乙)对被领导者给以物质福利,至少不损害其利益,同时对被领导者给以政治教育。没有这两个条件或两个条件缺一,就不能实现领导。"[2]

第三次国内革命战争时期,由于我党正确执行了毛泽东同志制定的各项政策,反对美蒋的革命统一战线越来越巩固,越来越扩大。中国革命胜利的过程,就是这个统一战线不断巩固、不断扩大的过程,也就是美蒋反动派一步一步地被孤立直到最后被彻底孤立的过程。

---

[1]《毛泽东选集》第4卷,人民出版社1991年第2版,第1257页。
[2] 同上书,第1273页。

五、中国革命胜利的关键在于党的领导

毛泽东同志说:"既要革命,就要有一个革命党,没有一个革命的党,没有一个按照马克思列宁主义的革命理论和革命风格建立起来的革命党,就不可能领导工人阶级和广大人民群众战胜帝国主义及其走狗。"[1]中国革命正是在这样一个党——中国共产党的领导下进行并取得胜利的。第三次国内革命战争,仅用了四年时间,就消灭了国民党军八百万余人,把世世代代压迫和剥削中国人民的帝国主义和封建主义的统治推翻。这看来似乎是一个神话。但是,在中国共产党领导下的中国人民就把这个神话实现在人间。这四年复杂而又曲折的革命斗争,最有力地说明,中国革命要胜利,离开共产党的领导是不可想象的。毛泽东同志说:"整个革命历史证明,没有工人阶级的领导,革命就要失败,有了工人阶级的领导,革命就胜利了。"[2]中国工人阶级的领导,是通过中国共产党实现的。

中国共产党是一个成熟的马克思列宁主义的党,它有明确的纲领,有一整套完全正确的革命的路线、方针和政策。随着革命事业的发展,党需要不断地提高,不断地克服党内出现的

---

[1]《毛泽东选集》第4卷,人民出版社1991年第2版,第1357页。
[2] 同上书,第1479页。

一些缺点。这就是党的建设工作的任务。在第三次国内革命战争时期，毛泽东同志对于党的建设做出了新的贡献，主要是以下几个问题：关于反对党内的错误倾向，关于整顿党的组织，关于反对党内的无纪律状态和无政府状态，关于健全党委制。

党要领导群众进行胜利的斗争，必须不断地纠正党内一切离开党的路线、方针和政策的倾向。第三次国内革命战争的胜利，是同纠正党内右的和"左"的错误倾向分不开的。在解放战争初期，主要批判党内一些同志由于惧怕敌人而不敢对敌人进行坚决的斗争，不敢夺取革命胜利的右倾错误。到解放战争取得很大胜利，土地改革进入高潮的时候，在继续反对右的偏向的同时，又着重地对土地改革中、执行民族工商业的政策中、统一战线工作中，以及新解放区的工作中，所发生的某些"左"的偏向，及时地进行了批评和纠正。

毛泽东同志在总结关于党内反对错误倾向问题时，坚持了我党长期以来形成的著名的战略战术思想，就是战略上藐视敌人，战术上重视敌人。犯右倾错误的同志或者是犯"左"倾错误的同志，恰恰都是违反了这个思想。犯右倾错误的同志，总是过高估计敌人力量，过低估计人民力量，不是从战略上藐视敌人；犯"左"倾错误的同志则是在战术上，即在每个具体斗争的问题上，不重视敌人，不采取谨慎的态度。毛泽东同志在批判这两种错误倾向时说："如果我们在全体上过高估计敌人力量，因而不敢推翻他们，不敢胜利，我们就要犯右倾机会主义错误。如果我们在每一个局部上，在每一个具体问题上，不采取谨慎态度，不讲究斗争艺术，不集中全力作战，不注意争取一切应当争取的同盟者……我们就要犯'左'倾机会主义错误。"[1]

党中央和毛泽东同志，在人民解放战争已经转入进攻的新的形势下，解决了一系列具体的政策和策略问题，这对于保证全国的胜利，对于纠正和防止党内错误倾向起了重大作用。毛泽东同志说："现在敌人已经彻底孤立了，但是敌人的孤立并不就等于我们的胜利。我们如果在政策上犯了错误，还是不能取得胜利。"[2]在这里，毛泽东同志把党的政策和策略问题提到一个极其重要的地位。他说："只有党的政策和策略全部走上正轨，中国革命才有胜利的可能。政策和策略是党的生命。"[3]

党中央和毛泽东同志，对于党内一度发生的某些右的和"左"的偏向，既从思想根源上作了批判，又从政策方面作了纠正，这样就使得全党的思想水平和政策水平大大提高，保证了革命事业的顺利发展。

从1947年冬天起，各解放区农村中的党组织，结合土地改革，开始以三查（查阶级、查思想、查作风）、三整（整顿组织、整顿思想、整顿作风）为主要内容的整党运动。这是一

---

[1]《毛泽东选集》第4卷，人民出版社1991年第2版，第1267—1268页。
[2] 同上书，第1286页。
[3] 同上书，第1298页。

次有历史意义的组织建设工作。如果说，在抗日战争时期进行的整风运动，使得党的领导机关和广大的干部和党员，进一步地掌握了马克思列宁主义的普遍真理和中国革命的具体实践的统一这样一个基本的方向，那么，这次的整党，则使得过去所没有解决的存在于党的地方组织方面，特别是农村基层组织方面的成分不纯和作风不纯的问题，得到了解决。关于为什么要整党和这次整党的意义，毛泽东同志在《目前形势和我们的任务》的报告中说道："一九三七年至一九四七年，十一年时间内，我们党的组织，由几万党员，发展到了二百七十万党员，这是一个极大的跃进。这使我们的党成了一个在中国历史上空前强大的党。……但是缺点也就跟着来了。这即是有许多地主分子、富农分子和流氓分子乘机混进了我们的党。他们在农村中把持许多党的、政府的和民众团体的组织，作威作福，欺压人民，歪曲党的政策，使这些组织脱离群众，使土地改革不能彻底。这种严重情况，就在我们面前提出了整编党的队伍的任务。……解决这个党内不纯的问题，整编党的队伍，使党能够和最广大的劳动群众完全站在一个方向，并领导他们前进，是解决土地问题和支援长期战争的一个决定性的环节。"[1]

1948年，我们党在加强全党的政策教育的同时，又反对党内某些无纪律状态或无政府状态，为加强党和军队的纪律性

---

[1]《毛泽东选集》第4卷，人民出版社1991年第2版，第1252—1253页。

和集中性而斗争。这个问题在这个时候所以特别重要，是因为革命形势已经有了极大的进展，许多解放区已经连成一片，许多城市已经解放或者即将解放，人民解放军和人民解放战争的正规性程度也大为提高，全国胜利已经在望。这个形势，要求全党全军必须在一切政治方面、军事方面和经济方面的政策完全一致，要求全党全军必须有高度的纪律性和集中性。毛泽东同志曾经作过这样的分析："由于我党我军在过去长时期内是处于被敌人分割的、游击战争的并且是农村的环境之下，我们曾经允许各地方党的和军事的领导机关保持着很大的自治权，这一种情况，曾经使得各地方的党组织和军队发挥了他们的自动性和积极性，渡过了长期的严重的困难局面，但在同时，也产生了某些无纪律状态和无政府状态，地方主义和游击主义，损害了革命事业"。[1] 无纪律状态和无政府状态，同党和人民的利益是不相容的，在即将取得全国胜利的情况下，更是如此。毛泽东同志指示全党，要"用最大的努力克服这些无纪律状态和无政府状态，克服地方主义和游击主义，将一切可能和必须集中的权力集中于中央和中央代表机关手里"。[2] 他在1948年1月为中共中央起草的《关于建立报告制度》的指示所规定的建立严格的报告和请示制度，就是为了这个目的而采

---

[1]《毛泽东选集》第4卷，人民出版社1991年第2版，第1346页。

[2] 同上。

取的一个重要措施。

在反对党内无纪律无政府状态的同时，党中央作出关于健全党委制的决定。毛泽东同志为中央起草的这个决定，总结我党长期以来党内实行集体领导的经验，批评某些组织中存在的违背集体领导原则而实行个人解决重要问题的现象，并且提出保证党委实行集体领导的具体办法。这个决定，对于健全党委制，进一步加强党的领导，起了重大作用。决定指出："党委制是保证集体领导、防止个人包办的党的重要制度。"[1]加强集体领导，绝不是削弱个人的作用，而是要使这两方面正确地结合起来。所以决定又指出："集体领导和个人负责，二者不可偏废。"[2]党中央关于健全党委制的决定，是一个非常重要的文件。如果说，中央关于反对无纪律状态和无政府状态的指示，使得党从组织方面保证了革命在全国的胜利，那么中央的这个决定，则使得党从加强党的领导方面，保证了这个胜利。

第三次国内革命战争时期，由于党中央和毛泽东同志及时地防止和纠正党内的错误偏向，整编党的队伍，加强全党的统一性和纪律性，党委制的进一步健全，这样，就实现了全党空前未有的统一意志、统一行动、统一纪律，加强了党的领导。如果没有这些思想上和组织上的建设，我们党要担负起率领全

---

[1]《毛泽东选集》第4卷，人民出版社1991年第2版，第1340页。
[2] 同上书，第1341页。

国人民打败蒋介石、建立新中国的历史任务,将是很困难的。

六、人民民主革命的彻底胜利和向社会主义革命的转变

在新民主主义革命胜利的前夜,毛泽东同志向全党提出从新民主主义革命转变为社会主义革命的总的任务。在革命转变问题上,毛泽东同志既反对混淆两种革命的"左"倾机会主义,又反对否认在民主革命完成以后实现社会主义前途的右倾机会主义。早在抗战初期,1939年,毛泽东同志就在《中国革命和中国共产党》一文中指出:"中国共产党领导的整个中国革命运动,是包括民主主义革命和社会主义革命两个阶段在内的全部革命运动;这是两个性质不同的革命过程,只有完成了前一个革命过程才有可能去完成后一个革命过程。民主主义革命是社会主义革命的必要准备,社会主义革命是民主主义革命的必然趋势。而一切共产主义者的最后目的,则是在于力争社会主义社会和共产主义社会的最后的完成。"[1]在这里,毛泽东同志明确地指出中国新民主主义革命的前途——向社会主义革命转变。十年后的1949年,在中国人民即将取得全国胜利的时刻,毛泽东同志在党的七届二中全会的报告和《论人民民主专

---

[1]《毛泽东选集》第2卷,人民出版社1991年第2版,第651页。

政》一文中，及时地把向社会主义革命转变的问题，提到全党和全国人民面前，同时又阐明和规定了向社会主义过渡的条件和具体道路。

什么是向社会主义过渡的条件？毛泽东同志指出，人民民主专政的国家政权就是这样的条件。中国的新民主主义革命，在推翻了国民党的反动统治，彻底摧毁了它压迫人民的国家机器，特别是它的军队之后，所建立起来的人民民主专政，实质上是无产阶级专政，中国共产党在这个政权中确立了领导地位。这样，就为新民主主义革命顺利地转变为社会主义革命创造了前提条件。中国革命是一个彻底的人民民主革命。这个革命进行得越彻底，对于旧的国家机器摧毁得越彻底，人民民主专政的政权就越巩固，中国向社会主义的过渡也就越顺利。只有解决了政权问题，政权掌握在工人阶级和人民的手里，才可能进行社会经济制度的根本改造。毛泽东同志在《论人民民主专政》一文中说：人民共和国成立以后，必须强化人民的国家机器。"以此作为条件，使中国有可能在工人阶级和共产党的领导之下稳步地由农业国进到工业国，由新民主主义社会进到社会主义社会和共产主义社会，消灭阶级和实现大同。"[1]这就是说，在中国，已经有可能通过和平的道路实现社会主义革命。这是因为中国共产党领导的新民主主义革命，经过长期的

---

[1]《毛泽东选集》第4卷，人民出版社1991年第2版，第1476页。

艰苦的国内战争而夺取了全国政权。革命的根本问题即政权问题既已解决，在争取社会主义的斗争中，就不需要再进行一次夺取政权的流血革命了。这就是为什么中国会出现和平过渡到社会主义的可能性。这同资本主义国家的所谓向社会主义"和平过渡"，是不能相提并论的。一个是无产阶级专政的国家，强大的国家机器掌握在工人阶级和人民的手里；一个是资产阶级专政的国家，国家机器仍然掌握在资产阶级的手里。如果把这两种截然不同的情况混淆起来，是十分错误的。

毛泽东同志在上述两篇著作中，关于中国向社会主义过渡问题的主要内容是什么呢？

毛泽东同志指出，中国民主革命在全国胜利并解决了土地问题以后，国外的主要矛盾仍然是中国人民同帝国主义之间的矛盾；国内的主要矛盾将由中国人民同地主阶级和官僚资产阶级的矛盾转变为工人阶级同资产阶级的矛盾。向社会主义过渡，就是要逐步解决工人阶级和资产阶级也就是社会主义和资本主义之间的矛盾。毛泽东同志为党制定了解决这个矛盾所采取的各项基本政策，一方面优先发展社会主义的国营经济特别是工业经济，另一方面对于生产资料的私有制进行社会主义的改造。

关于发展社会主义的国营经济问题，毛泽东同志在七届二中全会的报告中说："中国的现代性工业……最大的和最主要的资本是集中在帝国主义者及其走狗中国官僚资产阶级的手里。没收这些资本归无产阶级领导的人民共和国所有，就使人民共和国掌握了国家的经济命脉，使国营经济成为整个国民经济的领导成分。这一部分经济，是社会主义性质的经济，不是资本主义性质的经济。"[1]社会主义的国营经济和它在国民经济中的领导作用，是迅速恢复和发展国民经济的主要力量，又是国家对农业和手工业，对资本主义工商业实行社会主义改造的物质基础。所以，国营经济，特别是国营工业必须优先发展。毛泽东同志强调指出，在恢复和发展生产问题上，必须确定把国营工业的生产放在第一位。他批判了那种认为在发展工业方向上，主要的不是帮助国营企业发展，而是帮助私营企业发展的右倾观点。反过来，在革命胜利后的一个时期内，如果认为只注意国营企业就够了，私营企业是无足轻重的，也是不对的，毛泽东同志也批判了这种"左"倾观点。

关于对个体农业和手工业经济的社会主义改造问题，毛泽东同志始终坚信，农民，特别是广大的贫农和雇农，不但能够在工人阶级的领导下积极参加民主革命，而且也能够在工人阶级的领导下，积极参加社会主义革命。他说："占国民经济总产值百分之九十的分散的个体的农业经济和手工业经济，是可能和必须谨慎地、逐步地而又积极地引导它们向着现代化和集

---

[1]《毛泽东选集》第4卷，人民出版社1991年第2版，第1431页。

体化的方向发展的，任其自流的观点是错误的。"[1]又说："严重的问题是教育农民。农民的经济是分散的，根据苏联的经验，需要很长的时间和细心的工作，才能做到农业社会化。没有农业社会化，就没有全部的巩固的社会主义。"[2]毛泽东同志在指出改造个体经济的可能性和必要性的同时，还提出实行这一改造的必经之路，就是组织各种合作社。"必须组织生产的、消费的和信用的合作社。""单有国营经济而没有合作社经济，我们就不可能领导劳动人民的个体经济逐步地走向集体化，就不可能由新民主主义社会发展到将来的社会主义社会，就不可能巩固无产阶级在国家政权中的领导权。谁要是忽视或轻视了这一点，谁也就要犯绝大的错误。"[3]毛泽东同志的这些论述，成为我国对农业实行社会主义改造的基本指导原则。

关于对资本主义经济的社会主义改造问题，毛泽东同志在七届二中全会的报告中，指出了民族资本主义经济在国民经济中的两重作用，并且提出对资本主义经济采取利用和限制的政策。他说："在革命胜利以后一个相当长的时期内，还需要尽可能地利用城乡私人资本主义的积极性，以利于国民经济的向前发展。""但是中国资本主义的存在和发展，不是如同资本主义国家那样不受限制任其泛滥的。它将从几个方面被限制——

---

[1]《毛泽东选集》第4卷，人民出版社1991年第2版，第1432页。
[2] 同上书，第1477页。
[3] 同上书，第1432页。

在活动范围方面，在税收政策方面，在市场价格方面，在劳动条件方面。"[1]对私人资本主义采取限制政策，必然要受到资产阶级在各种程度上和各种方式上的反抗。"限制和反限制，将是新民主主义国家内部阶级斗争的主要形式。"[2]对资本主义经济采取利用和限制政策，目的是为了改造它，最后实行私营企业国有化。毛泽东同志提出的"国家和私人合作的国家资本主义经济"，后来的实践证明，它是我国实行私营企业国有化的最主要的过渡形式。所有这些思想原则，都为我们党后来制定关于资本主义工商业社会主义改造的政策和步骤，奠定了基础。

毛泽东同志在党的七届二中全会的报告和《论人民民主专政》这两篇重要的文献中，对于党在过渡时期的总路线的主要内容，已经作了原则的规定。这样，就使党在民主革命接近完成的时候，对于摆在面前的新的革命任务，在思想上，在工作上，有所准备，不致迷失方向。毛泽东同志总是这样，在一个革命任务一完成，根据对于客观形势的分析，接着提出新的革命任务。在民主革命和社会主义革命的转变问题上是这样，在一个大的革命阶段里面的一些小阶段的发展上，也是这样。整个中国革命运动的发展，就是在马克思列宁主义的不断革命的

---

[1] 《毛泽东选集》第4卷，人民出版社1991年第2版，第1431页。
[2] 同上书，第1432页。

思想指导下，由一个胜利走向另一个胜利，从一个革命高潮推进到另一个革命高潮。不断革命，不断进步。毛泽东同志的著作，给我们树立了一个把马克思列宁主义不断革命论和革命发展阶段论相结合的原则运用到中国革命实践中去的榜样。我们应当以不断革命的精神武装自己的头脑，推进革命事业的迅速发展，胜利地走向我们的目的地——在中国建成一个强大的社会主义国家，最后实现人类最高理想的共产主义社会。

毛泽东思想提出的过程[*]

为了弄清毛泽东思想这一概念提出的历史过程，我们查阅了从1938年至1945年"七大"这段时间的中央档案、中央文件以及《解放日报》等十几种报刊。所找到的资料可能还不完全，但足以说明有关的基本情况。

从这次查阅的材料来看，毛泽东思想作为一个科学概念提出来，是有一个酝酿过程的。

毛泽东思想这一概念之所以产生，是因为作为马克思列宁主义在中国革命中的运用和发展的毛泽东思想，在事实上已经存在。党的十一届六中全会通过的《关于建国以来党的若干历史问题的决议》指出：毛泽东思想是20世纪20年代后期和30年代前期在同把马克思主义教条化、把共产国际的决议和苏联的经验神圣化的错误倾向作斗争的过程中，在深刻总结中国革

---

[*] 这篇文章以中央文献研究室、中央档案馆的名义，发表在《文献和研究》1982年第1期。文献研究室的几位同志参加收集材料，由逄先知执笔整理。此文收入人民出版社1983年6月出版的《关于建国以来党的若干历史问题的决议注释本》，曾作了一些修改。

命长期实践的一系列独创性经验的过程中逐渐形成和发展起来的。它在土地革命战争后期和抗日战争时期得到系统的总结和多方面的展开而达到成熟。

1938年10月,在党的六届六中全会上,毛泽东同志就提出"马克思主义的中国化"(1952年出版《毛泽东选集》第二卷时由作者改为"马克思主义在中国具体化")。他在向全会所作的报告中说:"马克思、恩格斯、列宁、斯大林的理论,是'放之四海而皆准'的理论。不应当把他们的理论当作教条看待,而应当看作行动的指南。""对于中国共产党说来,就是要学会把马克思列宁主义的理论应用于中国的具体的环境。……离开中国特点来谈马克思主义,只是抽象的空洞的马克思主义。因此,使马克思主义在中国具体化,使之在其每一表现中带着必须有的中国的特性,即是说,按照中国的特点去应用它,成为全党亟待了解并亟须解决的问题。"[1]

1939年10月,毛泽东同志在《〈共产党人〉发刊词》中第一次完整地提出"马克思列宁主义的理论和中国革命的实践之统一"这个思想原则。

遵循着马列主义的理论和中国革命的实践相结合的原则,毛泽东同志写了一系列著作,从政治、军事、经济、思想文化、哲学等方面,对中国革命经验作出系统的理论概括和总结。在

---

[1]《毛泽东选集》第2卷,人民出版社1991年第2版,第533、534页。

这种情况下，党的一些理论工作者和党的许多重要领导人感觉到，需要对中国共产党的这个革命理论给以适当的命名和正确的评价。

1941年3月，党的一位理论工作者张如心同志，在《共产党人》杂志上发表的《论布尔什维克的教育家》一文中，使用了"毛泽东同志的思想"这一提法，并指出毛泽东同志的言论著作"是马列主义理论与中国革命实践结合典型的结晶体"。他说："我们党，特别是毛泽东同志，根据中国党长期斗争丰富的经验，根据他对中国社会特质及中国革命规律性深邃的认识，在中国革命诸问题的理论和策略上，都有了许多不容否认与不容忽视的创造性与马克思主义底贡献。"我们党的教育人才"应该是忠实于列宁、斯大林的思想，忠实于毛泽东同志的思想"。他在同年4月发表在《解放》周刊的《在毛泽东同志的旗帜下前进》一文中又写道："说到创造性马克思主义在中国问题上的发展，最主要最典型的代表，应指出的是我们党的领袖毛泽东同志。"

1941年8月，另一些理论工作者艾思奇等同志，在《中国文化》等刊物上发表文章，提出毛泽东同志的著作是马克思列宁主义中国化的"辉煌的范例""典型著作"。

1941年9月、10月间，中共中央政治局召开扩大会议，详尽地检讨过去的路线问题。与会同志对毛泽东同志和他的思想理论作了高度的评价。例如：陈云同志说，"毛主席是中国革命的旗帜"。罗迈（李维汉）同志说，"毛主席——创造的马克思主义者之模范、典型"。王稼祥同志说，"过去中国党毛主席代表了唯物辩证法"。叶剑英同志说，"毛主席由实践到理论，这是我们应该学习的"。刘少奇、周恩来同志未参加这次会议。

1942年2月18日、19日，张如心同志在《解放日报》上发表《学习和掌握毛泽东的理论和策略》一文。文中指出："毛泽东同志的理论和策略正是马列主义理论和策略在殖民地半殖民地半封建社会中的运用和发展，毛泽东同志的理论就是中国马克思列宁主义。"他认为毛泽东同志的理论和策略可划分为三个组成部分，即思想路线或思想方法论，政治路线或政治科学，军事路线或军事科学。他说："这三个组成部分内在有机的统一便构成毛泽东的理论和策略体系。"这篇文章在反驳叶青污蔑毛泽东主义是"中国农民主义"之处，也从正面意义上使用了"毛泽东主义"[1]这一提法。

1942年7月1日，朱德同志发表在《解放日报》上的《纪念党的二十一周年》的文章中，提出我们党已经创造了指导中

---

[1] 毛泽东同志是不同意提"毛泽东主义"的。中共七大没有这样提，而是用了毛泽东思想这个概念。"七大"以后，1948年8月13日，吴玉章同志从当时设立在河北正定的华北大学打电报向周恩来同志请示，提出把毛泽东思想改成毛泽东主义，"主要的要学毛泽东主义"。电报中还说："这样说法是否妥当，请同主席和少奇同志商量后，赐以指示。"毛泽东同志8月15日回电说："那样说法是很不适当的。现在没有什么毛泽东主义，因此不能说毛泽东主义。不是什么'主要的要学毛泽东主义'，而是必须号召学生们学习马恩列斯的理论和中国革命的经验。这里所说的'中国革命经验'是包括中国共产党人（毛泽东也在内）根据马恩列斯理论所写的某些小册子及党中央各项规定路线和政策的文件在内。"

国革命的中国化的马列主义理论。他说:"今天我们党已经积累下了丰富的斗争经验,正确的掌握了马列主义的理论,并且在中国革命的实践中创造了指导中国革命的中国化的马列主义的理论。"又说:"我们党已经有了自己的最英明的领袖毛泽东同志。他真正精通了马列主义的理论,并且善于把这种理论用来指导中国革命步步走向胜利。"

1942年陈毅同志为纪念党的二十一周年而发表的《伟大的二十一年》,从五个方面(关于中国社会性质、革命的动力、前途及革命战略和策略问题;关于革命战争问题;关于苏维埃政权问题;关于建党问题;关于思想方法问题)论述以毛泽东同志为领袖的中国共产党运用马列主义解决中国革命实际问题的新创造,并指出毛泽东同志创立了正确的思想体系。他说:"毛泽东同志领导秋收暴动,辗转游击湘赣粤闽四省之间,进行苏维埃的红军建设,进行实地的中国社会的调查,主张以科学头脑、科学方法对待马列主义中国化问题,主张世界革命的一般理论与中国革命的具体实践相结合,有了更具体完整的创获。正确的思想体系开始创立。"

1943年7月4日,刘少奇同志为纪念党的二十二周年而写的《清算党内的孟什维主义思想》一文,论述了毛泽东同志及其思想在中国革命历史中的作用和地位。他使用了"毛泽东同志的思想"和"毛泽东同志的思想体系"这两个概念。他在文章中说:"一切干部,一切党员,应该用心研究二十二年来中国党的历史经验，应该用心研究与学习毛泽东同志关于中国革命的及其他方面的学说，应该用毛泽东同志的思想来武装自己，并以毛泽东同志的思想体系去清算党内的孟什维主义思想。"

1943年7月5日，王稼祥同志为纪念党的二十二周年而作的《中国共产党与中国民族解放的道路》一文，第一次提出"毛泽东思想"这个概念。他说："中国民族解放整个过程中——过去现在与未来——的正确道路就是毛泽东同志的思想，就是毛泽东同志在其著作中与实践中所指出的道路。毛泽东思想就是中国的马克思列宁主义，中国的布尔什维主义，中国的共产主义。""毛泽东思想与中国共产党的民族解放的正确道路是在与国外国内敌人的斗争中，同时又与共产党内部错误思想的斗争中生长、发展与成熟起来的。""以毛泽东思想为代表的中国共产主义，是以马克思列宁主义的理论为基础，研究了中国的现实，积蓄了中共二十二年的实际经验，经过了党内党外曲折斗争而形成起来的。……它是创造的马克思列宁主义，它是马克思列宁主义在中国的发展，它是中国的共产主义，中国布尔什维主义。"王稼祥同志特别指出，毛泽东思想"是马克思列宁主义与中国革命运动实际经验相结合的结果"，"这个理论也正在继续发展中"，"这是引导中国民族解放和中国共产主义到胜利前途的保证"。

1943年7月11日，中央总学委关于在延安进行反对内战保卫边区的群众教育的通知中,曾把上述刘少奇和王稼祥同志的文章,列为干部和群众学习的参考文件。通知说:在讨论文件中,要"使全体干部和党员认识和拥护毛泽东同志马列主义的思想方法,与他所提出的'既团结又斗争'的正确路线","学习毛泽东同志的思想、理论与实际……团结在以毛泽东同志为首的中央的周围"。

1943年7月16日,周恩来同志从重庆回到延安。他在8月2日欢迎会的演说中,提出毛泽东同志的方向就是中国共产党的方向这一断语。他说:"我们党二十二年的历史证明:毛泽东同志的意见,是贯穿着整个党的历史时期,发展成为一条马列主义中国化,也就是中国共产主义的路线!""毛泽东同志的方向,就是中国共产党的方向!""毛泽东同志的路线,就是中国的布尔什维克的路线!"

毛泽东思想这个概念由王稼祥同志初次提出后,逐步为党内许多同志所接受。在党的一些文件和许多负责同志的讲话里,使用和论述毛泽东思想的概念的情况,逐渐多起来了。

1943年11月30日,黄敬同志在关于对敌斗争的报告里说:"今天全党是以毛泽东思想建设起来的,就是把马列主义理论与中国实践紧紧结合而建立的。"

1943年12月4日,邓小平同志在北方局党校整风运动会上的讲话中,不仅使用了毛泽东思想的概念,而且明确指出我们党及其中央是以毛泽东思想为指导的。他说:"遵义会议之后，在以毛为首的党中央领导之下，彻底克服了党内'左'右倾机会主义，一扫主观主义、宗派主义和党八股的气氛，把党的事业完全放在中国化的马列主义即毛泽东思想的指导之下……的确，在以毛泽东思想为指导的党中央的领导之下，我们回忆起过去机会主义领导下的惨痛教训，每个同志都会感觉到这九年是很幸福的。""现在我们有了这样好的党中央，有了这样英明的领袖毛泽东同志，这对于我们党是太重要了。"

同年12月25日，邓小平同志又在北方局、第十八集团军总部直属机关第一学期反省大会上指出："党中央老早告诉我们，整风就是把全党从思想上行动上统一在中国布尔什维主义——毛泽东思想下，在思想上、政治上、组织上把全党团结得像一个人一样，增强党的战斗力量。"

1943年12月18日，李大章同志在《对于同志们所提问题的研究》的讲话中，指出毛泽东思想就是中国共产党的思想。他说："毛泽东思想之所以能成为中国共产党思想而提出，不决定于毛泽东，而决定于他的马列主义思想的正确领导已经获得了全党和全国人民的公认与拥护。特别是自我党开始整风，清算党内的各种不正确思想以来，事实证明毛泽东思想的正确与伟大，毛泽东思想的正确性便日益为一般同志所认识。"

1944年1月10日，中共中央对晋察冀分局干部扩大会议的指示中提出，要在干部特别是高级干部中"建设正确的思想——毛泽东同志的思想，以达到统一党的思想"。

从 1944 年 1 月到 10 月这段时间，在晋察冀分局聂荣臻、程子华、刘澜涛等同志的报告和讲话里，在分局所发的文件和出版的《毛泽东选集》的《编者的话》中，都比较突出地讲到毛泽东思想或毛泽东同志的思想，提出全党要广泛学习和宣传毛泽东同志的思想，要团结在毛泽东思想之下。

1944 年 2 月 17 日，彭真同志关于中央党校第一部整风学习与审查干部的总结中，在讲到整风运动的实质时，提出"毛主席的中国化的马列主义的思想"这一概念。

1944 年 7 月，罗荣桓同志在《学习毛泽东的思想》一文中，也同时使用了毛泽东同志的思想和毛泽东思想这两个概念。文章说："毛泽东同志的思想是从马列主义的普遍真理与中国革命具体实践日益互相结合上发展起来，继承了中国革命百年来的历史传统而民族化了的思想"；我们党"是以毛泽东思想为遵循的方向"。

1944 年 7 月 1 日，萧三同志发表在《解放日报》的《毛泽东同志的初期革命活动》一文中，提出应当用毛泽东主义来概括毛泽东同志关于中国革命的思想、思想方法、战略策略以及工作作风这整个体系。

1945 年 3 月 15 日，党的六届七中全会期间，邓小平同志在一次关于形势问题的报告里，提出每个党员要"更加学习马列主义与毛泽东思想"。这是我们看到的材料中，首次将马列主义与毛泽东思想并提。

1945年3月31日，刘少奇同志在六届七中全会讨论党章草案时说："总纲是党的基本纲领，作为党章的前提、出发点与组成部分，可以更加促进党内的一致，以毛泽东思想贯穿党章，这是一个前所未有的历史特点。"

1945年6月"七大"通过的党章正式规定："中国共产党，以马克思列宁主义的理论与中国革命的实践之统一的思想——毛泽东思想，作为自己一切工作的指针。"

刘少奇同志在"七大"所作的关于修改党章的报告，对毛泽东思想作了科学的概括和全面的论述。他说："毛泽东思想，就是马克思列宁主义的理论与中国革命的实践之统一的思想，就是中国的共产主义，中国的马克思主义。""毛泽东思想，就是马克思主义在目前时代的殖民地、半殖民地、半封建国家民族民主革命中的继续发展，就是马克思主义民族化的优秀典型。它是从中国民族与中国人民长期革命斗争中……生长和发展起来的。它是中国的东西，又是完全马克思主义的东西。"毛泽东思想"是我们党的唯一正确的指导思想，唯一正确的总路线"，"是中国人民完整的革命建国理论"。"这些理论，表现在毛泽东同志的各种著作以及党的许多文献上。这就是毛泽东同志关于现代世界情况及中国国情的分析，关于新民主主义的理论和政策，关于解放农民的理论与政策，关于革命统一战线的理论与政策，关于革命战争的理论与政策，关于革命根据地的理论与政策，关于建设新民主主义共和国的理论与政策，关于建设党的理论与政策，关于文化的理论与政策。"刘少奇同志强调指出："毛泽东思想，就是这次被修改了的党章及其总纲的基础。学习毛泽东思想，宣传毛泽东思想，遵循毛泽东思想的指示去进行工作，乃是每一个党员的职责。"[1]

　　以上材料说明，毛泽东思想在"七大"正式提出之前，党内已经有了较长时间的酝酿，至少有四五年之久。许多领导同志和党的理论工作者对这一问题从不同的角度和深度上作过阐述。在酝酿的过程中，开始的提法是"毛泽东同志的思想""毛泽东同志的思想体系"，以后又有"毛泽东思想""毛主席的中国化的马列主义的思想"等提法，这些提法的内容实际上是相同的。在相当一段时间里，毛泽东思想和毛泽东同志的思想是同时并用的，直到"七大"，毛泽东思想才正式作为一个科学概念，作为党的指导思想被确定下来，并且写进了党章。刘少奇同志代表党中央在"七大"所作的报告，吸收了王稼祥和其他同志的一些提法和意见，对毛泽东思想作了完整的概括和系统的阐述。总之，毛泽东思想这个科学概念的提出，正如毛泽东思想这一科学理论本身的形成一样，不是出于个别同志的贡献，而是党的集体智慧的成果。

---

[1]《刘少奇选集》上卷，人民出版社1981年版，第332—337页。

读《毛泽东农村调查文集》*

《毛泽东农村调查文集》已由中共中央文献研究室编辑出版。毛泽东同志的著作非常丰富，编入《毛泽东选集》的只是其中最有代表性的，从数量上说只占一部分，还有大量很有价值的文稿没有编辑出版。中央文献研究室准备有计划地编辑出版毛泽东同志的各种专题文集，供广大读者学习和研究。《毛泽东农村调查文集》就是其中的一本。这本文集是在1941年延安出版的《农村调查》一书的基础上增订而成。增补了《反对本本主义》《总政治部关于调查人口和土地状况的通知》《关于农村调查》《中国佃农生活举例》《寻乌调查》五篇著作。其中，《总政治部关于调查人口和土地状况的通知》和《寻乌调查》是第一次公开发表。

《毛泽东农村调查文集》是毛泽东同志论述调查研究问题和亲自进行调查研究的重要文献选编。调查研究，不只是工作

---

* 这篇文章本文发表在1982年12月26日《解放军报》。

方法问题,首先是认识论问题。这本文集的开卷篇《反对本本主义》,第一次从认识论的角度阐述了调查研究的极端重要性,把调查研究提到思想路线的高度,提出"没有调查,没有发言权"的著名论断,阐发了"中国革命斗争的胜利要靠中国同志了解中国情况"这个光辉思想,同时又比较系统地提出调查研究的一套方法。这本文集内容十分丰富,包含着深邃的哲学思想,基本上反映了毛泽东同志在第二次国内革命战争时期和抗日战争时期关于调查研究的理论、方法和实践。它从一个方面体现了毛泽东思想的发展过程,生动地反映了毛泽东同志开创的调查研究的一代新风。在党的十二大提出为全面开创社会主义现代化建设新局面的今天,出版和学习这个文集,无疑具有重大的理论意义和实际意义。

调查研究是马克思主义和中国革命相结合的基本环节,是毛泽东思想形成的基础。毛泽东同志所以能够使马克思主义在中国具体化,为形成适合中国情况的科学的指导思想——毛泽东思想做出最大的贡献,关键在于他从中国的实际出发。而主要是通过向实际、向群众作充分的调查研究才能做到。毛泽东同志十分珍惜他在中国革命初期所作的许多调查材料,对失去的湖南长沙等五县调查和井冈山时期永新、宁冈两县调查材料,总是念念不忘,感到十分痛惜。他在《寻乌调查》前言中说:"失掉别的任何东西,我不着急,失掉这些调查(特别是衡山、永新两个），使我时常念及，永久也不会忘记。"[1]毛泽东同志1938年1月12日在给艾思奇同志的信中曾叮嘱说："《兴国调查》如看完了请还我，如未，放在你处，只不要丢掉了。"毛泽东同志如此珍爱他的实际调查材料，对我们是一个深刻的教育。可以说，没有毛泽东同志对中国实际情况的系统周密的调查研究，就不会有毛泽东思想，也就不会有毛泽东思想指引下的中国革命的胜利。同样，今天我们不对中国的国情和建设的实际作系统周密的调查研究，也就不会有毛泽东思想的新发展，不可能取得社会主义现代化建设的新胜利。

调查研究是认识中国国情、制定正确路线方针政策的根本方法。中国革命究竟怎么搞，开始我们党并不清楚。有的人从马列书本上去寻找答案，有的人简单地到外国经验中去寻找答案。以毛泽东同志为代表的一部分共产党人，则以马克思主义为指导，从对中国实际情况的调查研究中去寻找答案。答案果然找到了，制定了正确的路线、方针、政策。在毛泽东同志的倡导下，全党形成了调查研究的风气，一直到建国初期，中国革命和建设事业的发展是很顺利的。但是，后来逐渐放松了调查研究，逐渐丢掉了这个好传统。这正是我们党犯错误的一个重大原因。在1961年1月中央工作会议上，毛泽东同志曾经感慨地说："这些年来，我们的同志调查研究工作不做了。要

---

[1]《毛泽东文集》第1卷，人民出版社1993年版，第118页。

是不做调查研究工作,只凭想像和估计办事,我们的工作就没有基础。"[1]

粉碎"四人帮"后,特别是十一届三中全会以来,全党在中央领导同志的带动下,又兴起了调查研究之风,恢复了从实际出发这一好传统,比较顺利地实现伟大的历史转折。历史经验证明,党的路线、方针、政策正确与否,同有无调查研究、有无正确的调查研究息息相关。当我们党重视并实行正确的调查研究,党的路线、方针、政策就正确或比较正确,革命和建设事业就前进、就发展;反之,忽视了调查研究,或者实行了错误的所谓"调查研究",党的路线、方针、政策就出现偏差,乃至错误,革命和建设事业就会受到挫折,甚至倒退。特别是在重要的历史转变时期,极需有正确的路线方针政策作指导,也就特别需要以正确的调查研究为先导。倘若离开正确的调查研究,是不可能确切地了解国情和制定出正确的路线、方针、政策。

调查研究是开创新局面的基础工程。毛泽东同志在《反对本本主义》中指出:要创造新局面,必须"改变保守思想","时时进行实际调查",那种"安于现状","以为现在的斗争策略已经是再好没有了",因此"饱食终日,坐在机关里面打瞌睡,从不肯伸只脚到社会群众中去调查调查","完全不是共产党

---

[1]《毛泽东文集》第8卷,人民出版社1999年版,第233页。

人从斗争中创造新局面的思想路线,完全是一种保守路线"。[1]当前,全国各条战线、各个部门都在积极贯彻党的十二大精神,努力开创自己工作的新局面。第一位的问题,就是要解放思想,深入实际,调查研究,掌握新情况,解决新问题。离开了调查研究,思想就会僵化,对新情况、新问题茫然无知,即使有打开新局面的愿望,也是不能成功的。调查研究在开创新局面的斗争中有着特殊的重要意义,它是打开新局面的基础性和关键性的工作。甚至可以这样说,没有调查研究,就没有新局面。必须把调查研究摆在工作的首位,花大力气将它抓紧抓好。

调查研究也是转变党风的一项重要内容。党风不正,其中就包括脱离实际的主观主义和脱离群众的官僚主义。毛泽东同志把主观主义称为党性不纯的表现。1941年8月中央在关于调查研究的决定中也指出:"粗枝大叶、自以为是的主观主义作风,就是党性不纯的第一个表现;而实事求是,理论与实际密切联系,则是一个党性坚强的党员的起码态度。"[2]不作调查研究,根本做不到实事求是,也克服不掉主观主义和官僚主义弊病。只有大兴调查研究之风,才能端正思想路线,纠正主观主义和官僚主义的不正之风。当前,为了实现党风的根本好

---

[1] 《毛泽东选集》第1卷,人民出版社1991年第2版,第115、116页。
[2] 《毛泽东文集》第2卷,人民出版社1993年版,第361页。

转，必须紧紧抓住调查研究这一环。

大兴调查研究之风，是新的历史时期社会主义现代化建设事业向我们提出的要求。应该积极顺应时代的要求，在党的十二大精神鼓舞下，认真学习毛泽东同志关于调查研究的理论、方法与实践，以《毛泽东农村调查文集》的思想为指导，迈开双脚，深入实际，深入基层，深入群众，进行细致周密的调查研究，努力掌握新情况，解决新问题，创造新经验，走出新路子，为全面开创社会主义现代化建设的新局面而贡献力量。

博览群书的革命家[*]
——毛泽东读书生活我见我闻

毛泽东是伟大的革命家,也是学识渊博的学问家。孜孜不息的读书生活伴随着毛泽东的一生,和他的革命生涯紧紧地联系在一起。

我从1950年冬到1966年夏,为毛泽东管理图书报刊,历时近十七年,直接和间接地了解到毛泽东读书生活的一些情况。这些情况,尽管是片断的、零碎的,但是把它们介绍出来,对于了解和学习毛泽东是有价值的,对于今天的"两个文明"建设也是有意义的。

酷爱读书,广收博览

毛泽东从幼年起,就勤奋好学,酷爱读书。随着年龄的增

---

[*] 这篇文章和下面的《毛泽东读马列著作》《古籍新解,古为今用》《毛泽东读报章杂志》《读有字之书,又读无字之书》四篇文章,都是讲毛泽东读书生活的,曾收入1986年生活·读书·新知三联书店出版的《毛泽东的读书生活》一书。

长，他的读书欲望愈来愈强烈。为了增长知识、开阔眼界，为了寻求救国救民的真理，他常常废寝忘食地阅读古今中外的各种书籍。后来，即使在最艰苦最紧张的革命战争环境，也总是不忘读书。到陕北以后，毛泽东通过各种渠道，尽一切可能，从国民党统治区购买各类书报。到了延安，他的书逐渐多起来了，并有专人替他管理。他的书起先放在离住处不远的一排平房里，后因日机轰炸，搬到一个很深的窑洞里，保护起来。毛泽东十分爱惜自己的书。有一次，他的一些书被别人搞散失了，非常生气，这件事他一直没有忘记。1947年从延安撤退的时候，别的东西丢下了很多，但是他的书，除一部分在当地埋藏起来以外，大部分，特别是他写了批注的那些，经过千辛万苦，辗转千里，以后被搬到了北京。这些书是毛泽东藏书中最宝贵的一部分，是研究毛泽东思想的珍贵资料。

　　全国解放后，毛泽东读书的条件好了。在我接手管书不久，毛泽东就提出，要把解放前商务印书馆和中华书局出版的所有图书都给他配置起来。这个要求显然是难以实现的，后来实际上也没有做到。但是他对书的酷爱，给了我极深刻的印象。当时毛泽东的书总共还不到十个书架，经过十几年的建设，在我离开这个工作岗位的时候，也就是1966年夏，他的藏书已达几万册，建成了一个门类比较齐全、又适合毛泽东需要的个人藏书室。这里要特别提到，为建设毛泽东的个人藏书室，田家英所做的贡献是不应当忘记的，他是花了很多心血的。没有他的指导和具体帮助,建成这样的图书室是困难的。毛泽东的藏书,除马克思、恩格斯、列宁、斯大林和鲁迅的全集以外,还有一些著名类书和丛书,如《永乐大典》(部分,影印本)、《四部备要》、《万有文库》(部分)、《古今图书集成》,以及各种世界名著翻译丛书,等等。就个人藏书来说这不算少了,但仍不能满足毛泽东的需要。他还经常要我们向一些图书馆替他借书。1958年夏,北京图书馆(简称"北图")换发新的借书证,我们特地给他办了一个。北图的同志出于对毛泽东的敬重,把他的借书证编为第一号。

毛泽东读书的范围十分广泛,从社会科学到自然科学,从马列主义著作到西方资产阶级著作,从古代的到近代的,从中国的到外国的,包括哲学、经济学、政治、军事、文学、历史、地理、自然科学、技术科学等方面的书籍以及各种杂书。就哲学来说,不但读基本原理,也读中外哲学思想史,还读逻辑学、美学、宗教哲学等等。这里稍为多介绍一点毛泽东对宗教方面的著作和文章的阅读情况。他对宗教问题是比较重视的。代表中国几个佛教宗派的经典如《金刚经》《六祖坛经》《华严经》以及研究这些经典的著述,都读过一些。对于禅宗的学说,特别是对它的第六世唐朝高僧慧能的思想更注意一些。禅宗不立文字,通俗明快,它的兴起,使佛教在中国民间广为传播。《六祖坛经》一书,毛泽东要过多次,有时外出还带着,这是一部在慧能死后由慧能的弟子编纂的语录。哲学刊物上发表的讲禅宗哲学思想的文章，毛泽东几乎都看。毛泽东阅读宗教经典，既作为哲学问题来研究，也当作群众工作问题来看待。他说："我赞成一些共产主义者研究各种宗教的经典，研究佛教、伊斯兰教、耶稣教等等的经典。因为这是个群众问题，群众中有那么多人信教，我们要做群众工作，我们却不懂得宗教，只红不专，是不行的。"[1]1963年12月30日，毛泽东在一个文件上写了一个批语，说："对世界三大宗教（耶稣教、回教、佛教），至今影响着广大人口，我们却没有知识，国内没有一个由马克思主义者领导的研究机构，没有一本可看的这方面的刊物。""用历史唯物主义的观点写的文章也很少，例如任继愈发表的几篇谈佛学的文章，已如凤毛麟角，谈耶稣教、回教的没有见过。不批判神学就不能写好哲学史，也不能写好文学史或世界史。"[2]再以科学技术书为例。从各门自然科学、自然科学史，直到某些技术书籍，毛泽东也广泛涉猎，而对生命科学、天文学、物理学、土壤学最有兴趣。1951年4月的一天，毛泽东邀请周世钊和蒋竹如到中南海做客，曾对他们说："我呢，也很想请假两三年学习自然科学，只可惜可能不允许我有这样长的假期。"[3]

毛泽东常常说，一个人的知识面要宽一些。1958年9月，

---

[1]《毛泽东西藏工作文选》，中央文献出版社、中国藏学出版社2001年版，第216页。
[2]《毛泽东文集》第8卷，人民出版社1999年版，第353页。
[3]《毛泽东年谱（1949—1976）》第1卷，中央文献出版社2013年版，第333页。

张治中陪同他一起外出视察工作。有一天，在行进的列车中，毛泽东正在聚精会神地看一本冶金工业的书。张治中诧异地问他："你也要钻研科技的书？"毛泽东说："是呀，人的知识面要宽些。"[1]毛泽东经常用这句话教育在他身边工作的同志，不论是做秘书工作的，做警卫工作的，还是做医护工作的。1957年亲笔写信给秘书林克，要他"钻到看书看报看刊物中去，广收博览"[2]。

毛泽东跟书籍可以说是形影不离。在他的卧室里，办公室里，游泳池休息室里，北京郊外住过的地方……都放着书。每次外出也带着书，在外地还要借一些书。杭州、上海、广州、武汉、成都、庐山等地图书馆，都留下了毛泽东借书的记录。

毛泽东有一个习惯，每到一个地方，必先作两方面的调查。一是向人作调查，询问当地的政治、经济、文化、人民生活等现实情况；一是向书本作调查，了解当地的历史情况、地理沿革、文物掌故、风土人情以及古人写的有关当地的诗文。

1958年3月，毛泽东首次到成都，主持中央工作会议。3月4日下午，一到这个蜀汉古都，立即要来《四川省志》《蜀本纪》《华阳国志》阅读。以后，又要来《都江堰水利述要》《灌县志》等地方志书籍，还在书上批、画、圈、点。会议期间，

---

[1] 余湛邦：《张治中将军随同毛主席巡视大江南北的日子》，见1983年12月17日《团结报》。
[2] 《毛泽东书信选集》，中央文献出版社2003年版，第490页。

亲自挑选唐、宋两代李白、杜甫、苏轼、陆游等十五人写的有关四川的诗词四十七首，明代杨基、杨慎等十三人写的十八首，连同《华阳国志》，一并印发给与会同志。3月8日他曾借阅楹联书十余种，其中有杜甫草堂的对联，还有孙髯作的昆明大观楼长达一百八十字的对联。毛泽东对这幅长联甚为赞赏，他能背诵如流。清人梁章钜在《楹联丛话》中，认为此联"究未免冗长之讥也"，毛泽东颇不以为然。他在此书的批语中写道："从古未有，另创一格，此评不确。近人康有为于西湖作一联，仿此联而较短，颇可喜。"毛泽东生前多次到杭州，工作之余，常常借阅当地的地方志、当地古人的文集和诗集。例如，借阅过宋朝林逋（和靖）的诗文集，明朝于谦的文集、传记和有关的小说。林和靖，就是那个隐居西湖孤山，一生不做官，种梅养鹤，被人称为"梅妻鹤子"的诗人。于谦，爱国名将，做过明朝的兵部尚书。毛泽东在杭州还要过历代古人写的有关西湖的诗词。当时在杭州从事文史工作的叶遐修，收集了自唐至清咏西湖的诗两千多首，从中选出二百首，编成《西湖古诗集粹》，抄送毛泽东阅览。

　　毛泽东的读书习惯几乎渗透到他的生活的各个方面。或者探讨一个问题，或者参观了一个展览会，或者得悉科学技术上有什么新的重大发展，以至看了一出戏，往往都要查阅有关书籍，进一步研究和学习。1958年，刘少奇曾以唐朝诗人贺知章《回乡偶书》一诗（"少小离家老大回，乡音无改鬓毛衰。

儿童相见不相识，笑问客从何处来。"），作为古代官吏禁带家属的例证。毛泽东觉得不妥，为查明此事，不仅翻阅了《全唐诗话》等书，还特地查阅了《旧唐书》列传的贺知章传，发现贺传中并无不带家属的记载。毛泽东随即写信给刘少奇，陈述自己的看法，并送去载有贺传的那本《旧唐书》。毛泽东在信中说："唐朝未闻官史禁带眷属事，整个历史也未闻此事。所以不可以'少小离家'一诗便作为断定古代官史禁带眷属的充分证明。自从听了那次你谈到此事以后，总觉得不甚妥当。请你再改一改，可能你是对的，我的想法不对。睡不着觉，偶触及此事，故写了这些，以供参考。"[1]1964年8月24日，毛泽东与周培源、于光远谈哲学问题，在讲到地动说时，毛泽东说："宋朝辛弃疾写的一首词里说，当月亮从我们这里落下去的时候，它照亮着别的地方。晋朝的张华在他的一首诗里也写到'太仪斡运，天回地游'。"[2]这首诗叫《励志诗》。随后他要我们找出载有这两首诗词的书给他。辛弃疾在《木兰花慢》词中有这样两句："可怜今夕月，向何处，去悠悠？是别有人间，那边才见，光影东头？"意思是说，从我们这里西边沉下去的月亮，到什么地方去了？是不是另有一个人间，那里刚好见到月亮从东方升起呢？毛泽东认为，这些诗词里包含着地圆的

---

[1]《毛泽东书信选集》，中央文献出版社2003年版，第493页。
[2]《毛泽东文集》第8卷，人民出版社1999年版，第392页。

意思。1958年7月2日,毛泽东在中南海瀛台参观一机部的机床展览,回到住所,就要我们给他找两本书:《无线电台是怎样工作的》《1616型高速普通车床》,这是他在参观时看到的。[1] 1959年1月2日苏联发射一枚宇宙火箭,6日他就要了几本关于火箭、人造卫星和宇宙飞行的通俗读物。

毛泽东的学问很渊博,但他总觉得自己的知识不够。他碰到不懂的东西,或者读一些有关的通俗小册子,或者请教专家,或者查工具书。在读书学习上,毛泽东无止境地追求着,一步一步地开拓自己的知识领域。

几十年前,毛泽东说过一段很精彩的话:"有了学问,好比站在山上,可以看到很远很多东西。没有学问,如在暗沟里走路,摸索不着,那会苦煞人。"[2] 这或许是他的经验之谈吧。毛泽东所以能够站得高一些,看得远一些,战略眼光宽广一些,成为一个杰出的革命家、思想家、战略家,一个很重要的条件,就是他有渊博的学问和丰富的知识。对于这一点,凡是与毛泽东作过长谈的人,包括外国的一些学者、记者和政界人士,都是表示钦佩的。

说毛泽东博览群书,并不是说他广泛涉猎了一切方面的书

---

[1] 从20世纪50年代我国进入大规模经济建设时期以后,为了使中央领导同志了解和学习生产技术和科学知识,国务院有关的工业部门相继在中南海瀛台办了一些展览。毛泽东曾多次参观,如1956年4月12日至17日连续六天,7月中又有四天,每天下午参观;1958年6月、7月间又先后参观四次。

[2] 《毛泽东年谱(1893—1949)》修订本中卷,中央文献出版社2013年版,第109页。

籍。例如，外国文学作品，除了《茶花女》《简·爱》《罗密欧与朱丽叶》等少数的名著外，他读得很少；中国的现代文学作品也读得很少；至于经济管理方面的书，特别是国外有关社会化大生产管理方面的书读得更少。这一情况，不能不使他的思想受到一定的局限，产生某些不利的影响。毛泽东读书也不是平均使用力量，而是有所侧重，有所偏爱。他最重视、最喜欢阅读的是马列著作、哲学、中国历史和中国古代文学。

工欲善其事，必先利其器

毛泽东很重视工具书，我们也很注意为他收集这类图书，在他的藏书室里，各种辞书和地图等工具书是相当齐全的。他使用最多的是《辞海》、《辞源》、中国地图、世界地图和中国历史地图。

《辞海》《辞源》是过去发行量最广、影响最大的两部辞书，但毛泽东对这两部书都不甚满意。1957年，他在北京见到《辞海》的主编之一舒新城时说："《辞海》我从二十年前使用到现在。在陕北打仗的时候也带着，后来在延川敌情紧急的情况下，不得不丢下埋藏起来，以后就找不到了。现在这部书太老了，比较旧，希望修订一下。"不久，在上海集中了大批有真才实学的人从事这项巨大的重编工作。1965年出版了试行本。新的《辞海》出版以后，毛泽东要身边工作的一位同志将它跟旧《辞海》对照,看看新《辞海》有什么优点,与旧《辞海》有什么不同。他对新《辞海》仍不甚满意,他说,有的条目写得太简单,有的条目应该有而没有。这些话,与其说是对新《辞海》的批评,不如说是反映了毛泽东强烈的求知欲望。新《辞海》后来几经曲折,终于在粉碎"四人帮"之后的1979年重新修订出版。在重编《辞海》的同时,《辞源》也根据毛泽东的提议进行了修订。

在毛泽东的故居里,现在还保存着一部小字本的《辞源》,那是从延安带出来的。解放初期毛泽东一直使用这部《辞源》,里面有他圈、画的地方。当人们看到这一道道的笔迹,会深深地为他的勤学精神所感动。这部书字太小,后来我们给他买了一部大开本的《辞海》,字稍大些,一直使用到晚年。

毛泽东提出编辑的另一种重要工具书是《中国历史地图集》。据谭其骧回忆,1954年冬,有一天毛泽东和吴晗谈起标点《资治通鉴》的事,讲到读历史不能没有一部历史地图放在手边,以便随时检查历史地名的方位。谭其骧说,解放前一些书局虽然出版过几种历史地图,但都失之过简,一般只画出一个朝代的几个大行政区划,绝大多数历史地名在图上查不到。这种图只能适应中小学教学的需要,满足不了读《资治通鉴》之类史书的要求。吴晗想起清末民初杨守敬编绘的《历代舆地图》,一朝一册,凡见于诸史《地理志》的州县一般全部上图,正符合毛泽东提出的配合读史的需要。因此,他建议在标点《资治通鉴》的同时，也应把杨守敬编绘的地图予以改造，绘制出版。毛泽东赞许他的意见，改绘"杨图"的工作经吴晗推荐，由谭其骧负责。[1]绘制《中国历史地图集》，是一项更为艰巨的工程，它也经历了曲折的过程，在1982年才开始正式出版。全书共八册，为研读中国史书提供了一部详尽的地图集。

"工欲善其事，必先利其器。"虽不能说没有工具书则无法读书，但是有了好的工具书，确为读书提供了便利条件，有时甚至是不可缺少的条件。毛泽东从长期的读书生活中深深地感到编好工具书的重要性。

"尽信《书》，则不如无《书》"

毛泽东常引用孟子的一句话："尽信《书》，则不如无《书》。"[2]这里说的书，是指《书经》。毛泽东把它推而广之，及于其他，就是说，不要迷信书本，读书不要盲从，要独立思考。他要求身边同他一起读书的同志，在看完一本书或者一篇文章之后，总要提出自己的看法和理解。毛泽东在他写的大量读书批语中，提出了很多新颖的见解，作出自己的评价，有些见解和评价是相当精辟的。毛泽东认为，读书既要有大胆怀疑

---

[1] 谭其骧：《学者、才子、为社会主义事业奋斗终身的好干部》，见《吴晗纪念文集》，北京出版社1984年版，第34、35页。

[2] 《孟子·尽心下》。

和寻根究底的勇气和意志，又要保护一切正确的东西，同做其他的事情一样，既要勇敢，也要谨慎。他不仅对待中国古书是这样，对待马克思主义的著作也是这样。毛泽东对斯大林的《苏联社会主义经济问题》一书评价是比较好的，但他在建议各级干部学习这本书的时候，强调要加以分析：哪些是正确的，哪些说得不正确或者不大正确，哪些是作者自己也不甚清楚。毛泽东在阅读苏联《政治经济学教科书》时，发表了大量评论性的意见，提出自己的许多观点，但他自己认为，这还只是跟着书走，了解他们的写法和观点。他认为，应当以问题和论点为中心，收集一些材料，看看他们的论文，知道争论双方的意见或者更多方面的意见，作进一步的研究。他说，问题要弄清楚，至少要了解两方面的意见。

毛泽东的早年同学周世钊，在谈到毛泽东青年时代读书情况时，说毛泽东有"四多"的习惯，就是读得多、想得多、写得多、问得多。这个"四多"正是反映了毛泽东酷爱读书而又不迷信书本，具有独立思考和追根究底的精神。

使看书占领工作之外的时间

毛泽东是一个读书不知疲倦的人。读书忘记睡觉，读书忘记吃饭，是常有的事。他曾经号召我们的干部，要养成看书的习惯，使看书占领工作之外的时间。他要求别人做的，自己首先做到了。

读者可能提出这样一个问题：毛泽东每天管很多国家大事，哪有时间读那么多书？要知道，毛泽东的工作效率是很高的，读书的效率也是很高的。他有过人的精力和惊人的记忆力，加上深厚的知识基础和丰富的实践经验，所以读得快，记得牢，理解得深。毛泽东给人一个很深的印象，就是不论读一本书，看一篇文章，还是同别人谈话，他能迅速而又准确地抓住要点，抓到问题的实质。在他身边工作的一些同志感受更深。读者大概都读过《毛泽东选集》第四卷最末几篇评美国白皮书的文章。白皮书是1949年8月5日发表的，不到十天，8月14日毛泽东就发表了他写的第一篇评白皮书的文章《丢掉幻想，准备斗争》，并在一个多月的时间内又连续发表四篇评论文章。他抓住并针对白皮书中的一些要害处，揭露了美国当局对华政策的帝国主义性质，批评了国内一部分人对美国的幻想，并对中国革命的发生和胜利的原因作了理论上的说明。再举一个小例子。有一次，他要看拿破仑传，选了几种翻译过来的本子。跟他一起读的同志一本还没有看完，他却三本都看完了。毛泽东每天睡眠的时间很少，像工作起来常常昼夜不眠一样，读书也是如此。他几乎把一切工作之余可以利用的时间都用于读书了。

毛泽东的才能和智慧，是付出了艰辛的劳动换取来的！它是毛泽东丰富的革命实践经验的升华和结晶，也是毛泽东一生勤奋好学、博览群书结出的硕果。

活到老，学到老

"活到老，学到老"，这是毛泽东常说的一句中国俗语，他自己就是这样做的。

1938年8月22日，毛泽东在中央党校的讲话中说过：你学到一百岁，人家替你做寿，你还是不可能说"我已经学完了"，因为你再活一天，就能再学一天。你死了，你还是没有学完，而由你的儿子、孙子、孙子的儿子、孙子的孙子再学下去。照这样说，人类已经学了多少年呢？据说是50万年[1]，有文明史可考的只有二三千年而已。以后还要学多少年呢？那可长哉长哉，不知有多少儿孙，一代一代学下去。这里，毛泽东把学习（认识世界）的主体，由个人推延到整个人类。客观现实世界运动永远不会完结，人类对客观世界的认识也永远不会完结。

晚年的毛泽东，身体衰老了，视力减退了，但读书学习的精神丝毫未减，追求知识的欲望不见低落。1973年，他在大病恢复后不久，还同科学家杨振宁谈论物理学的哲学问题。1974年，他以极大的兴趣同李政道讨论"对称""宇称不守衡"

---

[1] 这是当时科学界的说法。迄今为止，考古发现证明，人类的历史至少有200万年。

这些深奥的物理学问题。他说："很可惜，我年轻时，科学学得太少了，那时没有机会学。不过，我还记得年轻时非常喜欢读汤姆生的《科学大纲》。"1975年他的视力有所恢复后，又重读《二十四史》[1]，重读鲁迅的一些杂文，还看过《考古学报》《历史研究》《自然辩证法研究通讯》等杂志，并且提出给他印大字体《化石》杂志和《动物学杂志》。到1976年，他还要英国人李约瑟著的《中国科学技术史》(一至三卷)。根据当时为毛泽东管理图书的徐中远的记载，毛泽东要的最后一本书是《容斋随笔》（这是毛泽东一生中比较喜欢读的一部有较高价值的笔记书），时间是1976年8月26日。他最后一次读书的时间是1976年9月8日，也就是逝世前的那一天的5时50分，是在医生抢救的情况下读的，共读了七分钟。

五十多年前毛泽东在延安的一次演说中讲过一句话："年老的也要学习，我如果再过十年死了，那末就要学九年零三百五十九天。"[2]毛泽东以自己的实践，实现了他五十多年前所作的诺言。这位伟大的革命家兼学问家，几乎是在他的心脏快要停止跳动的时候，才结束了他一生中从未间断过的读书生活。

---

[1] 1975年8月、9月两次读《晋书》。
[2] 这里是按农历算的，一年为三百六十天。

附 记

这里有一个书目，是 1959 年 10 月 23 日毛泽东外出前指名要带走的书籍。这是从当时我的登记本里抄录下来的，读者可以从中窥见毛泽东博览群书情况之一斑。

10 月 23 日

主席今天外出，要带走一大批书，种类很多，包括的范围很广。他指示要以下一些：马克思、恩格斯、列宁、斯大林的主要著作，诸如：《资本论》、《马恩文选》（两卷集）、《工资、价格和利润》、《哥达纲领批判》、《政治经济学批判》、《反杜林论》、《自然辩证法》、《马恩通信集》、《列宁文选》（两卷集）、《二月革命到十月革命》、《无产阶级革命和叛徒考茨基》、《国家与革命》、《"左派"幼稚病》、《帝国主义是资本主义的最高阶段》、《俄国资本主义的发展》、《进一步，退两步》、《做什么？》、《什么是"人民之友"？》、《无政府主义还是社会主义？》、《列宁主义基础》、《列宁主义问题》、《联共党史》。

《毛泽东选集》全部。

普列汉诺夫:《史的一元论》、《艺术论》。

黑格尔的著作。费尔巴哈的著作。

欧文、傅立叶、圣西门三大空想社会主义者的著作。

《西方名著提要（哲学社会科学部分）》。

冯友兰:《中国哲学史》。

《荀子》、《韩非子》、《论衡》、《张氏全书》(张载)、关于《老子》的书十几种。

《逻辑学论文选集》(科学院编辑)。

耶方斯和穆勒的名学(严译丛书本)。

米丁:《辩证唯物论与历史唯物论》。

尤金等:《辩证法唯物论概要》。

艾思奇:《大众哲学》及其他著作。

杨献珍的哲学著作。

苏联《政治经济学教科书》(第三版)。

河上肇:《政治经济学大纲》。

从古典经济学家到庸俗经济学家一些主要著作。

最近几年中国经济学界关于政治经济学的论文选集。

《六祖坛经》、《般若波罗蜜多心经》、《法华经》、《大涅槃经》。

《二十四史》(大字本，全部)。

标点本《史记》、《资治通鉴》。

范文澜:《中国通史简编》。吕振羽:《中国政治思想史》。

赵翼:《二十二史札记》。

西洋史(马克思主义观点的)、日本史。

《昭明文选》、《古诗源》、《元人小令集》、唐宋元明清《五朝诗别裁》、《词律》、笔记小说（自宋以来主要著作，如《容斋随笔》、《梦溪笔谈》等）。

朱熹：《楚辞集注》、《屈宋古音义》。

王夫之关于哲学和历史方面的著作。

《古文辞类纂》、《六朝文絜》。

《鲁迅全集》（包括鲁迅译文集）、《海上述林》。

苏联大百科全书选译。

自然科学方面的基本知识书籍。

技术科学方面的基本知识书籍（如讲透平、锅炉等）。

苏联一学者给主席的信（讲社会主义社会矛盾问题的）。

郭沫若：《十批判书》、《青铜时代》、《金文丛考》。

字帖和字画。

中国地图、世界地图。

毛泽东读马列著作

毛泽东是在经过对各种思想流派和革命学说进行探讨、比较之后，才选择了马克思主义。他一旦认定马克思主义是唯一能够救中国的革命真理，便终生坚定不移地信仰马克思主义。

毛泽东从1920年读第一本马克思、恩格斯著作《共产党宣言》起，始终坚持不懈、孜孜不倦地阅读和研究马克思、恩格斯、列宁、斯大林的著作。马恩列斯的基本著作和重要文章，他读了很多，有的不知读过多少遍。他读马列著作的特点是，有重点地读，认真地反复地读，密切联系中国实际来读。

为解决实际问题而读马列著作

紧密结合中国实际，为解决中国革命和建设中的实际问题而读马列著作，这是毛泽东读马列著作的根本方法。

1920年毛泽东读了《共产党宣言》等书，知道人类有史以来就有阶级斗争，阶级斗争是社会发展的原动力，初步地找到了认识问题的基本立场和方法。然后,他就老老实实地去开始研究实际的阶级斗争。

在大革命时期,马列著作翻译到中国来的还很少。毛泽东在1926年已经直接地或者间接地从别人的引述那里,读过列宁的《国家与革命》的部分内容。但是问题不在于读了这本书,可贵的是,毛泽东用《国家与革命》的理论来说明中国的革命问题,指导中国的革命。[1]

土地革命战争时期,在被国民党反动政府封锁的革命根据地内,要读马列著作十分困难。但是毛泽东是多么渴望读到马克思主义的书籍,多么需要马克思主义理论的指导啊!在他受到"左"倾教条主义领导者排挤的时候,他的正确主张得不到贯彻实行,而教条主义领导者却动不动引经据典,说马克思、列宁是如何说的。毛泽东因受条件的限制,当时对马列著作确实不如他们读得多。为了坚持自己的正确主张,说服对方,说服党内其他同志,就得有理论武器,这也是使他发愤读马列著

---

[1]《国家与革命》第一个中文全译本(柯柏年译),最早刊登在1927年1月15日出版的《岭东民国日报》的副刊《革命》(周恩来题名)上。毛泽东最早提到《国家与革命》这本书,根据现有材料,是在第六届农民运动讲习所讲授中国农民问题的记录稿里。据初步分析,讲授时间是1926年5月至9月间。毛泽东在讲话中说:"此时(按:指第二国际在第一次世界大战中提出'保卫祖国'口号时)列宁同志曾著《国家与革命》一书,把国家说得很清楚。国家于革命后,一切制度都要改变的。巴黎公社所组织的政府,其失败原因之一,即不改旧制度。以为重新建设一切的中国现在的国民政府,若夺了政权,必定改革一切的,重新建设的。国家是一个阶级拿了压迫另一个阶级的工具。我们的革命民众将政权夺在手中时,对反革命者要用专制的手段,不客气地压迫反革命者,使他革命化;若不能革命化了,或赐以残暴的手段,正所以巩固革命政府也。"

作的一个重要原因。那个时候，打下一些城市后，才好不容易弄到一点马列主义的书。1932年4月，红军打下当时福建的第二大城市漳州，没收了一批军事、政治、科学方面的书送到总政治部，其中有一些马列著作。根据彭德怀和吴黎平的回忆，其中有恩格斯的《反杜林论》、列宁的《两个策略》(即《社会民主党在民主革命中的两种策略》)、《"左派"幼稚病》(即《共产主义运动中的"左派"幼稚病》)。后来，毛泽东回忆土地革命战争时期的历史时说，那个时候能读到马列著作很不容易，在长征路上，患病的时候躺在担架上还读马列的书。1964年3月，他对一个外国代表团说，他"是在马背上学的马列主义"。当年在长征路上同毛泽东一起行军的刘英亲眼看到毛泽东读马列著作的感人情景。刘英是张闻天的夫人，一位忠诚的老革命家。在一次访问中，她对我说："毛主席在长征路上读马列书很起劲。看书的时候，别人不能打扰他，他不说话，专心阅读，还不停地在书上打杠杠。有时通宵地读。红军到了毛儿盖，没有东西吃，肚子饿，但他读马列书仍不间断，有《两个策略》《"左派"幼稚病》《国家与革命》等。有一次，主席对我说：'刘英，实在饿，炒点麦粒吃吧！'毛主席就一边躺着看书，一边从口袋里抓麦粒吃。"听了这段生动的回忆，使人对毛泽东刻苦学习马列著作的精神，感佩不已！另据吴黎平回忆，毛泽东在长征途中读过《反杜林论》。

在马恩列斯的著作中，毛泽东尤其喜欢读列宁的著作。读得最多、下功夫最大的恐怕也是列宁的著作。这是可以理解的。因为毛泽东要从列宁的著作中寻找关于殖民地、半殖民地国家进行民主革命以及由民主革命向社会主义革命转变的理论,从列宁的著作中学习和汲取马克思主义哲学思想。毛泽东喜欢读列宁的著作,还因为列宁的作品,特别是革命时期的著作,生动活泼。"他说理,把心交给人,讲真话,不吞吞吐吐,即使和敌人斗争,也是如此。"[1]毛泽东说过,他是先学列宁的东西,后读马克思、恩格斯的书。[2]在列宁著作中,《两个策略》《"左派"幼稚病》《国家与革命》《帝国主义是资本主义的最高阶级》,以及后来出版的《哲学笔记》等著作,又是毛泽东读得遍数最多的(当然不只是这些)。根据延安时期给毛泽东管过图书的史敬棠回忆,毛泽东在延安经常读《两个策略》《"左派"幼稚病》。他用的这两本书还是经过万里长征从中央苏区带来的,虽然破旧了,仍爱不释手。毛泽东在这两本书中写了一些批语,有几种不同颜色的笔画的圈、点和杠杠,写有某年某月"初读"、某年某月"二读"、某年某月"三读"的字样。这说明,到那个时候为止,这两本书至少已读过三遍了。这两本书早已丢失,这是非常可惜的。我们从彭德怀的回忆里,也可以看到毛泽东当时是如何重视这两本书以及对这两本书的看

---

[1] 毛泽东在武汉会议上的插话,1958年4月6日。
[2] 毛泽东同中共中央中南局负责人的谈话,1965年4月21日。

法。彭德怀说：1933年，"接到毛主席寄给我的一本《两个策略》，上面用铅笔写着（大意）：此书要在大革命时读着，就不会犯错误。在这以后不久，他又寄给一本《"左派"幼稚病》（这两本书都是打漳州中学时得到的），他又在书上面写着：你看了以前送的那一本书，叫作知其一而不知其二；你看了《"左派"幼稚病》才会知道'左'与右同样有危害性。前一本我在当时还不易看懂，后一本比较易看懂些。这两本书，一直带到陕北吴起镇，我随主席先去甘泉十五军团处，某同志清文件时把它烧了，我当时真痛惜不已。"[1]从彭德怀的这段叙述中可以看出，当时毛泽东结合中国革命的实践经验，对列宁的这两本书有了深刻的理解。一方面，他从理论上认识到大革命失败的原因，就主观方面说，是陈独秀犯了放弃无产阶级对民主革命领导权的右倾投降主义错误；另一方面，从理论上认识了王明"左"倾路线对革命的严重危害性，"左"倾同右倾一样地危害革命事业。彭德怀的这段叙述中还可以说明，为什么毛泽东特别重视列宁的这两部著作，反复地学习和研究，并用来教育中国共产党人。

到了延安以后，毛泽东广泛地收集马列主义的书籍。为了系统总结中国革命的经验，指导中国革命继续前进，也为了从理论上清理王明"左"倾路线的错误，他集中精力，发愤攻读

---

[1]《彭德怀自述》，人民出版社1981年版，第183页。

马列主义的书，包括马恩列斯的原著和阐述马克思主义哲学、经济学的著作。当时毛泽东阅读、圈画并作了批注的马列著作，现在保存在毛泽东故居的已经为数不多了，主要有《资本论》、《社会主义从空想到科学的发展》、《列宁选集》（多卷本，苏联出的中文版）、《国家与革命》、《理论与策略》（收了《论列宁主义基础》《论列宁主义的几个问题》等几篇斯大林的重要著作，苏联出的中文版）和《马克思恩格斯列宁斯大林论艺术》。毛泽东在延安时期圈画的马列著作，保存下来的虽然不多，但从中可以看出毛泽东如何把马列主义的基本观点运用到中国革命实际，如何用马列主义基本理论总结中国革命经验的某些思考。

解放战争时期，经毛泽东批阅的马列著作，我们现在掌握的有两本，一本是《国家与革命》，一本是《"左派"幼稚病》。这两本书也都是毛泽东为了当时的革命需要而重新阅读的。在《国家与革命》的封面上，毛泽东亲笔写上"毛泽东 一九四六年"，在扉页上注明："1946年四月廿二日在延安起读"。翻开书一看，在"阶级社会与国家"这一章，几乎每句话的旁边都画着杠杠，讲暴力革命的地方画的杠杠特别引人注目。例如，革命才能消灭资产阶级国家这一句，关于暴力革命的观点是"马克思恩格斯全部学说的基础"这一段，杠杠画得最粗，圈圈画得最多，"革命""消灭""全部学说的基础"这些词和词组的旁边画了两条粗杠。毛泽东读这本书的时候，国民党正在积极准备发动全面内战，国内革命战争已不可避免，用革命的暴力推翻、消灭反动统治的国家机器，已是决定中华民族前途命运的头等大事。毛泽东正是在这样的历史背景下，结合中国共产党人肩负的历史使命，重温列宁这部重要著作。他从中汲取理论的力量，使中国革命沿着正确的方向前进。1948年4月，中国人民解放战争正在乘胜前进，为了克服革命队伍内部存在的无纪律状态和无政府状态，保证革命战争的彻底胜利，毛泽东重读《"左派"幼稚病》第二章"布尔什维克成功的基本条件之一"，并在书的封面上写了一个批语："请同志们看此书的第二章，使同志们懂得必须消灭现在我们工作中的某些严重的无纪律状态或无政府状态。毛泽东 一九四八年四月廿一日。"中宣部在6月1日发出毛泽东这一指示，要求全党学习《"左派"幼稚病》第二章。

全国解放后，在党的工作重心转到大规模经济建设的时候，1954年，毛泽东又一次阅读《资本论》，以后又多次读《政治经济学批判》《列宁有关政治经济学论文十三篇》等经济学经典著作。

在1958年的"大跃进"中，出现了一种否定商品生产的极左观点。为了从理论上解决这个重大问题，说服持这种观点的人，并教育干部，毛泽东下功夫研究了斯大林的《苏联社会主义经济问题》。这个小册子，毛泽东读了许多遍，据我看到的，经他批注的就有四个本子。他还在第一次郑州会议上作了长篇评论。(这里顺带澄清一个事实,"文化大革命"中流传的所谓毛泽东对《苏联社会主义经济问题》的批注,那是误传。对《苏联社会主义经济问题》,毛泽东是作过批注,但不是"文革"中流传的那个本子。)毛泽东对《苏联社会主义经济问题》的批注和评论,紧密结合中国当时的实际情况,着重阐述了社会主义条件下发展商品生产的必然性。对该书中斯大林概括的列宁关于社会主义革命道路的五条,毛泽东在批语中指出:"列宁是要以全力发展商品,问题还是一个农民问题,必须谨[慎]小心。"[1]在斯大林批评那种认为商品生产在任何条件下都要引导到资本主义的观点的地方,毛泽东写道:"不要怕资本主义,因为不会再有资本主义。"[2]在斯大林讲到商品生产的活动范围只限于个人消费品的地方,毛泽东则写道:"限于个人消费品吗?不,在我国,农业和手工业生产工具也是商品。是否会导致资本主义呢?不。"[3]这些批注反映了当时毛泽东对社会主义社会发展商品生产的一些基本观点,并且从中国的实际情况出发,突破了斯大林的某些论点。毛泽东的这些看法,在第一次郑州会议和武昌会议的讲话中得到了充分展开。他说:"现在,我们有些人大有要消灭商品生产之势。他们向往共产主义,一提商品生产就发愁,觉得这是资本主义的东西,没有分清社会

---

[1]《建国以来毛泽东文稿》第7册,中央文献出版社1992年版,第668页。
[2] 同上。
[3] 同上书,第672页。

主义商品生产和资本主义商品生产的区别，不懂得在社会主义条件下利用商品生产的作用的重要性。这是不承认客观法则的表现，是不认识五亿农民的问题。在社会主义时期，应当利用商品生产来团结几亿农民。我以为有了人民公社以后，商品生产、商品交换更要发展，要有计划地大大发展社会主义的商品生产，例如畜产品、大豆、黄麻、肠衣、果木、皮毛。现在有人倾向不要商业了，至少有几十万人不要商业了。这个观点是错误的，这是违背客观法则的。""商品生产，要看它是同什么经济制度相联系，同资本主义制度相联系就是资本主义的商品生产，同社会主义制度相联系就是社会主义的商品生产。"[1]

毛泽东为解决我国社会主义建设中的问题而研究马克思主义，读斯大林的《苏联社会主义经济问题》是一个典型例子。毛泽东并没有全盘肯定斯大林这本书，然而他抓住其中科学的、对我国有用的理论观点，在一定程度上澄清了我国社会主义建设进程中出现的一些混乱认识问题。他在读这本书时阐述的一些好的观点，至今还有其理论价值和现实意义。

用马克思主义基本理论教育干部

毛泽东非常重视用马克思主义基本理论教育干部，大力

---

[1]《毛泽东文集》第7卷，人民出版社1999年版，第437—439页。

提倡干部要读马列著作。在延安整风中，为了清理王明"左"倾路线的影响，他亲自规定高级干部都要学习《"左派"幼稚病》和其他几本马克思主义的哲学和经济学著作。他提议整风之后，组织人力大量翻译马恩列斯著作。当时他说：我们党内要有相当多的干部，每人读一二十本、三四十本马恩列斯的书，我们有这样丰富的经验，有这样长的斗争历史，如果读通了这些马恩列斯的著作，我们党就武装起来了，我们党的水平就大大提高了。1945年，毛泽东在党的七大上又特别提出要读五本马列著作：《共产党宣言》《社会主义从空想到科学的发展》《社会民主党在民主革命中的两种策略》《共产主义运动中的"左派"幼稚病》《联共（布）党史简明教程》。[1] 1949年，革命即将取得全国胜利的时候，党的七届二中全会决定干部要学习十二本马列主义著作。[2] 在现存的档案中，还有当时胡乔木写的这十二本书的目录，毛泽东在这个目录前面加了"干部必读"四个字，并请周恩来即刻印发七届二中全会。由毛泽东起名的《干部必读》十二本，在一个比较长的时期内，一直是干部学习马列主义的基本教材，从思想上武装了一代中国共产党人。

---

[1]《毛泽东文集》第3卷，人民出版社1996年版，第417页。
[2]《毛泽东文集》第5卷，人民出版社1996年版，第261页。这12本书是：《社会发展史》《政治经济学》《共产党宣言》《社会主义从空想到科学的发展》《帝国主义是资本主义的最高阶段》《国家与革命》《共产主义运动中的"左派"幼稚病》《论列宁主义基础》《联共（布）党史简明教程》《列宁斯大林论社会主义建设》《列宁斯大林论中国》《马恩列斯思想方法论》。

1953年，我国进入大规模经济建设时期，为学习苏联建设社会主义的经验，中央决定全党干部学习《联共（布）党史》九至十二章。当时正值《毛泽东选集》第三卷出版，准备组织干部学习。毛泽东说，《毛选》都是过去历史上的东西，还是要学习社会主义经济建设问题（大意）。在我国对社会主义经济建设毫无经验的情况下，学习苏联，这在当时是必要的。我们从苏联经验中学到了一些有用的东西，但也有消极的一面。随着实践的发展，随着苏联经验缺点的逐步暴露，毛泽东在总结我国自己实践经验的基础上，提出了一些适合我国情况的、不同于苏联的关于经济建设的方针和政策。

　　在1958年"大跃进"出现严重失误的时候，干部中产生了某些混乱思想。毛泽东写信给中央、省市自治区、地、县四级党委委员，建议读两本书：斯大林著《苏联社会主义经济问题》和《马恩列斯论共产主义社会》。要求"每人每本用心读三遍，随读随想，加以分析，哪些是正确的（我以为这是主要的）；哪些说得不正确，或者不大正确，或者模糊影响，作者对于所要说的问题，在某些点上，自己并不甚清楚。""要联系中国社会主义经济革命和经济建设去读这两本书，使自己获得一个清醒的头脑，以利指导我们伟大的经济工作。"[1]

　　1963年，毛泽东又提出学习三十本马列著作的意见。7月

---

[1]《毛泽东文集》第7卷，人民出版社1999年版，第432页。

11日,他在中南海颐年堂召集中央部门管理论宣传教育工作的同志,就学习马列著作问题作出布置。他说:要读几本、十几本、几十本马列的书。要有计划地进行,在几年内读完几十本马列的书。要有办法引起高中级干部读书。他认为,原来提出的目录,哲学书开得少了,书目中还应有普列汉诺夫的著作。三十本书都要出大字本,译文要校对一下。他还提出,要为这些马列主义经典著作写序,作注,注解的字数可以超过正文的字数。他说:有的人没有读书兴趣,先要集中学习,中级以上干部有几万人学就行了。如果有二百个干部真正理解了马列主义就好了。[1]过了不到一个月,8月4日,毛泽东专为印马列著作大字本问题写信给周扬,嘱咐封面不要用硬纸,如《唯物主义和经验批判主义》《反杜林论》,应分装四本或八本,使每本减轻重量。毛泽东对印大字本关照得如此细密周到,是为了便利一些老同志阅读,当然也包括他自己在内。

发展马列主义,创造新的理论

毛泽东重视阅读马列著作,但更重视在实践中运用和发展马列主义。他反对死读马列的书,生搬马列主义教条,反对抽象地无目的地研究马列主义,反对用静止的孤立的观点对待马

---

[1] 摘自许立群当时记录的毛泽东讲话要点。

列主义。他曾说过:"一切皆在变化中,不应该用顽固的形式主义的观点,而应该用活泼的辩证法的观点,去注意一切变化。""有用的是用马克思主义观点研究具体环境与具体策略,用点苦功。"[1]

关于应当用什么态度对待马克思、恩格斯、列宁的著作,毛泽东在1959年底至1960年初,读苏联《政治经济学教科书》的时候说过一段很重要的话,今天读来仍很受教益。他说:

> 马克思这些老祖宗的书,必须读,他们的基本原理必须遵守,这是第一。但是,任何国家的共产党,任何国家的思想界,都要创造新的理论,写出新的著作,产生自己的理论家,来为当前的政治服务,单靠老祖宗是不行的。只有马克思和恩格斯,没有列宁,不写出《两个策略》等著作,就不能解决一九〇五年和以后出现的新问题。单有一九〇八年的《唯物主义和经验批判主义》,还不足以对付十月革命前后发生的新问题。适应这个时期革命的需要,列宁就写了《帝国主义论》、《国家与革命》等著作。列宁死了,又需要斯大林写出《论列宁主义基础》和《论列宁主义的几个问题》这样的著作,来对付反对派,保卫列宁主义。我们在第二次国内战争末

---

[1]《毛泽东文集》第2卷,人民出版社1993年版,第291、292页。

期和抗战初期写了《实践论》《矛盾论》,这些都是适应于当时的需要而不能不写的。现在,我们已经进入社会主义时代,出现了一系列的新问题,如果单有《实践论》《矛盾论》,不适应新的需要,写出新的著作,形成新的理论,也是不行的。[1]

正是在这个思想指导下,毛泽东在1963年提出要为马列主义经典著作写序、作注。之后,又在1965年12月重新提出写序问题。他召集陈伯达、艾思奇、胡绳、田家英等到杭州进行这一工作。我也随着他们去了,还给毛泽东带去三十部马列主义经典著作(大字本),加上别的一些书,装了两大木箱。毛泽东特别提醒,写序要结合中国革命的实践经验。可惜这件事刚提了一个头就被"文化大革命"打断了。

毛泽东对待马克思主义基本原理的信念是坚定不移的,但总的来说他又不受马克思主义的一些个别论断束缚。他善于从中国的实际出发,并且根据客观形势的发展,在马克思主义基本理论指导下,大胆地提出新的科学论断和理论观点。他是一个创造性的马克思主义者。他同党的其他领袖人物一起,领导中国人民走出一条具有中国特色的民主革命的道路,又走出一条具有中国特色的社会主义改造的道路。在社会主义建设问题

---

[1]《毛泽东文集》第8卷,人民出版社1999年版,第109页。

上，毛泽东和其他领导人一起，也曾经为开创一条中国式的道路进行过思考和探索。《论十大关系》和《关于正确处理人民内部矛盾的问题》等著作凝集着毛泽东在这一方面的一些光辉的思想，成为我们党探索建设中国特色的社会主义的先声。但是，由于历史条件和他本人主观条件的限制，他没有也不可能实现这个任务，而在探索的过程中，又发生过失误甚至犯了严重错误。我们党从十一届三中全会以来，纠正毛泽东晚年的错误，在新的历史条件下，总结经验，继承和发展毛泽东思想的科学体系，在探索建设中国特色社会主义道路上继续前进，并且力求创造出新的理论，对发展马克思主义做出新的贡献。

介绍了毛泽东读马列著作的情况后，我想读者可能会提出这样一个疑问：毛泽东一生坚持读马列著作，并且一再号召全党学习马列著作，为什么自己在晚年却犯了严重错误？我认为，根本问题在于毛泽东晚年脱离实际，又不能听取不同意见，因而对现实社会状况和许多问题不能作出正确的估量和分析。正像《关于建国以来党的若干历史问题的决议》所指出的："他在犯严重错误的时候，还多次要求全党认真学习马克思、恩格斯、列宁的著作，还始终认为自己的理论和实践是马克思主义的，是为巩固无产阶级专政所必需的，这是他的悲剧所在。"这个分析是很中肯的。任何一个马克思主义者，包括像毛泽东这样伟大的马克思主义者，一旦脱离实际，主观专断，就会偏离马克思主义的方向。综观毛泽东的一生，在他出色地将马克思主义基本原理与中国实际相结合的时候（这是大部分时间），他对马克思主义的运用和发展，对推动中国历史的前进，就做出巨大贡献。他在晚年把马列著作中的某些设想和论点教条化甚至误解，则又给人民的事业造成严重损失。这是一个沉重的教训。学习马列主义，一定要紧密结合活生生的现实，实行毛泽东倡导的一切从实际出发，理论与实际相统一的原则，这就是我们从毛泽东读马列著作的经验中得到的重要启示。

古籍新解,古为今用
——记毛泽东读中国文史书

一

中国古书,从经史子集到稗官野史和小说,毛泽东几乎无所不读。这也是他从幼年时代养成的习惯。即使在井冈山时期,有机会还要读点古书。他讲过一个故事:从前我在井冈山时,想到土豪家里去看看有没有《三国演义》之类的书。有一位农民说:"没有了!没有了!昨天共了产。"[1]毛泽东讲这个故事是为了说明当时有些农民误认为打土豪便是共产主义,但从中也反映出毛泽东对读古书的兴味,在戎马倥偬的战争环境里也丝毫不减。

在延安时期,读书的条件好一些。托人买了两套中国历史通俗演义(蔡东藩著)[2],除自己阅读,还向别人推荐。从他

---

[1] 毛泽东对抗大第三期二大队的讲话,1938年5月3日。
[2] 毛泽东1937年1月31日致电李克农:"请购整个中国历史演义两部(包括各朝史的演义)。"

1944年7月28日给谢觉哉的信里可以知道，他当时还有《容斋随笔》和其他笔记小说。范文澜那时送给他的一套《笔记小说大观》，后来带到了北京，现还存放在毛泽东故居。

进北京以后，根据毛泽东对中国古籍的广泛需要，特地买了一部《四部备要》，并陆续添置了其他一些古书。我记得在1952年，给他添置了一部大字本的《二十四史》，这就是一些人熟知的毛泽东经常阅读并作了大量圈、画和批注的那部《二十四史》。《四部备要》对中国的主要古籍收集得比较齐全，据我了解，不说全部，恐怕绝大部分，毛泽东都读过了。除此之外，毛泽东还阅读或者浏览了大量中国古典文学（包括诗、词、曲、赋、小说等）和各类杂书。所说杂书，也都是有知识性和趣味性的书籍，如《智囊》《笑林广记》之类。毛泽东对中国史书读得最多，四千万字左右的《二十四史》他是通读了的，有些部分不止读过一遍。他认为有意义的人物传记，还经常送刘少奇、周恩来、邓小平、彭真、彭德怀等中央领导人阅读。《资治通鉴》、《续资治通鉴》、《纲鉴易知录》以及各朝纪事本末等，他也通读了。关于毛泽东读史的情况，在我的登记本里有这样一段记载：1962年9月20日，毛泽东要《宋史》，我们送去《宋史》和《宋史纪事本末》。11月23日，要其他各朝纪事本末。24日，又要《续通鉴纪事本末》。他说：看完《元史》，再看《通鉴纪事本末》，而后读《续通鉴纪事本末》。毛泽东有计划地阅读史书，由此可见一斑。

毛泽东嗜爱中国古书，但并不特别要求读古版本的书（这里说的古版本，不是指影印的古版本；影印的古版本他还是很喜欢的，如影印本《楚辞》等）。在他的藏书中，既无宋版书，也极少明版书。他不是古董鉴赏家和收藏家，也不作烦琐的考证，而对于古书内容的研究和理解所达到的深度和广度，在许多方面实为一般学问家所不及。

毛泽东从阅读大量的古籍中，批判地汲取和继承了中国古代的优秀文化。对于中国古代文化，像他那样熟悉的，不仅在中国共产党领导人中，就是在近代的革命家中，都是不多见的。

批判地汲取和继承中国古代的传统文化，首先要对中国文化遗产有一个科学的态度。关于这个问题，毛泽东在1960年12月对两个外国代表团的谈话中曾作过很好的说明。他说：

> 对中国的文化遗产，应当充分地利用，批判地利用。中国几千年的文化，主要是封建时代的文化，但并不全是封建主义的东西，有人民的东西，有反封建的东西。要把封建主义的东西和非封建主义的东西区别开来。封建主义的东西也不全是坏的。我们要注意区别封建主义发生、发展和灭亡不同时期的东西。当封建主义还处在

发生和发展的时候，它有很多东西还是不错的。[1]反封建主义的文化也不是全部可以无批判地利用的。封建时代的民间作品，也多少都还带有封建统治阶级的影响。

我们应当善于进行分析，应当批判地利用封建主义的文化，而不能不批判地加以利用。反封建主义的文化当然要比封建主义的好，但也要有批判、有区别地加以利用。我所了解的是这样，我们现在的方针是这样。至于充分利用文化遗产，我们现在还没有做到。中国古典著作多得很，现在是分门别类地在整理，用现代科学观点逐步整理出来，重新出版。[2]

这就是毛泽东对待中国古代文化遗产所取的根本态度，也可以看作他阅读卷帙浩瀚的中国古籍所得出来的基本经验。

根据我长期接触毛泽东读古书的情况，根据大量的文献资料的记载，我认为毛泽东读古书有两个显著特点：一是用历史唯物主义的观点阅读和解释中国古书的内容，我在这里把它称作"古籍新解"；一是汲取古书中的精华，有的还赋予新的含

---

[1] 对于孔孟之道，毛泽东也不是全盘否定的。1943年，他曾针对那种认为孔孟之道是中国文化的不良传统的观点，指出："孔孟有一部分真理，全部否定是非历史的看法。"直到1958年11月，毛泽东在武昌会议上还说："我们共产党人看孔夫子，他当然是有地位的，因为我们是历史主义者。但说是什么圣人，我们也是不承认的。"全盘否定孔孟之道，那是毛泽东在晚年搞"文化大革命"的时候。

[2] 《毛泽东文集》第8卷，人民出版社1999年版，第225页。

义，为现实服务，这就是我们常说的"古为今用"。

二

毛泽东读古书，有一个基本观点贯穿始终的，这就是历史唯物主义的观点。在中国很多古书里，历代农民起义运动及其领袖人物，大都被当作"贼""匪""盗""寇"，任加贬斥。但毛泽东则给他们以很高的历史地位。毛泽东读中国史书，比较喜欢看人物传记，包括农民起义领袖的传记。陈胜、吴广、张角、张鲁、王仙芝、黄巢直到李自成等的传记，他是常要看的。他认为，在中国封建社会里，只有农民的阶级斗争、农民的起义和农民的战争，才是历史发展的真正动力。[1]他在1958年12月武昌会议期间读了《三国志》的《张鲁传》，先后写了两大段文字，重申并发展了上述重要观点。他说："历代都有大小规模不同的众多的农民革命斗争，其性质当然与现在马克思主义革命运动根本不相同。但有相同的一点，就是极端贫苦农民广大阶层梦想平等、自由，摆脱贫困，丰衣足食。"[2]又说："我国从汉末到今一千多年，情况如天地悬隔。但是从某几点看起来，例如，贫农、下中农的一穷二白，还有某些相似。汉

---

[1]《毛泽东选集》第2卷，人民出版社1991年第2版，第625页。
[2]《毛泽东读文史古籍批语集》，中央文献出版社1993年版，第144—145页。

末北方的黄巾运动,规模极大,称为太平道。在南方,有于吉领导的群众运动,也是道教。在西方(以汉中为中心的陕南川北区域),有五斗米道。史称,五斗米道与太平道'大都相似',是一条路线的运动。又称,张鲁等行五斗米道,'民夷便乐',可见大受群众欢迎。""中国从秦末陈涉大泽乡(徐州附近)群众暴动起,到清末义和拳运动止,二千年中,大规模的农民革命运动,几乎没有停止过。同全世界一样,中国的历史,就是一部阶级斗争史。"[1]

毛泽东对于中国古书中一切多少带有民主性和革命性的东西,都是很有兴致阅读并加以肯定。例如,他在读完白居易《琵琶行》之后,带着感情写下这样的评语:"江州司马,青衫泪湿,同在天涯。作者与琵琶演奏者有平等心情。白诗高处在此,不在他处。其然岂其然乎?"[2]他对《聊斋志异》中的《小谢》一篇也写过内容相似的评语,说道:"一篇好文章,反映了个性解放的强烈要求,人与人的关系应是民主的和平等的。"[3]

毛泽东对中国著名的古典小说,用历史唯物主义的观点,提出不少新鲜见解。例如,他说,《东周列国志》写了很多国

---

[1]《毛泽东读文史古籍批语集》,中央文献出版社1993年版,第148—149、151页。
[2] 同上书,第21页。
[3] 同上书,第82—83页。

内斗争和国外斗争的故事,讲了很多颠覆敌对国家[1]的故事,这是当时社会的剧烈变化在上层建筑方面的反映。这本书写了当时上层建筑方面的复杂尖锐的斗争,缺点是没有写当时的经济基础,当时的社会经济的剧烈变化。[2]他认为在揭露封建社会经济生活的矛盾,揭露统治者和被压迫者的矛盾方面,《金瓶梅》是写得很细致的。毛泽东把《红楼梦》看作一部描写封建大家族衰亡和封建社会阶级斗争的小说,给予高度评价,也充分肯定小说描写的主要人物贾宝玉对封建制度的叛逆。同时又指出,书中的两位主角贾宝玉和林黛玉,对现代青年来说是不足为训的。贾宝玉不能料理自己的生活,连吃饭穿衣都要丫头服侍。林黛玉多愁善感,常好哭脸,她瘦弱多病,只好住在潇湘馆,吐血,闹肺病。我们不需要这样的青年!我们今天需要的青年是有活力,有热情,有干劲和坚强意志的革命青年。[3]毛泽东对《西游记》及其作者颇为称赞。他对《西游记》第二十八回一段文字写的一个批语说:"'千日行善,善犹不足;一日行恶,恶常有余。'乡愿思想也。孙悟空的思想与此相反,他是不信这些的,即是说作者吴承恩不信这些。他的行善,即是除恶。他的除恶,即是行善。所谓'此言果然不差',便是

---

[1] 这里所说的国家,是指春秋战国时代的诸侯国。
[2] 毛泽东读苏联《政治经济学教科书》的谈话(1959年12月至1960年2月),见《党的文献》1994年第5期。
[3] 这段话是1951年秋毛泽东与周世钊等人谈话时说的。见周世钊《毛主席青少年时期锻炼身体的故事》。

这样认识的。"[1]这个批语，在某种程度上，也反映了毛泽东在善恶问题上的辩证观点。

毛泽东对于凡在历史上起过进步作用，具有革新思想和革命精神的人物，都给以程度不同的肯定评价。他很推崇和赞赏战国时代的伟大爱国诗人屈原，唐朝中期实行政治改革的二王（王伾、王叔文）、八司马（柳宗元、刘禹锡、韩泰等八名士），明朝那位大胆揭露假道学的思想家李卓吾，清朝地主阶级的改革派魏源、龚定庵、林则徐，维新派康有为、梁启超、谭嗣同，资产阶级革命家章太炎、邹容、陈天华等，很爱读他们的著作和传记。康有为的《新学伪经考》和《孔子改制考》，章太炎的《驳康有为书》，邹容的《革命军》以及记载他们政治活动的历史资料，是他经常要看的。康有为的这两本书，在学术考辨方面没有什么特别的重要性，但在思想上对封建传统思想加以涤荡，对守旧的顽固派给以打击，因而在当时的知识分子中起到解放思想的启蒙作用，为维新变法作了舆论准备。章太炎的《驳康有为书》、邹容的《革命军》和有关《苏报》案的材料，根据我的记载，毛泽东就要过四次：1958年2月，1961年7月，1963年3月、7月。毛泽东对章太炎和邹容的英勇的革命精神和笔锋犀利的文字，深为赞佩。为表示对这两位革命家的怀念，毛泽东在《革命军》一书扉页的邹容肖像旁边，挥

---

[1]《毛泽东读文史古籍批语集》，中央文献出版社1993年版，第74—75页。

笔书写了章太炎狱中赠邹容的那首诗:"邹容吾小友(弟),被发下瀛洲。快剪刀除辫,干牛肉作糇。英雄一入狱,天地亦悲秋。临命当(须)掺手,乾坤只两头。"在1958年的成都会议上,毛泽东又提到章太炎和邹容。他说:四川有个邹容,他写了一本书,叫《革命军》,我临从北京来,还找这本书望了一下。他算是提出了一个民主革命的简单纲领。他只有十七岁到日本,写书的时候大概是十八九岁。二十岁时跟章太炎在上海一起坐班房,因病而死。章太炎所以坐班房,就是因为他写了一篇文章,叫《驳康有为书》。这篇文章值得一看,其中有两句"载湉小丑,不辨菽麦",直接骂了皇帝。这个时候章太炎年纪还不大,大概三十几岁。

毛泽东说:"读历史的人,不等于是守旧的人。"[1]毛泽东喜欢阅读历史上那些起过进步作用的、对旧势力旧制度具有反叛性格的革新者、改革家和革命家的著作以及他们的传记,这从一个侧面反映出毛泽东不断前进,不断创新,不断探索新道路、开拓新世界的精神面貌。

毛泽东一贯鼓励人们用历史唯物主义的观点清理中国古代文化。在这方面,凡有成绩者,皆鼓励之;凡有不足者,加以劝说;凡违反者,给以批评;而对于世界观已经固定的老先生们则不强求之。1940年,范文澜在延安新哲学会上作了一个

---

[1]《毛泽东年谱(1949—1976)》第3卷,人民出版社2013年版,第290页。

关于中国经学简史的讲演，毛泽东读了讲演提纲，十分高兴，称赞说："用马克思主义清算经学这是头一次。"[1] 1944年毛泽东读了李健侯所著《永昌演义》的书稿后，致信李鼎铭，一方面称赞作者"经营此书，费了大力"；另一方面指出该书"赞美李自成个人品德，而贬抑其整个运动"的缺点。同时指出，中国自秦以来二千余年推动社会向前进步的力量主要是农民战争，并以商量的口吻表示，企望作者能持这个新的历史观点对书稿加以改造。[2] 1965年毛泽东读了章士钊的《柳文指要》下部以后，写信给章士钊说，此书已经读过一遍，还想读一遍。"大问题是唯物史观问题，即主要是阶级斗争问题。但此事不能求之于世界观已经固定之老先生们，故不必改动。"[3]

三

毛泽东阅读中国古书是同现实生活相联系，为现实服务的。他同那些信而好古，钻到故纸堆里出不来的人，大相径庭；同那些言必称希腊，对于自己国家的历史一点也不懂或者懂得甚少的人，也完全不同。

1954年冬，有一天，毛泽东与吴晗谈起整理、标点《资

---

[1]《毛泽东书信选集》，中央文献出版社2003年版，第149页。
[2]《毛泽东文集》第3卷，人民出版社1996年版，第128页。
[3]《毛泽东文集》第8卷，人民出版社1999年版，第417页。

治通鉴》时说:《资治通鉴》这部书写得好,尽管立场观点是封建统治阶级的,但叙事有法,历代兴衰治乱本末毕具,我们可以批判地读这部书,借以熟悉历史事件,从中吸取经验教训。[1]从毛泽东这些话里可以看出,他读古书,特别是读古代史书,其着眼点是为了今天,这就是古为今用。

我们看到在《毛泽东选集》中引用了很多古籍,在毛泽东的许多讲话和谈话中,引用的古籍就更多了。毛泽东能够随时自如地引用古书中的文章、诗词和典故,或者说明一个政治思想原则问题,或者阐述一个深刻的哲学道理,或者论证一个军事策略思想,或者借鉴一个历史经验,给人以新颖而形象的感受,具有很强的感染力和说服力。

"实事求是""惩前毖后,治病救人""知无不言,言无不尽;言者无罪,闻者足戒""兼听则明,偏听则暗""凡事预则立,不预则废""祸兮福所倚,福兮祸所伏""任人唯贤""百家争鸣""多谋善断"等等,这些言简意赅的古语,被毛泽东发掘出来,为群众所掌握,有些成为我们党所遵循的思想路线,有些成为党内组织生活的原则和处理人与人之间关系的规范,有些则是党的某一方面的工作方针或者具有普遍意义的工作方法。

1939年9月16日,毛泽东在答三记者问时,用东汉朱浮

---

[1]《吴晗纪念文集》,北京出版社1984年版,第34页。

写给彭宠的一封信中的两句话"凡举事无为亲厚者所痛，而为见仇者所快"，批评蒋介石对共产党搞什么限制"异党""异军"等有利于日本帝国主义和汉奸而不利于抗战的反动行径，一针见血，切中要害。

1942年12月，毛泽东在《经济问题与财政问题》一书中，批评我们有些部队、机关、学校负行政指挥责任的同志不大去管生产活动，是因为他们"中了董仲舒们所谓'正其谊不谋其利，明其道不计其功'这些唯心的骗人的腐话之毒，还没有去掉得干净"[1]。

在1945年党的七大闭幕词里，毛泽东用"愚公移山"这个古老的寓言，比喻和激励中国人民把反帝反封建的民主革命进行到最后胜利的决心，起了极大的动员和鼓舞作用。今天我们党仍然用这个寓言来激励全国人民为实现四化和进行全面改革而奋斗。

1949年2月15日在《四分五裂的反动派为什么还要空喊"全面和平"？》一文中，毛泽东借用元朝人萨都剌《登石头城》一词中"天低吴楚，眼空无物"，说明国民党四分五裂，众叛亲离，日暮途穷的状况。在同年8月18日写的《别了，司徒雷登》一文中，又用李密《陈情表》的两句话"茕茕孑立，形影相吊"，刻画美国驻华大使司徒雷登在中国人民革命高潮中

---

[1]《毛泽东文集》第2卷，人民出版社1993年版，第465页。

被彻底孤立的形象。

1956年12月，在我国社会主义改造基本完成的时候，毛泽东在同民建和工商联负责人谈话时，借用韩愈的《送穷文》，表达了中国人民要求摆脱贫穷落后的意志和愿望。他说："我们要写送穷文。中国要几十年才能将穷鬼送走。"[1]

1959年6月，正当由于"大跃进"造成国民经济比例严重失调的时候，毛泽东在一次个人谈话中说，我们过去八年的经济建设都是平衡的，就是去年下半年刮了七八个月的"共产风"，没有注意综合平衡，因此产生经济失调的现象。他接着引用唐朝医学家孙思邈的话："胆欲大而心欲小，智欲圆而行欲方"。又引用曹操批评袁绍的话："志大而智小，色厉而胆薄，忌克而少威，兵多而分画不明，将骄而政令不一，土地虽广，粮食虽丰，适足以为吾奉也。"毛泽东当时引用这些话是要说明，我们做经济工作应该有清醒的头脑，胆大心细，多思慎行，统筹全局，责任分明，不然，就会造成损失。

毛泽东多次讲过卞和献璞的故事。这个故事说：楚国有个卞和，得到一块很好的玉石，献给楚王，楚王说他骗人，把他的左脚砍掉了。第二次又献上去，还说他骗人，把他的右脚砍掉了。卞和坚信真理，坚信自己献的是好玉石，第三次再献上去，被确实证明了是块好玉，才取得了信任。毛泽东讲这个故

---

[1]《毛泽东文集》第7卷，人民出版社1999年版，第171、172页。

事说明，要使人们相信真理，抛弃偏见，不是一件简单的事，为此甚至还要作出某种牺牲。

毛泽东引用宋玉的《风赋》告诉我们，做一个领导者要善于辨别政治风向，在风"起于青萍之末"的时候就要引起注意，当然这是很不容易做到的。

毛泽东以南北朝梁将韦睿的事迹教育我们的干部。《南史》的《韦睿传》中有这样一段记载："睿雅有旷世之度，莅人以爱惠为本，所居必有政绩。将兵仁爱，士卒营幕未立，终不肯舍，井灶未成，亦不先食。"大意是说，韦睿这个人，豁达大度，古来所无，其在职位，必有政绩，对部下十分爱护，与将士同甘共苦，自身非常艰苦朴素。在这段记载的旁边，毛泽东写了一句批语："我党干部应学韦睿作风。"此类批语在《韦睿传》中还有不少，如"躬自调查研究""将在前线""不贪财""干部需和""仁者必有勇"。[1] 这些称赞韦睿的话，不也就是我们的干部应当学习的吗？

毛泽东还以东吴大将吕蒙发愤读书的故事，教育我们军队的高级干部应当努力读书学习，提高自己的理论和文化水平。他说：吕蒙是行伍出身的，没有文化，很感不便。后来孙权劝他念书，他接受劝告，勤读苦读，以后当了东吴的统帅。我们现在的高级军官中，百分之八九十都是行伍出身，参加革命后

---

[1]《毛泽东读文史古籍批语集》，中央文献出版社1993年版，第199、200、203页。

才学文化的,他们不可不读《周瑜鲁肃吕蒙合传》。[1]

毛泽东读《二十四史》和其他古籍,写了不少关于战略战术的批语。《智囊》中有一段是讲唐太宗用兵之道的,略谓:"唐太宗尝言:'自少经略四方,颇知用兵之要。每观敌阵,则知其强弱,常以吾弱当其强,强当其弱。彼乘吾弱,奔逐不过数百步;吾乘其弱,必出其阵后反而击之,无不溃败。'盖用孙子之术也。"对此,毛泽东写了一个批语,并对唐太宗、朱元璋的军事才能有所评价。他说:"所谓以弱当强,就是以少数兵力佯攻敌诸路大军。所谓以强当弱,就是集中绝对优势兵力,以五六倍于敌一路之兵力,四面包围,聚而歼之。自古能军无出李世民之右者,其次则朱元璋耳。"[2]毛泽东有关这方面的批语,还有如:"先退后进""中间突破""有强大的战斗后备队""攻魏救赵,因败魏军,千古高手""胡柳陂正面突破不成,乃从东向南打大迂回,乘虚而入,卒以成功""契丹善用诱敌深入战,让敌人多占地方,然后待机灭敌"等等。

在阅读战争方面的历史时,毛泽东还特别强调不杀俘虏。据《新五代史》记载:梁将王彦章被唐庄宗俘获,庄宗劝其投降,王不从。遂被杀。此处毛泽东批道:"杀降不可,杀俘尤

---

[1] 余湛邦《张治中将军随同毛主席巡视大江南北的日子》,见 1983 年 12 月 17 日《团结报》。
[2] 《毛泽东读文史古籍批语集》,中央文献出版社 1993 年版,第 65—66 页。

不可。"[1]在读《三国志》时还有类似的批语："杀降不武。"[2]"杀降不祥，孟德所不为也。"[3]

毛泽东用中国历史上的战争事例说明中国革命战争的战略战术问题，在《毛泽东选集》中屡见不鲜，此处不再赘述。

毛泽东还以梁鸿不因人热的故事[4]教诲自己的子女和身边工作人员，鼓励他们要有志气，要靠自己艰苦创业，不要仰仗他人。

以上谈到的，仅仅是毛泽东古为今用的一些例子，这样的例子举不胜举。没有马克思主义观点，没有渊博的学识和丰富的革命实践经验，要做到这样自如地运用典故、成语，是难以想象的。当然，无可讳言，毛泽东晚年，在"左"的思想指导下，引用典故或者古诗、古语，也有失之偏颇的，为推行某些"左"的政策提供历史论据，伤害过自己的同志，这是应当引以为戒的。

毛泽东不仅喜欢读中国历史书，也喜欢读外国的历史书和著名政治家传记。他对外国历史也是比较熟悉的，这里不来详说。

---

[1]《毛泽东读文史古籍批语集》，中央文献出版社1993年版，第270页。
[2] 同上书，第163页。
[3] 同上书，第141页。
[4] 不因人热的故事，见《东观汉记·梁鸿》。梁鸿，东汉人，少孤家贫。一次他的邻居做完饭，要梁鸿趁着热灶热锅接着做饭，梁鸿说，"童子鸿不因人热者也"，他又自己点起火来做饭。

四

在诗词方面,自《诗经》以下,我国历代的诗词曲赋,毛泽东差不多都广泛地阅读过。其中比较喜欢的是《楚辞》、唐诗、宋词和元曲。

1957年12月,毛泽东曾要我们把各种版本的《楚辞》以及有关《楚辞》和屈原的著作尽量收集给他。我专门请何其芳列了一个目录,经过两个多月的努力,把古今有价值的各种《楚辞》版本和有关著作收集了五十余种。在那一段时间里,毛泽东比较集中地阅读了这些书。以后,他又在1959年、1961年两次要《楚辞》,1961年6月16日还特别指名要人民文学出版社影印的宋版《楚辞集注》。在楚辞中,毛泽东尤爱屈原的《离骚》。1958年1月12日,他在一封信里写道:"我今晚又读了一遍《离骚》,有所领会,心中喜悦。"《离骚》是一篇杰出的浪漫主义作品,反映了作者强烈的爱国主义热情,对于光明和理想的追求,以及不屈不挠的斗争精神。正是这些,吸引着毛泽东,从青年时代直到晚年。

毛泽东爱读唐诗。我们为他收集了各种唐诗选本,仅《唐诗三百首》就准备了好几本。后来又买了一部《全唐诗》。在唐诗中,毛泽东最喜欢"三李"即李白、李贺、李商隐的诗,主要喜欢他们的浪漫主义的风格。特别是李白,这位继屈原之后我国最伟大的浪漫主义诗人,他的诗作气派宏大,感情充沛，具有神奇的想象力和高超的艺术魅力。除"三李"以外，毛泽东也比较喜欢初唐四杰的诗，对这四位诗人，特别是王勃，有较高的评价。在读《初唐四杰集》一书时写的一段批语中说道："这个人（指王勃。——引者注）高才博学，为文光昌流丽，反映当时封建盛世的社会动态，很可以读。这个人一生倒霉，到处受惩，在虢州几乎死掉一条命。所以他的为文，光昌流丽之外，还有牢愁满腹一方。杜甫说：'王杨卢骆当时体，……不废江河万古流'，是说得对的。为文尚骈，但是唐初王勃等人独创的新骈、活骈，同六朝的旧骈、死骈，相差十万八千里。他是七世纪的人物，千余年来，多数文人都是拥护初唐四杰的，反对的只有少数。以一个二十八岁的人，写了十六卷诗文作品，与王弼的哲学（主观唯心主义），贾谊的历史学和政治学，可以媲美。都是少年英发，贾谊死时三十几，王弼死时二十四。还有李贺死时二十七，夏完淳死时十七。都是英俊天才，惜乎死得太早了。"[1]

在宋词作家中，毛泽东崇尚苏东坡和辛弃疾。苏东坡在艺术风格上开创了词坛上的一个重要流派——豪放派。苏词气势磅礴，豪迈奔放，一扫晚唐五代词家柔靡纤弱的气息。辛弃疾继承了苏东坡豪放的风格，又熔铸了南宋初期爱国诗人的战斗传统。《四库全书总目提要》说辛词"慷慨纵横，有不可一世

---

[1]《毛泽东读文史古籍批语集》，中央文献出版社1993年版，第9—11页。

之概",是很确当的。辛词在一些方面超过了苏东坡。《稼轩长短句》是毛泽东经常放在身边的一部书。毛泽东还指名要过南宋的一些爱国词人(包括诗人)如陆游、张孝祥(其词集名《于湖词》)、张元幹(其词集名《归来集》)、洪皓(其诗词集名《鄱阳集》)等人的作品。他们的诗词的共同特点是,爱国主义的内容和豪放的艺术风格。

中国的古词,历来分婉约、豪放两派。毛泽东更喜欢哪一派的词作呢?对两派的词作有何评论?从毛泽东1957年书写的范仲淹两首词及读后评论,可以得到明确答案。

范仲淹的两首词:

苏幕遮

碧云天,黄叶地,秋色连波,波上寒烟翠。山映斜阳天接水,芳草无情,更在斜阳外。

黯乡魂,追旅思,夜夜除非,好梦留人睡。明月楼高休独倚,酒入愁肠,化作相思泪。

渔家傲

塞下秋来风景异,衡阳雁去无留意。四面边声连角起。千嶂里,长烟落日孤城闭。

浊酒一杯家万里,燕然未勒归无计。羌管悠悠霜满地。人不寐,将军白发征夫泪。

毛泽东写的评论全文：

> 词有婉约、豪放两派，各有兴会，应当兼读。读婉约派久了，厌倦了，要改读豪放派。豪放派读久了，又厌倦了，应当改读婉约派。我的兴趣偏于豪放，不废婉约。婉约派中有许多意境苍凉而又优美的词。范仲淹的上两首，介于婉约与豪放两派之间，可算中间派吧；但基本上仍属婉约，既苍凉又优美，使人不厌读。婉约派中的一味儿女情长，豪放派中的一味铜琶铁板，读久了，都令人厌倦的。人的心情是复杂的，有所偏但仍是复杂的。所谓复杂，就是对立统一。人的心情，经常有对立的成分，不是单一的，是可以分析的。词的婉约、豪放两派，在一个人读起来，有时喜欢前者，有时喜欢后者，就是一例。睡不着，哼范词，写了这些。江青看后，给李讷看一看。
>
> 一九五七年八月一日[1]

这篇文字是非常珍贵的，从中不仅可以了解毛泽东对中国古词和范仲淹这两首词的重要而颇有意味的见解，更可以了解

---

[1]《毛泽东文集》第7卷，人民出版社1999年版，第304页。

毛泽东的心情、性格和爱好。

　　毛泽东读诗词的范围非常广泛，他能全文背诵的诗词不计其数。1964年12月，他读《五代史》时，想起自己早年读过的一首诗《三垂冈》，因记不起作者名字，于29日写信请田家英帮助查出，并将此诗的全文一字不差地凭记忆写下来附上[1]。信中说："近读《五代史》后唐庄宗传三垂冈战役，记起了年轻时曾读过一首咏史诗，忘记了是何代何人所作。请你一查，告我为盼！"[2]

　　从上面列举的毛泽东喜爱的诗词，可以从一个方面反映出他的性格和精神风貌。毛泽东的诗词，从艺术上说，继承了这些诗人和词作家的优秀传统。

　　在古文方面，毛泽东既喜欢六朝的骈文，也爱读唐宋八大家和其他一些人的散文。对六朝的骈文，毛泽东虽然认为它不如初唐的新骈，但他还是喜欢读的。收入六朝骈文的《六朝文絜》和其他六朝人的各种文集，是他经常要的。骈文的特点是字句整齐，语言精美，对仗工整，有一些相当好的写景抒情文章。在唐宋八大家中，毛泽东最喜欢柳宗元的散文，柳文同他

---

[1] 毛泽东当时凭记忆写下来的《三垂冈》诗，全文如下："英雄立马起沙陀，奈此朱梁跋扈何。只手难扶唐社稷，连城犹拥晋山河。风云帐下奇儿在，鼓角灯前老泪多。萧瑟三垂冈下路，至今人唱百年歌。"诗后注明："诗歌颂李克用父子。"该诗中的"犹""下"二字，有的版本为"且"和"畔"。毛泽东所抄写的，与袁枚《随园诗话》引用的版本相同。

[2] 《毛泽东年谱（1949—1976）》第5卷，中央文献出版社2013年版，第458页。《三垂冈》诗的作者为清代严遂成。

的诗一样，清新，精细，寓意含蓄，富有哲理。柳宗元是一个革新派，具有进步的政治主张，又有朴素的唯物主义思想，这些进步的思想反映在他的作品里，更增添了柳文的光辉。相对说来，毛泽东对于韩愈的评价差一些。他认为，文学作品，包括诗，不要把话说尽了，而韩愈的文章和诗就是把话讲完了。

毛泽东经常称赞一些好的古文，并向别人推荐阅读。他说，秦朝李斯的《谏逐客书》很有说服力，西汉贾谊的《治安策》是西汉一代最好的政论，等等。

毛泽东通过潜心阅读大量中国史书、古典小说、诗词曲赋等各种形式的文学作品，不仅批判地汲取了丰富的思想营养，也在文风上吸收了它们的优良传统。所以，他能够成为一代杰出诗人和语言大师，写出大量文字优美，词汇丰富，说理透辟，气势磅礴，融古代语言于白话文之中，具有中国的民族形式和民族气派的马克思主义著作，也就是很自然的了。

毛泽东读报章杂志

毛泽东有时把读报看得比读书更重要，更紧迫。"一天不读报是缺点，三天不读报是错误。"这是从延安时期流传下来的毛泽东的一句名言。毛泽东如此重视读报，我自己是有亲身体会的。大概是1951年，有几次因为没有把当天收到的报纸及时送阅，毛泽东不高兴了，说："我是要看新闻，不是要看旧闻。"这个尖锐的批评一直印在我的脑子里，鞭策着我后来的工作。

毛泽东从青少年时代就养成读报纸杂志的习惯。他曾经是梁启超主编的《新民丛报》，同盟会主办的《民主报》《民报》的热心读者，后来更是陈独秀主编的《新青年》的热心读者。这些报刊给毛泽东以深刻的影响，尤其是《新青年》，对毛泽东的思想转变起了重要的推动作用。

在革命战争年代，特别是井冈山时期，因受敌人严密封锁，读报十分困难。在战争中要打胜仗，就要知己知彼，读报纸则是了解敌情的一个重要渠道。那时毛泽东常常为看不到报纸而焦急、苦恼。1928年，有一次他专门派出一个营去打谭延闿的家乡茶陵县的高陇，搜罗了一批报纸上山，战斗中还牺牲了一些干部和战士。1929年，下井冈山到了赣南闽西，可以看到报纸了，情况大为改善。毛泽东为此而高兴的心情，可以从当年4月5日以红四军前委名义给中央的复信中反映出来。信中说："在湘赣边界时，因敌人的封锁，曾二三个月看不到报纸。去年九月以后可以到吉安、长沙买报了，然亦得到很难。到赣南闽西以来，邮路极便，天天可以看到南京、上海、福州、厦门、漳州、南昌、赣州的报纸，到瑞金且可看到何键的机关报长沙《民国日报》，真是拨云雾见青天，快乐真不可名状。"[1]有时毛泽东还把读到的报纸新闻及时地摘报中央。1932年4月20日，毛泽东率红军占领了漳州，5月3日即将4月26日以前上海、香港、汕头等地的报纸新闻，摘要电告苏区中央局、临时中央政府和中革军委。摘报的内容，从国际形势到国内形势，从中日战事到中苏关系，从国民党内部的分裂情况到国民党对付红军的军事策略，以及打下漳州以后，在国民党内部引起的惊慌和帝国主义蠢蠢欲动的消息，共十六条，写得提纲挈领，简明扼要。

如果说，毛泽东在青少年时代嗜读报刊是为了增进知识，寻求救国救民的真理；那么，在紧张的战争岁月，以更加迫

---

[1]《毛泽东文集》第1卷，人民出版社1993年版，第61、62页。

切的心情如饥似渴地阅读报纸,则是直接为了革命战争的需要。正如他在《中国革命战争的战略问题》中所说的:"为着了解敌人的情况,须从敌人方面的政治、军事、财政和社会舆论等方面搜集材料。"[1]

抗日战争时期,延安处于相对稳定的环境,国民党统治区出版的报纸刊物比较容易收集到,毛泽东订阅的报刊多起来了。有一个不完全的统计,40年代初期,他订阅的报刊,至少有三四十种。[2]

延安《解放日报》是根据毛泽东的提议,将《新中华报》《今日新闻》合并出版的。这份党中央的机关报一直是在毛泽东的关怀和指导下成长起来的。毛泽东不仅亲自为它撰写社论,还直接计划安排组稿工作。他读到报上的好文章、好新闻,立即通知各报转载,广为传播,有时读到一篇好作品,可以兴奋地一口气读到天亮。

中国的抗日战争是世界反法西斯战争的重要组成部分,没

---

[1]《毛泽东选集》第1卷,人民出版社1991年第2版,第201页。
[2] 根据当时为毛泽东管理图书的史敬棠回忆,订阅的报纸有:《中央日报》《扫荡报》《大公报》《益世报》《新华日报》《新蜀报》《时事新报》《商务日报》《新民日报》《秦风报》《工商日报》《西京日报》《前线日报》《新工商》《大刚报》《新中国日报》《光华日报》《国家社会报》等。刊物有:《世界知识》《群众》《经济建设季刊》《人与地》《中农月刊》《财政评论》《四川农情报告》《农业推广通迅》《中国农村》《四川经济季刊》《中国农民》《新闻周报》《文化杂志》《经济论衡》《西南实业通迅》《国论》《新经济》《民主周刊》《文萃》《中苏文化月刊》《国讯》等。1941年3月1日,毛泽东曾致电周恩来、董必武,请他们订阅一批报纸书刊,在上述目录中以外的,还有《四川经济参考资料》《贵州经济》《日本对支经济工作》《列强军事实力》《中外经济年报》《中外经济拔萃》。

有世界战争的全局在胸,要指导抗日战争取得胜利,是不可能的。毛泽东在阅读国内报刊的同时,还天天阅读专门刊登外国电讯的《参考消息》(后改名《今日新闻》),有重要新闻随时批给其他中央同志和有关同志传阅。现在还完整地保存着毛泽东的一批珍贵的手稿,是他在1942年11月至1943年1月间,为研究国际问题而专门摘录的外国电讯稿,按十六个国家分类。

全国解放后,毛泽东阅读的报纸杂志数量更多了,范围更宽了,不只是哲学和社会科学的,还有文学的、自然科学的。上至天文,下至地理,以至讲琴棋书画之类的报刊文章,都在他喜爱或涉猎之列。他每年订阅的报刊,包括出版单位赠送的,都在百种以上。在1956年他开始考虑适当摆脱一些政务、用更多的时间研究理论问题后,从1958年起,我们又给他增订了全国各主要高等院校出版的综合性的学报或社会科学方面的学报。

毛泽东阅读报刊也是有所侧重的。每天必读的报纸有:《光明日报》、《人民日报》、《文汇报》、《大公报》、《解放军报》、《工人日报》、《中国青年报》、上海《解放日报》、《天津日报》等。经常看的杂志主要有:《哲学研究》《历史研究》《新建设》《文史哲》《经济研究》《红旗》《学术月刊》《文艺报》《诗刊》《文物》《科学画报》《大众科学》《自然辩证法研究通讯》《现代佛学》等,有时还翻阅中国科学院出版的某些刊物。他最喜欢读的是有关哲学、历史、中国古典文学的文章，所以对《光明日报》的《文学遗产》《哲学》《史学》等专栏特别有兴趣；而对《人民日报》在一个时期比较缺少理论文章和学术文章提出过意见。1964年，他说过："《人民日报》要注意发表学术性文章，发表历史、哲学和其他的学术文章。"又说："《人民日报》要搞理论工作，不能只搞政治。《人民日报》最近组织一些学术讨论，这样做好。"后来《人民日报》加强了理论方面的内容，得到毛泽东的称赞，他说："现在，《人民日报》有看头了，理论上加强了，也有一些有意思的东西。"[1]

毛泽东对报刊上有争论的问题尤为关注。有时为了研究一个问题，还召集有关专家和人员共聚一堂，进行自由的、无拘束的交谈和讨论。

从1955年起，我国学术界对形式逻辑与辩证法问题在报刊上展开了讨论，1956年达到高潮，这个讨论引起毛泽东的浓厚兴趣。有关这方面的情况，在《毛泽东的读书生活》一书中已有文章叙述，这里不再多说。

从1958年以来，我国哲学界在报刊上开展了关于矛盾的同一性与斗争性、思维与存在有没有统一性的问题的讨论。[2]凡属这方面的重要文章，毛泽东几乎都要看的。1958年6月

---

[1]《毛泽东新闻工作文选》，新华出版社1983年版，第217、218页。
[2] 应当指出，思维与存在有没有统一性的讨论，后来引到政治问题上去整持有不同观点的人，是错误的。

24日他曾邀集一些同志谈论发表在1956年第2期《哲学研究》的《对"矛盾的同一性"的一点意见》一文，该文对苏联《简明哲学辞典》关于同一性的解释[1]提出不同意见。1960年11月12日，毛泽东看到当天《人民日报》登载的一篇关于矛盾的同一性和斗争性的讨论的综合介绍，当即要我们把文中提到的分别刊登在《新建设》《光明日报》《学术月刊》《文汇报》上的几篇不同观点的文章全部找给他。

对苏联哲学界讨论社会主义社会的矛盾问题的文章，毛泽东也很注意。1958年2月1日，他要看这方面的文章，我们收集了一批送给他。当时苏联有一位哲学家写信给毛泽东，并寄来他的一篇关于社会主义社会矛盾的文章，毛泽东对这篇文章很重视。

同阅读书籍一样，毛泽东阅读报刊也常常写一些批注，发表自己的见解，有的还批给别人看。例如，1959年12月27日，《光明日报》文学遗产专栏里发表了《如何评价〈文赋〉》一文。作者对陆机《文赋》的价值和在文学批评史上的进步意义，作了比较充分的肯定，不同意相反的观点。毛泽东将此文批给一些同志看，并说这是"一篇好文章"。

毛泽东还注意根据报刊文章中的合理意见，纠正工作中

---

[1] 苏联《简明哲学辞典》说，不能把"像战争与和平、资产阶级和无产阶级、生和死等等现象"认为是同一的。

的缺点和错误。1958年全国掀起了除四害（老鼠、麻雀、苍蝇、蚊子）运动。对于应不应该消灭麻雀，科学界有不同的意见。有的赞成，认为利大于弊；有的不赞成，认为弊大于利；有的认为利弊相当。在刊物上展开了对这个问题的讨论，各抒己见。毛泽东要我们把各种不同观点的文章收集起来送给他。我们还整理了一个简单材料附上。毛泽东仔细看了这些文章和材料。1960年3月18日，他在为中共中央起草的关于卫生工作的指示中，改变了消灭麻雀的决定，提出："麻雀不要打了，代之以臭虫，口号是'除掉老鼠、臭虫、苍蝇、蚊子'"。[1]接着，3月24日他在天津会议上重申了这个改变，说：这两年麻雀遭殃，现在我提议给麻雀恢复"党籍"。科学界的意见，对毛泽东作出这个决定，起了重要作用。

一般说来，在学术上，毛泽东比较注意鼓励不同意见的自由争论和自由讨论，认为这是发展科学的必由之路。即使有人对毛泽东的著作提出不同的观点，他也同样认为应当允许自由谈论，不应当去禁止。1956年，来中国讲学的一位苏联学者向中国陪同人员谈了他对毛泽东《新民主主义论》中关于孙中山世界观的论点的不同意见。有同志认为这"有损于我党负责同志威信"。此事反映到毛泽东那里，他立即写信给刘少奇、周恩来等说："我认为这种自由谈论，不应当去禁止。这

---

[1]《毛泽东文集》第8卷，人民出版社1999年版，第150页。

是对学术思想的不同意见，什么人都可以谈论，无所谓损害威信。""如果国内对此类学术问题和任何领导人有不同意见，也不应加以禁止。如果企图禁止，那是完全错误的。"[1]1956年，高二适写了一篇与郭沫若争鸣的文章《〈兰亭序〉的真伪驳议》，7月18日，毛泽东为这篇文章的发表问题写信给郭沫若，说："笔墨官司，有比无好。"[2]几天之后，高二适的文章在《光明日报》上发表了。

毛泽东把报刊作为了解国内情况和学术理论动态的重要渠道，同时也通过报刊了解国际情况和国际知识。一天几万字的《参考资料》是他每日必看的重要刊物，像读书一样地圈点批画。毛泽东十分重视这个内部刊物，是他制定国际战略和对外政策的重要参考材料之一。有重要内容的，常常批给别人去看或印发会议。他除了看重要新闻，对《参考资料》刊登的西方资产阶级政治活动家的回忆录，也很有兴趣。他说，这些回忆录里写了许多过去我们不知道的帝国主义国家内部的矛盾和斗争的情况，很值得看看。

毛泽东对国外情况的熟悉，常常使得一些著名外国记者为之惊讶。1960年斯特朗在回忆她1946年同毛泽东的那次谈话时说："他首先问我美国的情况。美国发生的事有许多他知道

---

[1]《毛泽东书信选集》，中央文献出版社2003年版，第471页。
[2] 同上书，第564页。

的比我还详细。这使我惊讶，……他像安排打仗的战略那样仔细地安排知识的占有。……主席对世界大事的知识是十分完备的。"毛泽东对于纷纭复杂的国际形势发展趋势的预见性和观察国际动向的敏锐性，同他认真地、一天也不间断地阅读和研究大量国际问题资料，是分不开的。

读有字之书,又读无字之书

毛泽东重视书本知识,也重视实际知识;既提倡读有字之书,也提倡读无字之书,历来反对死读书,读死书。

1938年3月15日,毛泽东在抗大三大队毕业典礼上,对学员们说:"社会是学校,一切在工作中学习。学习的书有两种:有字的讲义是书,社会上的一切也是书——'无字天书'。"[1]

读无字的书,即向社会学习,向实际学习,向群众学习。这个思想,在青年时代的毛泽东的头脑里就已经萌生。1913年,他在湖南第四师范读书时整理的课堂笔记《讲堂录》中,有这样一段话:"闭门求学,其学无用。欲从天下国家万事万物而学之,则汗漫九垓,遍游四宇尚已。"[2] 1917年夏,他邀同学萧子昇,利用暑假,以"游学"方式,游历了湖南长沙、

---

[1]《毛泽东年谱(1893—1949)》中卷,中央文献出版社2013年版,第62页。
[2]《毛泽东早期文稿(1912.6—1920.11)》,湖南出版社1995年版,第587页。

宁乡、益阳、沅江、安乡五县农村，广泛接触社会生活。1918年夏，又和蔡和森到湖南益阳、沅江、岳阳、汉寿等县农村进行半个多月的实地考察。1919年，他评论戊戌维新时期的湖南思想界，在肯定其进步意义的同时，又指出那时的思想界"很少踏着人生社会的实际说话"。[1]他在1920年3月14日给周世钊的信中写道："吾人如果要在现今的世界稍为尽一点力，当然脱不开'中国'这个地盘。关于这个地盘内的情形，似不可不加以实地的调查，及研究。"[2]1920年后，当他刚刚成为一个马克思主义者的时候，他所读的马列主义著作，比起他的同代人如蔡和森、邓中夏、恽代英、瞿秋白等是较少的。但是由于他注重实践，注重对中国现实社会的了解，一旦掌握了马克思主义的基本原理，就能够很好地同中国革命的实际结合起来，解决中国革命中的问题。在这个根本点上，他是出类拔萃的。

毛泽东一生中作了大量社会调查，这对于他了解中国的历史和现状，对于他将马克思主义普遍原理同中国革命实际相结合，解决中国革命问题，起了重要的甚至是决定性的作用。在大革命时期，他通过调查研究，对中国社会各阶级的历史和现状作出了科学分析。在井冈山时期，通过农村调查，制定

---

[1]《毛泽东早期文稿（1912.6—1920.11）》，湖南出版社1995年版，第363页。
[2] 同上书，第474页。

了井冈山土地法。20世纪30年代初，通过寻乌调查，比较系统地了解了城镇商业、地主、富农的情况，提出一些解决富农问题的政策。通过兴国调查，得出关于中国农村土地占有情况的基本概念，解决了贫农、雇农的问题。通过一系列农村调查，逐步形成了一套解决农村土地问题的正确政策。他还作了其他方面的一些调查，包括革命根据地的政权、经济、文化教育等。在社会主义建设时期，他的调查研究作得少了，但是为了寻找一条适合中国情况的建设社会主义的道路，他曾用了一个半月的时间，作了一次系统的经济问题调查，写出《论十大关系》。60年代初，为了纠正农村工作中的错误，解决经济困难问题，亲自组织调查组，分赴浙江、湖南、广东作农村调查。在这个基础上，于1961年3月召开广州会议，主持制定农村人民公社工作条例（草案），为继续扭转困难局面，恢复和发展农业生产，起了重大作用。

在这次广州会议上，毛泽东讲了一段他在作战中间作调查的故事。他说："我的经验历来如此，凡是忧愁没有办法的时候，就去调查研究，一经调查研究，办法就出来了，问题就解决了。打仗也是这样，凡是没有办法的时候，就去调查研究。在第二次反'围剿'的时候，兵少觉得很不好办，开头不了解情况，每天忧愁。我跟彭德怀两个人到白云山上跑了一天，察看地形，看了很多地方。我对彭德怀说，红一军团的四军、三军打正面，打两路，你的红三军团全部打包抄，敌人一定会垮下去。如果不去看呢？就每天忧愁，就不知如何打法。"[1]

毛泽东在总结作调查研究的经验的时候说：用马克思主义的基本观点，作周密的调查，是了解情况的最基本的方法。只有这样，才能使我们具有对中国社会问题的最基础的知识。又说，他用开调查会的方法得到了很大的益处，"这是比较什么大学还要高明的学校"[2]。毛泽东在向社会作调查这个大学校里学到许多无法从书本上得到的知识。

毛泽东重视读无字的书，强调向社会学习，向实际学习，向群众学习，是基于马克思主义认识论的一个基本思想，即"实践是认识的基础"。

毛泽东说过，他从来没有想到自己去搞军事，要去打仗。后来自己带人打起仗来，上了井冈山。在井冈山先打了个小胜仗，接着又打了两个大败仗，于是总结经验，总结了十六个字的打游击的经验："敌进我退，敌驻我扰，敌疲我打，敌退我追。"[3]正如他后来所说的："读书是学习，使用也是学习，而且是更重要的学习。从战争学习战争——这是我们的主要方法。"[4]

毛泽东之所以成为伟大的军事家，并不是因为他读了多少

---

[1]《毛泽东文集》第8卷，人民出版社1999年版，第261页。
[2]《毛泽东选集》第3卷，人民出版社1991年第2版，第790页。
[3]《毛泽东文集》第8卷，人民出版社1999年版，第392、393页。
[4]《毛泽东选集》第1卷，人民出版社1991年第2版，第181页。

兵法书，更不像有人所说的那样，毛泽东指挥打仗是靠《孙子兵法》，靠《三国演义》。据毛泽东说，那时他还没有读过《孙子兵法》。毛泽东所以成为伟大的军事家，最主要的是他有丰富的领导革命战争的实际经验。他是从长期革命战争实践中，逐步认识和掌握人民战争的规律的，并从理论上加以概括。毛泽东的军事名著《中国革命战争的战略问题》是怎样写出来的呢？如果没有他亲身经历的战争中的胜利和失败，不经过第五次反"围剿"的失败，不经过长征，能写出来吗？显然是不可能的。当然，为了系统地总结战争经验，军事理论书籍是不可不读的，他曾说，因为要写《中国革命战争的战略问题》，倒是逼他研究了一下资产阶级的军事学。[1]从一些材料来看，毛泽东比较集中地阅读一些军事理论书籍，包括《孙子兵法》等，主要是这个时候。毛泽东的科学著作，不仅是他个人的革命实践经验的总结，更是全党的革命实践经验的总结。他曾说过：1921年建党后，经过了十四年，牺牲了多少党员、干部，吃了很多苦头，才懂得了如何处理党内关系、党外关系，学会走群众路线。不经过那些斗争，我的那些文章也是写不出来的。[2]

毛泽东在他的许多讲话和谈话中，引证古今中外的历史事

---

[1]《毛泽东文集》第8卷，人民出版社1999年版，第263页。
[2]《毛泽东文集》第7卷，人民出版社1999年版，第100、101页。

实，反复说明一个道理：一个人光有书本知识是不行的，一定要投身到社会生活中去学习实际的知识，这是最丰富最生动的知识。

他常讲《史记》上写的赵括"纸上谈兵"的故事，说明只有书本知识没有实际经验是不行的。战国初期，赵国名将赵奢的儿子赵括，自幼读了不少兵书，谈起兵法，头头是道，连他父亲都难不倒他。但是赵奢认为赵括不能当大将。后来秦国攻赵，赵括接受兵权，打起仗来照搬兵书，结果被秦军围住，赵军40万全军覆没。赵括自己也被射死。毛泽东还说，刘邦为什么能打败项羽？因为刘邦同贵族出身的项羽不同，比较熟悉社会生活，了解人民心理。屈原如果继续做官，他的文章就没有了。正是因为开除"官籍"，"下放劳动"，才有可能接近下层社会生活，才有可能产生像《离骚》这样好的文学作品。[1] 知识往往是经过困难、经过挫折才得来的。

毛泽东还进而说明，仅仅从读书不读书来判断问题是不行的。他说，三国时吴国的张昭，是一个经学家，在吴国是一个读书多、有学问的人，可是在曹操打到面前的时候，就动摇，就主和。周瑜读书比他少，吕蒙是老粗，这些人就主战。鲁肃是个读书人，当时也主战。可见，光是从读书不读书、有没有

---

[1] 毛泽东读苏联《政治经济学教科书》的谈话（1959年12月至1960年2月），见《党的文献》1994年第5期。

文化来判断问题，是不行的。[1]当然，毛泽东也强调没有文化的要努力学习文化，也讲过吕蒙读书的故事，讲我们的军事干部都要读书学习，提高文化水平和理论水平。

毛泽东认为，社会和自然界是一个大学校，那里面的东西——无字的书，多得很，学之不尽，取之不竭。他说，孙中山是中国民族民主革命的领袖。他的三民主义，不是从学校的书本里学的，而是在学校外面的大学校里学的。马克思的学问也不是在学校的书本里学到的，是在英国、法国、德国等处看书看事而学的。所看的事，有资产阶级和无产阶级打仗，有法国资产阶级革命、巴黎公社革命和英国劳工运动，还了解了中国革命，后来写了许多书，成为马克思主义的创始人。[2]

中国有两位杰出的古代地理学家深为毛泽东所称赞，一位是明朝的徐霞客，一位是《水经注》作者北魏的郦道元。毛泽东在1958年1月28日的最高国务会议讲话中说：明朝那个江苏人，写《徐霞客游记》的，那个人没有官气，他跑了那么多路。找出了金沙江是长江的发源。"岷山导江"，这是经书上讲的，他说这是错误的，他说是"金沙江导江"。同时，我看《水经注》作者也是一位了不起的人。他不到处跑怎么能写得那么好？这不仅是科学作品，也是文学作品。毛泽东为什么如此称

---

[1] 毛泽东读苏联《政治经济学教科书》的谈话（1959年12月至1960年2月），见《党的文献》1994年第5期。

[2] 毛泽东在中央党校的讲话，1938年8月22日。

赞徐霞客和郦道元？除了他们的文章写得好，主要是因为他们经过亲身游历和实地考察，获得了大量的书本上没有的东西，并且有新的发现，敢于否定书本上已有的定论，提出自己的科学论断。特别是徐霞客，二十二岁出游，三十年间，足迹及于十六个省区，以坚韧不拔的毅力，越过千山万水，克服千难万险，对祖国的山川源流、地形地貌、岩石洞壑、动物植物，直到民情风俗等，作了大量调查和观察，给后世留下珍贵的地理资料和知识。他对金沙江是长江的源流的发现，否定了《禹贡》的"岷山导江"的定论，推倒了陈陈相因的旧说。徐霞客这种追求真理的实践精神，赢得了毛泽东的高度评价。

在1959年4月召开的党的八届七中全会上，毛泽东第一次提出他想沿黄河、长江进行考察。就在1961年3月召开的广州会议上，讲到作调查的时候，他又说，很想骑马跑跑两条大江——长江、黄河。1964年，年逾古稀的毛泽东，真的准备要去实现他的这一愿望，骑马考察黄河和长江，对这两条大江大河的沿岸作一次系统的社会调查和自然考察。他在北戴河练习骑马，还准备组建一个智囊团随行，吸收一些科学家参加，有搞天文的，搞地理的，搞地质的，搞历史的等。这件事以后因一突发事件没有实现，但却说明毛泽东追求实际知识、在广阔天地里读无字之书的强烈愿望，至老不衰，当年邀同学少年游学的赤子之心犹在。

人们都知道毛泽东送毛岸英上劳动大学的动人故事。毛岸英长期住在苏联，对中国的社会情况不熟悉。他回国不久，毛泽东让他跟一个劳动模范一起劳动，学习农业生产知识。后来，又派他去参加土改，学习阶级斗争知识，进一步了解中国社会的特点。建国后，让他到工厂工作，学习工业知识，接触工人群众。又让他参加抗美援朝战争，接受战争考验。毛泽东一方面鼓励毛岸英用功读书，一方面鼓励他广泛接触社会，接触实际，接近群众，经受锻炼，学习实际知识，做一个有益于人民的人。毛泽东对毛岸英的这种要求，实际上也是对广大青年的期望和要求。

早在40年代，毛泽东在批评党内的主观主义的时候，曾经说过，有两种不完全的知识，一种是现成书本上的知识，一种是偏于感性和局部的知识，这二者都有片面性，只有使二者互相结合，才会产生好的比较完全的知识。又说，我们反对主观主义，必须使上述两种人各向自己缺乏的方面发展，必须使两种人互相结合。有书本知识的人向实践方面发展，然后才可以不停止在书本上，才可以不犯教条主义的错误。有工作经验的人，要向理论方面学习，要认真读书。毛泽东提出的既要读有字之书，又要读无字之书，也就是这个意思。

光辉永在　真理长存*

——为《毛泽东选集》一至四卷第二版出版而作

在建党七十周年之际，中共中央文献编辑委员会出版《毛泽东选集》一至四卷第二版，这是中共中央作出的一项具有深远历史意义的决定。

一

《毛泽东选集》一至四卷是分别在50年代初和60年代初出版的，到现在已经三四十年了。《毛选》一至四卷编入的是毛泽东在新民主主义革命时期的主要著作。这些著作，对推动中国社会历史进步，夺取中国民主革命胜利，以及在中国人民中间所发生的深刻而巨大的影响，在中国近现代历史上，没有哪一个历史人物的著作能够与之相比。建国后，《毛选》一至四卷的出版，在全国掀起学习毛泽东著作的热潮，毛泽东思想

---

*　这篇文章发表在1991年7月1日《人民日报》。

产生了更为广泛的影响。

为什么要出《毛选》一至四卷第二版？

这是毛泽东的遗愿。《毛选》第一版出版以后，陆续发现前三卷的正文主要是注释有一些需要修订的地方，这些问题不能个别地零碎地解决，只能集中地解决，这就需要修订出版第二版。《毛选》注释的修订工作从1962年开始，直到"文化大革命"的发动而被中断。

《毛选》一至四卷在"文革"结束后的十余年间基本上没有重印过。今天，广大干部和群众包括青年学生学习毛泽东思想的热潮方兴未艾，出版第二版，就是非常需要的了。

中共中央文献编辑委员会这次修订工作，遵照毛泽东的意见，保持了第一版原有的篇目，只增加《反对本本主义》一篇文章。

《反对本本主义》是毛泽东1930年5月为反对教条主义而写的一篇极为重要的历史文献。这篇文章是毛泽东论述调查研究的代表作，并已经形成毛泽东思想的活的灵魂的三个基本方面即实事求是、群众路线、独立自主的雏形，还提出"中国革命斗争的胜利要靠中国同志了解中国情况"的著名论断。它的科学价值绝不会因为时间的推移而减弱或丧失，相反，只会愈加显出它的重要性。毛泽东非常喜爱这篇文章，但由于长期失落而未能编入《毛选》第一版。1964年经他修改审定，在当年出版的《毛泽东著作选读》中公开发表。如果毛泽东在世，他一定会同意将这篇文章补入第二版。

对《毛选》正文的修订,编委会采取十分慎重的态度。作者已经逝世,对他最后审定的文章任何人无权修改。第二版只订正了某些需要订正的史实和错字。

这次修订,对各篇文章的写作日期或发表日期,都一一作了核校和考证。

《毛选》原有的题解,前三卷和第四卷在写法上有些不同。这次修订,基本保持各卷题解原有的风格,不作大的改动,主要校正某些记述错误的事实,删去或者修改少量不切合实际的提法和评价。同时增写了几条技术性的题解。

《毛选》修订工作,按照毛泽东的意见,主要是校订注释。此次校订,是在60年代校订工作的基础上,吸取十一届三中全会以来的史料收集和科学研究的新成果,又前进了一步。

二

《毛泽东选集》一至四卷是毛泽东民主革命时期的著作,现在我们处在社会主义建设时期,又是改革开放的时代,为什么还有必要学习这些著作?这些著作对于建设有中国特色的社会主义有没有指导意义?对这个带根本性的问题,需要作出明确的回答。

任何一种理论都是一定时代的产物,但是理论的作用和意义又往往超越产生它的那个时代。马克思主义产生到现在已经一百多年，它的基本原理到现在仍然保持着强大的生命力。一部产生在两千多年前的《孙子兵法》，其中许多原则，却能有效地运用到20世纪的现代化战争。毛泽东总结新民主主义革命经验所形成的许多理论，特别是他所阐述的基本立场、观点、方法，具有普遍意义，其指导作用绝不仅仅限于新民主主义时期，在社会主义时期同样适用。

七十年来的中国共产主义运动，是由两个发展阶段即新民主主义阶段和社会主义阶段组成的。这两个阶段既有各自的特性，又有它们的共性。就两个阶段的指导思想来说，都属于共产主义思想体系。就奋斗目标来说，都是在中国共产党领导下，动员和组织千百万群众，为了建设一个独立、自由、民主、富强的社会主义中国，最终实现共产主义。中国共产党在领导新民主主义革命的长期斗争中积累了非常丰富的经验，这些经验的总结和概括，上升为理论形态的东西，在老一辈无产阶级革命家的著作中都有反映，但最主要的是收入《毛泽东选集》一至四卷的著作，它们是毛泽东思想的主要代表作。民主革命时期的经验，有的只适用于当时条件，今天用不上了；有的在今天仍然适用，继续有效，特别是那些基本的经验，更需要反复学习领会。翻开《毛选》从第一卷到第四卷仔细阅读，就会发现，不同方面的、不同层次的对今天有用的经验是非常之多的。其中有许多东西已经形成我们党的优良传统和作风，需要世世代代地传下去。

中国的社会主义是由新民主主义发展而来的，今天的中国是从昨天的中国走过来的。历史不能割断。新民主主义和社会主义直接相连，更是不能割断。要了解今天，指导今天的工作，就需要了解昨天，学习昨天的经验，从中吸取营养和智慧，增加自己的聪明才智。从正面经验中可以学到本领，从反面经验中可以吸取教训，这样就能学会正确地工作，避免重犯过去的错误。

毛泽东说："从孔夫子到孙中山，我们应当给以总结，承继这一份珍贵的遗产。"[1]对待从古代到离我们较近时代的历史遗产尚且如此，对于我们自己经过流血牺牲得来的历史经验，难道不应该更加珍视吗？温故而知新，鉴往而知来，学习和借鉴历史经验是为了今天的需要。

中国的新民主主义革命经历了漫长而曲折的道路。《毛选》一至四卷既是这场伟大的人民革命的胜利记录和经验总结；又是这场大革命从蓬蓬勃勃地胜利展开，经过挫折、失败和困难的时期，然后又展开，再受挫折，然后再展开，直到完全胜利的曲折过程的反映。通过学习《毛选》可以了解，这个革命是经过了怎样的艰难困苦才取得胜利的；党内以毛泽东为代表的正确主张是怎样克服和战胜错误主张的；我们党是经过了怎样

---

[1]《毛泽东选集》第2卷，人民出版社1991年第2版，第534页。

的曲折、艰难和痛苦的过程而达到成熟的。在半殖民地半封建国家进行这样一场前无古人的伟大革命事业，要想一帆风顺，直线发展，一个胜利接着一个胜利，是不可能的。一个马列主义的政党要想不经过一些风浪，不经过一些挫折，不犯过一些错误，而达到成熟和取得胜利，也是不可想象的。在历尽艰辛之后，我们党终于胜利了，我们的革命终于成功了。在新的历史时期建设有中国特色的社会主义同样是一场前无古人的伟大事业，挫折和困难同样是不可免的。学习《毛选》一至四卷，重温党的历史，吸取其转败为胜，由弱到强，变被动为主动的经验，就能增加我们战胜困难的勇气，增强我们争取胜利的信心。

三

从《毛选》一至四卷中应当学习的内容很多。

首先，应当学习毛泽东关于把马克思列宁主义的基本原理同中国革命的具体实践相结合的思想，这就是一切从实际出发，理论联系实际，实事求是的思想路线。

旧中国是一个落后的东方大国，同西欧资本主义国家的情况差异极大，把马列主义成功地运用到中国这样的国家，需要极大的理论勇气和创造精神。关键就在于从中国的实际出发，解放思想，敢于创新，敢于突破马列主义中某些不适合中国情况的个别原理而提出新的原理，独立自主地解决中国革命的实际问题。毛泽东正是这样做的。我们从《毛选》的著作中可以看到，毛泽东的理论创造的显著特点，就是从来不离开对中国国情的分析，从来不离开对群众实践经验的研究。他通过实践开辟了一条独特的中国革命道路，创立了一个崭新的理论——新民主主义理论。1944年毛泽东同美国记者斯坦因谈话，在谈到中国共产党坚信马克思主义时说："继承中国过去的思想和接受外来思想，并不意味着无条件地照搬，而必须根据具体条件加以采用，使之适合中国的实际。""我们中国人必须用我们自己的头脑进行思考，并决定什么东西能在我们自己的土壤里生长起来。"[1]学习《毛选》，就要学习毛泽东是怎样运用马列主义基本原理解决中国的实际问题，又是怎样在马列主义基本原理指导下，独立地研究和总结中国的实践经验而形成理论，用以指导实践。

党的十一届三中全会以来，以邓小平为核心的第二代党中央领导集体就是遵循毛泽东倡导的实事求是思想路线，提出建设有中国特色的社会主义的理论、路线、政策，开创了新的局面。中国新民主主义革命的进程，是马列主义与中国革命实践日益结合的过程；同样，建设有中国特色的社会主义的进程，是马列主义与中国社会主义建设实践日益结合的过程。我们应

---

[1]《毛泽东文集》第3卷，人民出版社1996年版，第192页。

当永远掌握和坚持这个思想路线。

其次,应当学习毛泽东关于群众路线的思想。

贯穿在《毛泽东选集》的全部著作中,浸透在毛泽东的全部实践活动中的一个根本精神,就是"全心全意为人民服务","相信群众和依靠群众"。

毛泽东关于群众路线的论述,包含了马克思主义的世界观、认识论和方法论。这些论述是向全党和全国人民进行历史唯物主义教育,进行社会主义、共产主义世界观和价值观教育的生动有力的教材;也是我们做好一切工作,完成革命和建设事业的各项任务所遵循的根本工作路线。

"全心全意为人民服务"是我们党的根本宗旨,是一切共产党人和国家干部的根本立足点和出发点。中国共产党之所以赢得中国人民的信赖和爱戴,无愧为中华民族最高利益的代表者,就是因为它在几十年的奋斗中始终以最广大人民群众的最高利益作为自己的行动准则。它没有任何自己的私利,而一心为全民族的解放、人民的幸福而英勇奋斗,它的无数优秀党员为此而献出了生命。这就是社会主义、共产主义的世界观和价值观。但在前几年,体现"全心全意为人民服务"思想的一些口号,如"大公无私的牺牲精神""毫不利己、专门利人""向雷锋同志学习"等却受到嘲弄和批判,甚至被歪曲为与历史唯物主义相悖的"道德主义",从而为个人主义、自私自利这类资产阶级思想的发展和膨胀提供了"理论"根据。显然,这里存在着两种世界观、价值观的分歧和斗争。

在今天，学习和实践毛泽东关于全心全意为人民服务、密切联系群众的教导有着特殊重要的意义。我们党是执政党，又处在改革开放和发展有计划的商品经济的环境中，一些党员脱离群众，忘记为人民服务的宗旨而一味追求个人的或小集团的利益，从而发生腐败现象，已经对党造成严重威胁。今天，我们回顾毛泽东在抗日战争快要胜利的时候，向全党推荐郭沫若所著《甲申三百年祭》，不要重犯胜利时骄傲的错误的告诫，特别是在建国前夕，及时地提出防止资产阶级糖衣炮弹攻击的警告，是多么英明，多么有远见！毛泽东关于全心全意为人民服务、密切联系群众等一系列教导永远不会过时。如果背离了它，任其发展下去，我们这样的无产阶级性质的党就会变质。

"人民，只有人民，才是创造世界历史的动力。"这是毛泽东研究了马克思主义的历史唯物主义，研究了中国几千年的历史，特别是研究和总结了我们党几十年革命斗争的实践经验而得出的结论。在党的历史上，每当处于困难时期或重大转折时期，毛泽东总是用"相信群众和依靠群众"，相信群众"有伟大的创造力"这些思想，教育和武装全党和革命队伍，鼓舞人们战胜敌人，克服困难。在民主革命时期为了推翻三座大山，中国共产党曾经遇到过多少人世间所没有遇到过的困难，都被一个一个地战胜了。在社会主义建设过程中，也曾遇到很多的困难和挫折，也被一个一个地克服了。究其原因，归根到底，就是我们党坚信人民群众的力量，坚决依靠人民群众的力量。可以设想，在今后漫长的社会主义建设的道路上，还会遇到很多甚至是更大的困难。只要做到毛泽东所说的，掌握马克思列宁主义的科学，坚决相信群众，依靠群众，和人民打成一片，我们就能够超越任何障碍和战胜任何困难。

中国共产党是马克思列宁主义武装的无产阶级先锋队。按照毛泽东的意见，党和群众的关系应当是：根据群众的需要和自愿领导群众前进，既反对命令主义也反对尾巴主义。毛泽东强调，一切为群众的工作都要从群众的需要出发，而不是从任何良好的个人愿望出发，否则就会脱离群众。另一方面，毛泽东又强调，领导不能落后于群众的觉悟程度，更不能迁就甚至迎合群众中不正确的意见，而要带领群众前进，不断地提高群众的觉悟程度。党不仅要关心和满足群众眼前的实际利益，还要教育群众看到自己长远的根本的利益，并为此而奋斗。

从群众中来，到群众中去，集中起来，坚持下去，这是毛泽东群众路线理论的重要内容。毛泽东说：将群众的意见集中起来，又到群众中去作宣传解释，化为群众的意见，使群众坚持下去，见之于行动，并在群众行动中考验这些意见是否正确。然后再从群众中集中起来，再到群众中坚持下去。如此无限循环，一次比一次地更正确、更生动、更丰富。这就是马克思主义的认识论。[1]在这里，毛泽东把群众路线不仅仅看作工作方法问题，而且看作认识论问题，是实践（群众行动）检验真理和发展真理的问题，是实现人民民主（从群众中来，反映人民群众的意见）的问题。这样，马克思主义的群众观、真理论和民主观都统一于群众路线之中。

第三，应当学习毛泽东关于党的建设的思想。

随着改革开放形势的发展，特别是经历了1989年以来国际共运中发生的一连串事件，党的建设问题的重要性越来越突出，学习毛泽东建党思想的必要性也就大大地增强了。

毛泽东的建党思想，归结起来主要是解决建立一个什么样的党和怎样建设党的问题。

着重思想建设，是毛泽东建党思想的一个显著特点。他坚持中国共产党必须是以马克思列宁主义武装的工人阶级的先进组织。因此，他特别重视对全党尤其是对党的领导干部进行马克思列宁主义教育，提高马克思列宁主义水平，使全党在马克思列宁主义的基础上达到思想上的统一。为了达到思想上的统一，就必须开展无产阶级思想对非无产阶级思想、马克思主义对非马克思主义的斗争。40年代的延安整风对主观主义、宗派主义、党八股以及自由主义、个人主义等非马克思主义思想所开展的斗争，大大加强了全党在马克思列宁主义基础上的统

---

[1]《毛泽东选集》第3卷，人民出版社1991年第2版，第899页。

一和团结。今天在新的形势下，对资产阶级自由化思想、剥削阶级的世界观和价值观等非马克思主义的、反马克思主义的东西在党内造成的危害，应当引起高度重视。坚持不懈地对它们进行批评和斗争，是当前以至今后很长时期内思想战线和党的建设的重要任务。

我国处于社会主义初级阶段，容许资本主义经济在一定范围存在并有适当的发展。在这个复杂的历史条件下，如何保持共产党员的共产主义的纯洁性，是摆在党的建设面前的一个重大课题。毛泽东在1941年提出的既要在社会经济政策方面允许有益的资本主义成分存在并使其有一个适当的发展，又要严肃地坚决地保持共产党员的共产主义纯洁性的论述，在一定的意义上同样适用于今天（虽然今天我们所建设的已不是民主共和国而是社会主义共和国）。今天党内的资产阶级腐化思想比起那个时候有着更大的危险性，因而保持共产党员的共产主义纯洁性更为紧要。

毛泽东关于党的建设方面的论述是很多的。例如，关于民主集中制问题，关于党的三大作风问题，关于处理党内矛盾的一系列方针政策问题，关于党的建设同党的政治路线密切相联系的问题，等等。所有这些，今天仍然是我们进行党的建设所必须遵循的基本原则。

第四，应当学习毛泽东关于统一战线的思想。

中国共产党在极端复杂的条件下领导中国革命，积累了十分丰富的统一战线经验，毛泽东把它总结起来，形成一套独创性的统一战线理论、原则和策略，为科学社会主义增添了新内容。

坚持共产党的领导，是毛泽东关于统一战线思想的根本原则。他说："没有中国共产党的坚强的领导，任何革命统一战线也是不能胜利的。"[1]共产党在全国范围内执政以后，统一战线就在共产党的完全领导之下。坚持党的领导，不但是统一战线的根本原则，并且是国家政治体制不可动摇的根本原则。

团结一切可以团结的力量，结成最广泛的统一战线，是毛泽东关于统一战线的根本战略思想。在革命时期，他一贯主张"组织千千万万的民众，调动浩浩荡荡的革命军"，最大限度地孤立当前最主要的敌人，而反对"孤家寡人"的关门主义策略。毛泽东特别重视中间力量，把争取中间力量看作一个"极严重的任务"。只有争取了中间力量，才能建立广泛的统一战线。在社会主义建设时期，他又提出团结一切可以团结的人，调动一切积极因素为社会主义服务的基本方针。又联合又斗争是毛泽东规定的统一战线的总政策。既不是一切联合否认斗争，又不是一切斗争否认联合，而是综合联合和斗争两方面的政策。以斗争的手段达到团结的目的，斗争要控制在不破裂统一战线的限度内。对统一战线中的不同的同盟者采取不同的政策，对

---

[1]《毛泽东选集》第4卷，人民出版社1991年第2版，第1257页。

他们进行不同的联合和不同的斗争。在统一战线问题上，既要反对"左"倾关门主义，又要反对右倾投降主义。

今天，我国统一战线的内容和形式，同民主革命时期和建国初期相比，都发生了很大变化。但是毛泽东关于统一战线的基本原则和许多策略思想仍然值得我们深刻领会和牢牢记取。

第五，应当学习毛泽东的思想方法。

思想方法问题，是《毛泽东选集》中内容最丰富、最精彩、最有普遍意义的一个部分。这方面的论述，不仅包含在他的哲学专著里面，更多地包含在论述战争问题和其他问题的著作里面。毛泽东的思想方法，是建立在马克思主义的辩证唯物主义和历史唯物主义的基础上，同时又根据中国革命经验增添了许多生动的内容，带有鲜明的中国特点。

为什么毛泽东特别注重思想方法问题？为什么思想方法问题的论述在《毛选》中占有那么大的分量？这是由中国革命的历史进程所决定的。我们党在领导新民主主义革命的过程中犯过多次错误，从陈独秀、瞿秋白、李立三直到王明。为什么纠正了一个错误，接着又犯一个错误，甚至有时是重犯同样性质的错误？这个问题，不能不使毛泽东去思考，去研究。他终于从思想方法问题上找到屡犯错误的根本原因。他在1941年5月发表的《改造我们的学习》一文，鲜明地提出了这个问题——反对主观主义的思想方法，提倡马克思列宁主义的科学思想方法即实事求是的思想原则。同年9月中央政治局会议讨论土地革命战争后期的错误，中央领导核心中的绝大多数同志开始认识到这个问题，认为这次会议与过去不同，就在于从思想方法上，也就是从根本上，寻找犯错误的原因。这就为延安整风的顺利开展和取得伟大成功，奠定了思想基础。

不论是民主革命时期，还是社会主义建设时期，主观主义的思想方法曾经多次给我们党的事业带来极严重的危害，有时几乎把革命葬送掉。所以，思想方法正确与否，是一个直接关系革命和建设事业兴衰成败的大问题。

毛泽东思想方法的内容十分广泛，除前面提到的一切从实际出发，理论联系实际，实事求是，群众路线以外，还包括：调查研究；分析矛盾和解决矛盾，对具体的矛盾作具体的分析；看问题要客观、全面、看到本质；战略上藐视敌人，战术上重视敌人；正确进行两条战线的斗争，在强调反对一种倾向的同时，注意防止和反对另一种倾向；把远大的理想同当前的实际任务结合起来，等等。这一切，都是为了解决一个问题，那就是主观和客观的矛盾问题，也就是使主观和客观相一致的问题。毛泽东曾说：中国共产党从1921年成立以来，轰轰烈烈地做了许多事情，取得了很大成就，但也犯了很多错误。1942年整风，才找到了胜利的道路，就是主观和客观相一致。

毛泽东关于思想方法以及工作方法的论述，是一个思想宝库。它向人们提供了观察问题、分析问题、解决问题、做好工作的正确的途径和方法，人们掌握了它，可以变得聪明一些，事情办得更好一些。

最后，应当学习毛泽东坚定的无产阶级革命精神。

毛泽东在1936年同斯诺谈话时曾说："我接受了马克思主义是历史的最正确解释，从此以后，从没有动摇过。"[1]毛泽东以他一生的历史完全证实了他的这句话。毛泽东对马克思主义的信仰是坚定的，矢志不渝的，并且在许多方面发展了马克思主义。

毛泽东在他的革命生涯中，同我们党一起，经历了很多艰难险阻。在强大的敌人面前，在难以想象的困难面前，他没有低过头；在敌人施展的种种政治欺骗面前，他没有上过当。他始终如一地保持坚定的革命方向。当人们读完《毛选》一至四卷，就会被毛泽东伟大的革命胸怀、刚强的革命毅力、坚贞不屈的革命气节和高超的斗争艺术所深深地感动。

1927年大革命失败了，大批共产党人和无数的革命群众遭到国民党的血腥镇压，革命进入低潮。不屈的毛泽东和其他许许多多的共产党人，"从地下爬起来，揩干净身上的血迹，掩埋好同伴的尸首，他们又继续战斗了"[2]。在处于敌人重重包围的小块革命根据地的环境中，毛泽东针对党内少数同志对局势的悲观估计，指出"星星之火，可以燎原"，坚信革命力量

---

[1] 斯诺：《西行漫记》，生活·读书·新知三联书店1960年版，第124页。
[2]《毛泽东选集》第3卷，人民出版社1991年第2版，第1036页。

必然发展壮大和取得最终胜利。1935年10月,经过一年艰苦转战到达宁夏六盘山的毛泽东,以"不到长城非好汉,屈指行程二万"的诗句,抒发了他和党中央在长征路上那种不怕困难一往无前的英雄气概和革命豪情。抗日战争爆发,红军只有三四万人,党内有人看不起它,把抗战的希望寄托在国民党身上,缺乏清醒的头脑和独立的政策。毛泽东批驳和纠正了这种软弱无能的腐朽的思想,提出独立自主的方针,强调依靠和发展八路军、新四军,壮大人民的力量,确立必胜的信念。在抗日战争中,八路军、新四军,不仅受到日本侵略者的攻击,而且还常常受到来自同盟者中的反共顽固派的攻击,但是在党中央和毛泽东的领导下,完全依靠自己的力量,终于度过了抗日时期最艰难的岁月。1946年,由美帝国主义大力支持的蒋介石发动了全面内战,在优势敌人面前,毛泽东根据对国际国内形势所作的冷静的科学的分析,反对了那种惧怕美帝国主义,惧怕爆发新的世界战争,因而不敢用革命战争反对美蒋反动派的错误思想。他发扬"反潮流"的精神,不顾斯大林的反对,毅然领导人民解放军进行反蒋自卫战争。经过一年的时间,人民解放战争就由战略防御转入战略进攻。蒋介石在战场上失利的情况下,为了取得喘息时机,卷土重来,搞了多次"和谈"欺骗。这些骗局一个一个地被毛泽东揭破,他响亮地提出"将革命进行到底"的口号。在全国快要胜利的时候,毛泽东又及时地向全党和全国人民提出,要提高对于敌人反对中国人民的警惕性。他说:"我们决不可因为胜利,而放松对于帝国主义分子及其走狗们的疯狂的报复阴谋的警惕性,谁要是放松这一项警惕性,谁就将在政治上解除武装,而使自己处于被动的地位。""中国必须独立,中国必须解放,中国的事情必须由中国人民自己作主张,自己来处理,不容许任何帝国主义国家再有一丝一毫的干涉。"[1]建国以后,在毛泽东的领导下,我们国家坚持独立自主的原则,顶住了来自国外任何一个方面的压力,维护了国家的主权和民族的尊严。

毛泽东曾称赞鲁迅是空前的民族英雄,"鲁迅的骨头是最硬的,他没有丝毫的奴颜和媚骨,这是殖民地半殖民地人民最可宝贵的性格"[2]。他赞扬"闻一多拍案而起,横眉怒对国民党的手枪,宁可倒下去,不愿屈服。朱自清一身重病,宁可饿死,不领美国的'救济粮'"[3]。毛泽东对这种高贵的品质和坚贞的气节表示由衷的敬佩,也正是他的无产阶级革命情怀的自我抒发。

面对今天复杂多变的国内外形势,我们多么需要从《毛泽东选集》中学习毛泽东对马克思列宁主义的坚定信念,学习毛泽东坚定的无产阶级革命精神。

以上谈到的几个问题,远远没有包括《毛泽东选集》一至四卷极为丰富的全部内容,例如军事问题、经济问题、组织问

---

[1]《毛泽东选集》第4卷,人民出版社1991年第2版,第1465页。

[2]《毛泽东选集》第2卷,人民出版社1991年第2版,第698页。

[3]《毛泽东选集》第4卷,人民出版社1991年第2版,第1495页。

题、文化问题等就没有涉及。这些方面的内容都是毛泽东思想的重要组成部分，有很强的现实指导意义。

《毛泽东选集》一至四卷是我们党在民主革命时期集体智慧的结晶。它集中而生动地表现了马克思列宁主义在中国的胜利，继俄国十月革命之后，又一次向全世界证明：马克思列宁主义是科学真理，是无往而不胜的。

《毛选》一至四卷虽是民主革命时期的著作，但它阐明的基本立场、观点、方法和许多思想、原理，对建设有中国特色的社会主义，实行党在现阶段的基本路线，仍有指导意义，否定或者低估它的指导意义是完全错误的。

《毛选》一至四卷是反对资产阶级自由化，反对和防止和平演变的思想武器。我们应当拿起这个武器同一切否定中国革命，否定共产党的领导，否定马克思列宁主义，宣扬资产阶级和其他剥削阶级腐朽思想的思潮，进行正确而有实效的斗争。

《毛选》一至四卷是进行社会主义精神文明建设的教材。我们应当用它向全党和全国人民特别是青年进行国情教育、革命传统教育、共产党的优良作风教育、社会主义共产主义的思想品德教育、爱国主义教育以及民族气节教育，等等。

毛泽东思想要在实践中不断发展。毛泽东本人的思想在建国以后就有许多新的发展。毛泽东是一位具有这种品格的革命家，他永远不满足于自己已经创造的理论和业绩，而不知疲倦地去追求新的东西，认识新的世界，进行新的探索，创造新的理论。固然在探索过程中出现过曲折，犯过错误，包括发动"文化大革命"那样严重的错误，但这毕竟是一位伟大的无产阶级革命家所犯的错误。毛泽东在社会主义时期给我们留下了一些科学著作和宝贵的精神财富，其中一些思想观点仍然是我们党在今天制定对内对外政策的指针。对毛泽东社会主义时期的科学著作也应当认真地学习和运用。

党的十一届三中全会以后，我国进入新的历史时期，面临许多新情况和新问题，也积累了许多新经验，需要在马克思主义指导下，进行分析、解决和概括，形成新的理论。以邓小平同志为核心的党中央第二代领导集体，继承和发展毛泽东思想，提出新的理论，这就是建设有中国特色的社会主义理论。这个理论正在不断地发展和完善。目前，全党在以江泽民同志为核心的党中央第三代领导集体的带领下，正在向一个新的宏伟目标奋进，毛泽东思想必将继续发挥伟大的指导作用。

《毛泽东选集》第二版与第一版的出版时间相隔三四十年。这中间中国发生了巨大变化，我们党又积累了许多新经验，包括犯错误的经验。读过《毛选》的同志有重新学习的必要，学习以后，会有新的理解、新的体会、新的收获。没有读过《毛选》的青年同志，只要认真地读，一定会发现新天地。

当前，国际风云变幻，我国正处在社会主义现代化建设的关键时刻，在这个时候出版《毛泽东选集》一至四卷第二版，具有特别重要的意义。

加强与深化对毛泽东和毛泽东思想的研究[*]

一

这次毛泽东研究述评讨论会，是一次带有调查研究性质的学术工作会议。希望通过这次会议，尽可能全面地分析一下国内外（主要是国内）对毛泽东和毛泽东思想研究的历史和现状，特别是党的十一届三中全会以来的研究情况。这次讨论会不仅对毛泽东、毛泽东思想进行研究，而且对毛泽东、毛泽东思想研究的状况和存在的问题进行述评和讨论；不只是对毛泽东思想的某个方面进行研究和对研究的状况进行评述，而且涉及毛泽东思想及其研究的各个方面，其中也包括毛泽东的生平和实践活动。像这样广泛地综述和评论毛泽东思想的研究情况，过去还不曾有过，这是第一次。

---

[*] 这是作者在中央文献研究室召开的毛泽东研究述评学术讨论会开幕式上的讲话的第一、二部分，发表在《党的文献》1992年第2期。

十一届三中全会以来，对毛泽东和毛泽东思想的研究工作有很大进展，论著很多，成绩显著。对这样大量的专著和文章，每个同志不可能都去阅读和了解，这就需要由一些专家分别就各个方面的问题进行梳理、分析和总结，进行交流和讨论，以推动毛泽东和毛泽东思想的研究。通过这次会议，我们可以大体上了解一下：毛泽东和毛泽东思想研究现在已经拓展到哪些方面，达到了怎样的水平，取得了一些什么重要的研究成果，在哪些方面有突破性的进展；还有哪些方面或哪些问题需要着重研究，有什么新的问题需要进一步探讨；在研究工作中主要有些什么不同的看法，存在什么问题和不足，有哪些薄弱环节需要加强，等等。还希望大家在这个会上提出如何进一步加强毛泽东和毛泽东思想研究的具体意见和建议。总之，通过这次讨论会，弄清情况，总结经验，发扬成绩，克服不足，可以比较切合实际地提出毛泽东思想研究今后的努力方向和研究重点。这不仅是为1993年纪念毛泽东一百周年诞辰的研讨会作准备，而且将进一步推动和深化毛泽东、毛泽东思想的研究，使它达到一个新的高度。

二

下面对毛泽东和毛泽东思想研究中的问题，发表几点个人的意见。

第一，要坚持以马克思主义的立场、观点和方法研究毛泽东和毛泽东思想。毛泽东思想是我们党的指导思想，是建设有中国特色的社会主义必须坚持的基本原则之一。毛泽东是我们党和国家的主要缔造者，不是一般的历史人物。对毛泽东和毛泽东思想的研究，是一项政治性很强的任务。研究者必须抱着对党对人民高度负责的精神，抱着高度的社会责任感，采取十分严肃的科学的态度。任何一门社会科学，都要用马克思主义的立场、观点、方法去研究，对毛泽东和毛泽东思想的研究，更应当如此。我们应当坚持用辩证唯物主义和历史唯物主义的观点研究毛泽东和毛泽东思想。我们党在民主革命时期和社会主义时期先后所作的两个历史决议，集中了全党的智慧，在这方面给我们提供了学习的榜样。研究毛泽东和毛泽东思想，应当以两个历史决议的基本精神为指针。我们可以而且也应该根据历史的发展，根据现实生活中提出的一些新问题，对历史决议的基本论断加以具体化，加以补充、丰富和发展。但是基本观点还是应该以两个历史决议为准绳。

在毛泽东和毛泽东思想的研究中，有一个比较困难的问题，就是关于毛泽东50年代末以后的思想和实践的研究，包括毛泽东晚年的错误的研究。《关于建国以来党的若干历史问题的决议》作出以后，这方面的研究有很大的进展，发表了大量文章和专著，取得的成绩是不可抹杀的。但同时，也出版和发表了一些不好的东西。还有极少数专著和文章对毛泽东和毛泽东思想进行歪曲、污蔑和诋毁，借毛泽东晚年所犯错误否定毛泽东的一生、否定整个毛泽东思想。对那些不科学的、不符合实际的观点，我们应当通过讨论加以澄清和纠正；对于那些恶意的攻击和诋毁，应当用充分的事实和科学的分析，消除它们的影响。毛泽东晚年所犯的错误是严重的，但毕竟是一位伟大的无产阶级革命家犯错误。就他的一生来说，这些错误同他对中国革命和中国人民所做的贡献相比较，毕竟是第二位的。在他晚年犯错误的时候，"还始终认为自己的理论和实践是马克思主义的，是为巩固无产阶级专政所必需的"，这当然也是毛泽东作为一位伟大无产阶级革命家的悲剧所在。我们在研究毛泽东的时候，要从总体上把握这些基本观点。毛泽东晚年主要的错误——发动"大跃进"和"文化大革命"，由于主观和客观不一致，自然包含着空想的成分，但不能由此得出结论说他是空想社会主义者，是乌托邦思想家。他犯错误，从认识上的原因来说是脱离实际、脱离群众、脱离集体。研究晚年毛泽东不能也不应该回避和掩饰他的错误，而是要对他的错误进行科学的分析，从中总结经验教训，作为一笔财富继承下来，使后来者避免重犯过去的错误，并且作为制定正确政策的鉴戒。

毛泽东从50年代末起，在指导思想上犯有"左"的错误，如果客观地全面地看问题，就不能简单地说50年代末以后毛泽东的思想都是错误的，需要作具体分析。在这一段时期，他的思想有正确的，也有错误的，还有正确与错误交织在一起的。分析和研究这一段毛泽东的思想是比较困难的,但又是现实所必需的。要用实践是检验真理的唯一标准的观点进行鉴别,把其中正确的、合理的、合乎科学的东西剖析出来,加以发扬,用以指导当前的工作;把错误的、不合理的、不科学的东西加以抛弃,作为鉴戒,避免重演过去的历史悲剧。

任何一种理论都要经受实践和历史的检验,毛泽东同志的思想和理论观点当然也不例外。有些思想和理论观点正确与否,不是一时一事所能检验清楚的,往往要经过长时间的甚至是反复的历史检验才能逐步确认。随着时间的推移,随着历史经验的不断积累,对毛泽东和毛泽东思想的认识必将不断地深化。任何一个研究者往往要受到他所处的时代的局限。把毛泽东和毛泽东思想放在更宽广的空间和更长久的时间里去研究,我们就会对一些问题看得更清楚一些;真理性的东西会放出更加耀眼的光芒;被忽略了的一些宝贵的思想财富可以重新发现;对他的错误可以理解得更客观、更准确、更深刻。这样,我们就能不断拓展新的研究内容,提出一些新的见解。

第二,研究毛泽东思想应当面对现实,为建设有中国特色的社会主义服务。研究毛泽东思想不是为研究而研究,归根到底是为了更好地指导我们前进。毛泽东曾提出,要"废除静止地孤立地研究马克思列宁主义的方法"[1]。他还说,要把哲学从

---

[1]《毛泽东选集》第3卷,人民出版社1991年第2版,第802页。

课堂里解放出来。这些意见和精神，对于我们研究毛泽东思想同样适用，应当照这样去做。毛泽东思想是一个科学体系，有普遍的指导意义。他在民主革命时期的科学著作中所阐述的许多原理原则，不仅适用于民主革命斗争，同样适用于建设有中国特色的社会主义。我们应当认真地研究和思考这样的问题：毛泽东思想在新的历史条件下如何运用和发展；应当怎样用毛泽东思想的立场和方法分析形势，决定政策和策略，解答和解决现实生活中提出的问题。我们所说的运用，绝非照搬，而是要紧密地结合今天的实际情况。我们也不是说毛泽东思想能够现成地解答和解决一切现实问题，那是不可能的。但他在民主革命时期和建国以后提出的许多思想原则、思想方法，在今天确实还用得着，而且是必须用的。要坚持毛泽东思想，还要发展毛泽东思想。毛泽东思想是在历史的进程中形成和达到成熟的，它还要在新的历史进程中继续发展。所以我特别提出，研究毛泽东思想必须同当前的现实紧密地结合起来。

第三，我们从事毛泽东思想研究的同志，还担负着一个宣传毛泽东思想的任务。我感到，报刊上宣传毛泽东思想的文章，特别是好的文章还不够多。在当前国际国内的形势下，更需要旗帜鲜明地坚持毛泽东思想，宣传毛泽东思想。研究和宣传是统一的，好的研究文章同时也就是好的宣传文章。但两者又不能完全等同起来。宣传毛泽东思想，更加要结合人们的思想实际，有针对性地解决人们的思想认识问题，提高人们的思想水平和工作水平。宣传工作建立在科学研究工作的基础上，缺乏科学研究的宣传是不会有说服力的。目前，我们对毛泽东思想的发生、发展和它的各个方面的丰富内容的研究还是不够的。要宣传好毛泽东思想，首先要科学地深入地研究好毛泽东思想。还要提倡好的文风，不论研究文章还是宣传文章都要注意这个问题。宣传文章，要有新见解、新观点，使用新鲜活泼的生动语言，这样才能收到好的社会效果。

近几年在国际共产主义运动处于低潮的时候，在我国却出现了"毛泽东热"，首先发生在青年学生中间，然后逐渐扩展到其他群众。总的说来这是一个好现象，一个可喜的现象。我们对这一现象应当作一些调查，进行分析，作出科学的说明，并且正确地引导它，提高它，不断扩大毛泽东思想的阵地。

在毛泽东生平和思想研讨会闭幕会上的讲话*

毛泽东生平和思想研讨会，经过五天紧张的工作，今天闭幕了。

这次会议开得好，大家踊跃发言，各抒己见，互相交流，切磋琢磨，都感到很有收获。组委会认为这次会议是开得成功的。

研讨会筹备工作一开始，中央就要求我们开成一个"有较高的学术理论水平"的会议。经过五天的会议，今天检验一下怎么样？我看，不论从论文的情况来看，还是从会议讨论的情况来看，可以说，中央提出的要求是达到了。

这次会议是对党的十一届三中全会以来毛泽东生平和思想研究成果的一次检阅和总结，是历次有关毛泽东和毛泽东思想讨论会中层次比较高、水平比较高、涉及的领域比较广、规模也比较大的一次学术界盛会。从总体上说，反映了我国毛泽东

---

* 这是作者 1993 年 12 月 30 日的讲话稿，发表在《党的文献》1994 年第 3 期。

研究领域所达到的水平。

这次会议之所以能够开得好，首先，是因为有中央的关怀和重视。这次研讨会是纪念毛泽东诞辰一百周年活动中由中央直接抓的四项活动之一。1991年12月中央政治局常委讨论毛泽东诞辰一百周年纪念活动时，专门研究了研讨会的问题，从会议名称到会议的范围、规模等，都是那次会上定下来的。今年年初，中央书记处又专门就毛泽东诞辰一百周年纪念活动问题包括研讨会问题进行讨论。随后，发出中央1993年第2号文件。12月26日，中央政治局常委胡锦涛同志和其他中央领导人出席了开幕式。有那么多党和国家领导人出席一个学术讨论会，恐怕是不多的。

这里要特别提到，江泽民同志在毛泽东诞辰一百周年纪念大会上发表的重要讲话，对我们开好这次会议的指导意义。总书记的讲话充分肯定毛泽东同志的伟大历史功绩，充分肯定邓小平同志正确评价毛泽东同志、维护毛泽东思想的历史地位和创立建设有中国特色社会主义理论的伟大功绩，在重大的理论问题上、认识问题上指明了方向。

其次，研讨会的指导思想是明确的，方针是正确的。这次整个纪念活动总的方针是中央确定的，就是：坚持和发展毛泽东思想，以邓小平建设有中国特色社会主义理论指导各项工作。遵照这个方针，研讨会组委会确定：以马克思列宁主义、毛泽东思想为指导，以两个历史决议为准绳，贯彻党的十四大精神，坚持理论联系实际的原则和百家争鸣的方针，努力开成一个高水平的研讨会，为进一步推动毛泽东和毛泽东思想的研究，进一步推动邓小平建设有中国特色社会主义理论的研究，产生积极的作用。我认为，我们实现了中央的总方针和组委会根据这一总方针提出的具体方针。

第三，由于各地方、各系统领导的重视。有许多省、市、自治区由主管负责同志亲自抓论文的评选工作，军队系统、高校系统、党校系统、社科院系统，以及中央一些研究部门，也都由分管的主要负责人抓这项工作。入选研讨会的一百一十三篇论文，就是在各地方、各系统层层评选的基础上，又经过由国内著名专家、学者组成的评选组评选出来的。这一百一十三篇论文是从四五千篇文章中评选出来的，论文的评选有着非常广泛的基础。

第四，准备工作做得比较充分。如果从1991年12月毛泽东研究述评讨论会算起，有两年时间。实际上不止两年，为准备述评会也用了一年时间，加起来共三年。这就为保证论文质量提供了充足的条件。

最后，也是最主要的，是论文作者的高度重视和付出了艰苦的劳动。许多同志把自己论文的入选，参加研讨会，看作自己一生中一件值得纪念的事情。这是百年一遇的事情嘛！应当说，对这次会议做出贡献的不仅仅是参加会议的一百多篇论文的作者，参加评选的四五千篇论文的作者都做出了贡献。

总之，这次研讨会开得好，开得成功，开出较高的水平，达到了预期的目的。这是我讲的第一点意见，对这次研讨会的评价。

第二点意见，要把毛泽东和毛泽东思想的研究提高到一个新水平。这方面的研究还要深化，还要提高，还要拓宽研究领域。

毛泽东这样一位伟大的历史人物，是大可研究的。有的论文提出，近代中国有三个为解放和振兴中华民族做出巨大贡献的最伟大的人物：孙中山、毛泽东、邓小平。我认为这是很有见地的，我是赞成的。也有的论文提出，中国几千年的历史，有两个划时代的大思想家：孔夫子和毛泽东。我认为这也是很有见地的，我也是赞成的。总之，无论从中国近代历史这个角度，还是从中国几千年历史这个角度来看，毛泽东都占有突出的地位。他是中西优秀文化的集大成者。他吸收了西方最先进最科学的思想——马克思列宁主义，又以马克思列宁主义的观点批判地吸收和继承了中国传统文化，并且在实践中不断作出新的理论概括。他的思想和实践影响了中国的历史进程，也影响了世界历史的进程。以他为领袖的中国共产党，领导中国人民结束了在中国延续几千年的剥削阶级统治的历史，开辟了新纪元。毛泽东思想培育了几代中国共产党人，他的影响深入到中国社会生活的各个方面以至世界许多地方。他是中国历史上的巨人，也是世界历史上的伟人。

孔夫子到现在已有二千四百多年,他的思想至今还深深地影响着我们的社会。对他的思想的研究,经久不衰,一直是学术界研究的热门课题。毛泽东这样一位伟大历史人物,他的思想也深深地并将长远地影响我们的社会,人们也将一代一代地研究下去。毛泽东给我们留下了一大笔精神财富,这是一个大宝库,需要不断地研究,不断地认识,并向深度和广度发展。不但研究他的思想,还要研究从他的革命实践中反映出来的革命精神、革命风格和革命风范。我们的研究天地是很大的,永无止境的。十一届三中全会以来,已经陆续公布了一些材料,特别是这次纪念毛泽东诞辰一百周年期间出版和公布了大量毛泽东的著作和有关毛泽东的材料(包括回忆材料)。这为进一步研究毛泽东,把这一研究提高到新水平,从材料方面提供了重要条件。这样的条件,在过去,特别是十一届三中全会以前是不可能有的。

这是一方面的情况。另一方面,十一届三中全会重新确立了解放思想、实事求是的思想路线,为我们科学地深入研究毛泽东和毛泽东思想提供了思想上的保证。改革开放和现代化建设事业在发展,新情况不断出现,新经验不断积累,我们的眼界开阔了,我们的思想进入了新的境界。对毛泽东和毛泽东思想用新的眼光、新的视角去研究,必定会有新的体会、新的见解、新的发现,作出新的成果。这就是所谓常研常新。比如,在过了三十多年之后,再来看《论十大关系》《关于正确处理人民内部矛盾的问题》等著作，对它们的科学价值和历史意义的认识比当年要深刻得多了。其中所包含的科学价值和闪光的思想，是经得起历史检验的。经过一段曲折的历程，更加显示出这些科学著作的可贵，显示出毛泽东对探索适合中国情况的建设社会主义道路所做的重大贡献。

许多同志提出，对毛泽东的思想、理论，应当同他的实践活动，同他当时所处的环境，同中国的国情和历史，结合起来研究。这个意见是很对的，这次入选的一些论文中也反映了这个特点。如果仅就毛泽东的思想去研究，容易变成抽象的研究，抽象的逻辑演绎，许多问题也研究不清楚，也就不懂得毛泽东提出的思想、理论、政策、策略的依据，不懂得他是针对什么情况，为了解决什么问题而提出的，也就不能更好地理解毛泽东提出的思想、理论、政策、策略的意义，更好地体会毛泽东的伟大之处，比别人的高明之处。

例如，研究毛泽东提出的关于中国革命的性质、对象、动力等一系列理论问题，研究毛泽东提出的土地政策问题，就要同他的调查研究的实践活动联系起来。又例如，解放战争中一些重大决策的变化，仅就毛泽东的著作、电报是研究不清楚的。必须把当时的来往电报和背景情况搞清楚，才能理解。毛泽东曾说：战略决战阶段最变化多端，领导者要有很高的应变能力。了解了三大战役的全过程，才能理解毛泽东这个话的含义。比如，关于过渡时期总路线，不仅当时，而且好长一段时间不懂得毛泽东为什么突然提出。那时周恩来刚从苏联访问回来，有人就怀疑是不是斯大林有什么"指示"，查来查去没有根据。这个问题还是要回到中国，从当时我国政治经济发展的必然趋势中去寻找答案，我看根本的原因在这里。再比如，在农业合作化步骤上，毛泽东原来是同意邓子恢的意见的，怎么突然改变了？这就要研究他的活动情况。他当时到地方视察，有的省的同志强烈要求加快发展合作化，受这个影响，很快改变了主意。还有1961年的大兴调查研究之风，毛泽东为什么下那么大的决心？为什么不提前到1960年？也要看当时的历史背景。1960年上半年，一直到夏天的北戴河会议期间，毛泽东和党中央的主要精力用于对付苏联。后来农村饿死人的事反映到毛泽东那里，这时经济困难已达到十分严重的地步。到10月，他下决心解决农村问题。这时他的头脑比较冷静，对于揭露工作中的缺点和错误的意见，包括像不赞成办公共食堂这类意见（他过去一直是坚持办公共食堂的），都能听得进去。所以，他那一次倡导的调查研究是很有成效的。1962年召开七千人大会，毛泽东讲话，强调认识客观规律的重要意义，指出："在社会主义建设上，我们还有很大的盲目性。社会主义经济，对于我们来说，还有许多未被认识的必然王国。""我们对于客观世界的认识，要有一个过程。先是不认识或者不完全认识，经过反复的实践，在实践里面得到成绩，有了胜利，又翻过斤斗，碰了钉子，有了成功和失败的比较，然后才有可能逐步地发展成为完全的认识或者比较完全的认识。"[1]我想，这个话在 1958 年是说不出来的，也不会说。这是碰了钉子、摔了斤斗得到的经验。上面举了几个简单的例子，说明要深入地研究毛泽东和毛泽东思想，必须在占有大量材料的基础上，联系他的实践活动和背景材料，这样才能说明他的思想是怎样产生的，怎样发展变化的，他的正确思想是从哪里来的，他的错误思想又是怎样产生的，等等。

近年来，理论界对毛泽东社会主义时期的思想和实践，特别是他对中国式的社会主义道路的探索，进行了很多研究，出了不少成果。我想，在继续深化和提高对毛泽东新民主主义时期的思想的研究的同时，恐怕要更加重视和继续加强社会主义时期的研究。这次研讨会有不少这方面的论文。特别是薄老和胡绳同志的报告，对我们进行这方面的研究起到推动的作用，大家都深受启发。他们的报告以及研讨会上的许多论文，都肯定了毛泽东在这方面的重要贡献和许多极有价值的思想。有人认为毛泽东在社会主义时期的思想，特别是他对社会主义道路的探索，没有值得肯定的东西，没有值得继承的东西，我认为这种意见是不对的，是不客观的。江泽民同志在纪念大会上指出："毛泽东同志最伟大的历史功绩，是把马克思列宁主义基本原理同中国具体实际结合起来，领导我们党和人民，找到了

---

[1]《毛泽东文集》第 8 卷，人民出版社 1999 年版，第 302、306 页。

一条新民主主义革命的正确道路，完成反帝反封建的任务，结束了中国半殖民地半封建的历史，建立了中华人民共和国，确立了社会主义制度。接着，他又从中国实际出发，开始探索社会主义的道路。"可见总书记的报告不但没有否定毛泽东对社会主义道路的探索，而且把"开始探索"作为他的功绩肯定下来。探索适合中国情况的建设社会主义道路，是一个前无古人的事业，非常艰巨复杂。研究毛泽东这方面的思想，首先要看他在当时的历史条件下做了些什么（他不能不受历史条件和实践经验的限制）？看他比起他的前人提供了什么新的东西？前进了多少？然后再看他的局限在哪里？他在探索过程中的失误是什么？是在哪些关键的地方失足的？我赞成用具体分析的方法来研究毛泽东社会主义时期的思想，既不是肯定一切，也不是否定一切。毛泽东从1957年下半年以后，在指导思想上出现"左"的错误，但并不等于说从1957年下半年到1966年"文革"前，他的思想都是错的。要有分析。对这段时期的研究是特别困难的，意见分歧也比较多。这次薄老和胡绳同志的报告作了很好的示范，并且具有方法论的意义。我们应当把这段时间毛泽东一切好的思想、理论观点包括他虽然提出但是没有做的都作为财富继承下来，指导我们今后的工作，或者作为今后工作的借鉴。

这里有一个问题，即对毛泽东提出的一些好的思想包括所谓"思想火花"，如"消灭了资本主义还可以再搞资本主义"，

"地下工厂合法化，变地上工厂"，社会主义分阶段的说法，等等。怎么看？是不是心血来潮，随意说说而已？我认为不能这么简单地看。这反映了我国1956年实现公有化以后，毛泽东已经开始发觉有问题。他当时就讲，我们的国营企业做衣服，一个袖子长一个袖子短，这怎么行？东来顺的涮羊肉不好吃了，还有什么社会主义优越性？他说，要设立对立面，用私营企业跟国营企业来竞争。陈云同志早在党的八大的时候就提出，要允许一定数量的个体经营存在，允许一定范围内的自由市场存在。这些思想，反映了党的第一代领导人对于如何解决在新的历史条件下出现的新问题的一些思考。后来为什么没有实现呢？这是因为从1957年下半年起，党的指导思想实际上出现了两个发展趋向，一个正确的发展趋向，一个错误的发展趋向，最后那个错误的趋向掩盖了、压倒了正确的趋向，包括一些正确的意见、思想、政策等。但是，在1956年社会主义改造刚刚基本完成的时候，就提出这些意见，也是难能可贵的。

对待毛泽东晚年的错误，特别是发动"文化大革命"的严重错误，也要采取历史唯物主义的态度，采取毛泽东关于总结党的历史经验的方法，这就是："不应着重于一些个别同志的责任方面，而应着重于当时环境的分析，当时错误的内容，当时错误的社会根源、历史根源和思想根源。"[1]我们党和邓小平同志对毛主席晚年错误,对"文化大革命"的经验教训的总结,就是遵照毛泽东的这个方针。邓小平同志1988年9月5日同捷总统胡萨克谈话时就曾这样说:"每个党、每个国家都有自己的历史,只有采取客观的实事求是的态度来分析和总结,才有好处。""总结历史,不要着眼于个人功过,而是为了开辟未来。过去的成功是我们的财富,过去的错误也是我们的财富。我们根本否定'文化大革命',但应该说'文化大革命'也有一'功',它提供了反面教训。没有'文化大革命'的教训,就不可能制定十一届三中全会以来的思想、政治、组织路线和一系列政策。"[2]邓小平同志对于党的历史上的问题是采取积极的态度,向前看的态度,不是着眼于追究个人的功过,而是为了开辟未来。邓小平同志和毛泽东同志的说法是一致的。对毛泽东同志的晚年错误,对"文化大革命",要从根本上否定,但也还要把它们同毛泽东1966年至1976年十年间全部的思想、实践活动加以区分开来,这十年间,毛泽东还有一些正确的东西,如《关于建国以来党的若干历史问题的决议》中提到的那些。

　　毛泽东、邓小平同志的有关论述给我们如何研究"文化大

---

[1]《毛泽东选集》第3卷,人民出版社1991年第2版,第938页。
[2]《邓小平文选》第3卷,人民出版社1993年版,第272页。

革命",研究毛泽东晚年错误,提供了正确的态度、科学的方法和根本立足点。

纪念毛泽东一百周年诞辰,全国兴起一个研究毛泽东和毛泽东思想的高潮,我们就是在这个高潮中间开的研讨会。我想,要利用这个机遇,把对毛泽东和毛泽东思想的研究继续推向前进。毛泽东一百周年纪念活动高潮过去,绝不意味着研究工作进入低潮,相反,应把包括研讨会在内的这次纪念活动看作一个新的起点,把研究工作引向深入。今年出版了那么多毛泽东的文献集,公布和发掘了大量有关毛泽东的新材料,消化这些材料需要一个过程,消化的成果,肯定不是在今天,可能要在半年、一年之后陆续反映出来。我们应当向着更高的目标、更高的水平前进,向着更宽的领域开拓。现在有许多研究领域还比较薄弱,比如关于毛泽东伦理思想、人口理论等方面的研究,都还比较薄弱,应当努力发掘和开展。

作为毛泽东的研究工作者,除了研究的任务,还有一个学习的任务。要从毛泽东的科学著作中,汲取智慧和力量,那真正是取之不尽,用之不竭,常学常新。不但要学习毛泽东思想,运用毛泽东思想,还要学习毛泽东的革命精神、革命风范和优良的传统作风,为更好地建设有中国特色社会主义伟大事业服务。

第三点,谈谈对毛泽东思想的继承和发展,主要是讲邓小平建设有中国特色社会主义理论同毛泽东思想的关系问题。

建设有中国特色社会主义理论同毛泽东思想的关系是怎样的呢？可以用一句话来概括，就是继承和发展的关系。毛泽东思想是一个科学思想体系，对毛泽东思想不存在纠正的问题。但是，由于毛泽东晚年在指导思想上在一定范围偏离毛泽东思想而犯了错误，因此，对毛泽东思想的继承和发展，首先有一个纠正毛泽东晚年错误，恢复毛泽东思想的过程，然后在这个基础上坚持、继承和发展。这是历史的逻辑的统一。

建设有中国特色社会主义理论在哪些方面继承和发展了毛泽东思想？在我提交研讨会的论文中，分了三个层次。

第一个层次，即世界观和方法论这个层次。这就是：实事求是的思想路线；一切为了人民群众、尊重群众首创精神的群众路线；坚持独立自主，走自己的道路的指导思想。

讲到实事求是，有一个对实事求是与解放思想的关系如何理解的问题。同志们对这个问题进行了讨论，提出许多好的想法，我赞成。应当指出，两者是一致的。实事求是就包含着解放思想，都是为了实现主观与客观相符合。邓小平同志坚定地、始终如一地坚持实事求是的思想原则，把解放思想和实事求是统一起来，但他强调从解放思想中去实现实事求是。邓小平同志1978年12月在中央工作会议上提出"解放思想，实事求是，团结一致向前看"，党的十四大把"解放思想，实事求是"作为建设有中国特色社会主义理论的精髓，都表明了这一点。为什么这样提？这是由特定的历史条件决定的，有其历史背景，有其面对的现实情况。粉碎"四人帮"以后，我们碰到的问题有两个：一个是"两个凡是"，一个是改革开放。解决这两个问题，首先都要解放思想，特别是在改革开放过程中，有种种阻力，不首先解放思想就谈不到实事求是。

群众路线包括两方面的内容，一个是为人民服务的宗旨，一个是从群众中来到群众中去的工作路线。这两个方面都在邓小平同志的理论中有鲜明的表现。毛泽东同志提出为人民服务的根本宗旨，邓小平同志继承下来了。他把"人民拥护不拥护""人民赞成不赞成""人民高兴不高兴""人民答应不答应"作为衡量我们工作的标准。去年十四大报告稿送邓小平同志审阅的时候，他说："改革开放中许许多多的东西，都是由群众在实践中提出来的。报告中讲我的功绩，一定要放在集体领导范围内，绝不是一个人的脑筋就可以钻出什么新东西来，是群众的智慧，集体的智慧。我的功劳是把这些新事物概括起来，加以提倡。"他经常讲，乡镇企业的兴起，是"我们完全没有预料到的最大的收获"，是农民群众的功劳。总之，善于尊重群众的首创精神，一心一意为人民服务，这是毛泽东的，也是邓小平的一贯态度和风范。

独立自主，含义很广泛，我想最重要的是把它同走自己的道路联系起来。在独立自主这个问题上，最有特色的，就是不抄袭别人，走自己的道路。

一个实事求是，一个群众路线，一个独立自主——这是毛泽东思想的活的灵魂，也是建设有中国特色社会主义理论的活的灵魂。这三者贯穿和渗透在邓小平同志的全部理论之中，也是邓小平同志能够找到一条成功之路的根本原因。这是建设有中国特色社会主义理论在最基本的方面和最高的层次上对毛泽东思想的继承和发展。

第二个层次，就是在建设有中国特色社会主义的一系列基本问题方面，邓小平对毛泽东思想的继承和发展。我的论文里列出六条，包括：关于社会主义的发展阶段，关于社会主义社会的主要矛盾和根本任务，关于社会主义建设的发展战略目标，关于社会主义的发展动力，关于中国与外部世界的关系，关于四项基本原则。

第三个层次，是属于政策方面的，比如，统一战线政策，党的建设，国防和军队建设，民族、宗教政策，文化政策，外交政策，等等，都有继承和发展。

以上分析是个人的看法，这样的划分是否确切可以讨论，算是一家之言吧。总之我是想说明，邓小平同志的理论对毛泽东思想是一个多层次多方面的继承和发展。

这个继承和发展又大致有以下几种情况。

（一）是完全继承或者原则上继承而赋予了新的时代内容的，如"活的灵魂"的三个方面，四项基本原则。

（二）是毛泽东同志提出了一些重要思想，但缺乏具体实施步骤，或者由于条件不具备而没有做到的，邓小平同志在新的历史条件下，加以完善、系统化，形成新概念，并逐步付诸实践，如四个现代化的战略目标、"一国两制"。

（三）是毛泽东同志提出的有重要价值但没有展开论述的思想，在邓小平同志那里形成了系统的理论，如关于社会主义初级阶段理论。

（四）是毛泽东同志提出了正确的理论而后来又偏离了这个理论走到错误的方面，邓小平同志纠正他的错误，恢复了正确的理论，并进一步发展了这个理论，如关于社会主义社会的主要矛盾和主要任务问题。

（五）是由于国际条件的变化，改变了过去的认识，提出新的看法，作出新的判断，如战争与和平问题，改变"一条线"的国际战略。

（六）是崭新的东西，主要是关于改革开放的一系列新理论、新政策，特别是关于社会主义市场经济理论。这是全新的东西，是邓小平同志的新贡献。这些内容，不仅对毛泽东思想来说是崭新的，对马克思主义科学社会主义来说，也是崭新的。

总之，建设有中国特色社会主义理论，对毛泽东思想有继承，有发展，有创新。它继承和汲取了毛泽东思想的全部精华和我们党的一切优良传统，又在新的历史条件下，加以发展，并且增添了许多崭新的东西。上面我描绘的那些状况，就是不同层次、不同方面、不同情况的继承和发展。随着实践的积累和时间的推移，会越来越多地表现为发展和创新。这个发展和创新是什么性质？是什么样的发展？讨论中许多同志谈到，不是一般的发展，我很赞成。建设有中国特色社会主义理论把毛泽东思想发展到一个新阶段。这个"新阶段"问题，我在去年党的十四大后不久，在中共党史学会的一次讨论会上就提出来。经过一年多反复思考，认为站得住，根据如下：第一，党的十三大提出两个飞跃，第二个飞跃就是实现马克思主义和中国实践第二次结合，产生中国特色社会主义理论。第二，党的十四大提出两次革命。第三，党的十四大提出，建设有中国特色社会主义理论是马克思列宁主义基本原理与当代中国实际和时代特征相结合的产物，是当代的马克思主义。第四，党的七大确立毛泽东思想为我们党的指导思想，党的十四大提出以邓小平建设有中国特色社会主义理论武装全党，指导我们的各项工作。第五，江泽民同志在纪念大会上的讲话指出：在我们党的旗帜上，写着马克思列宁主义、毛泽东思想、邓小平建设有中国特色社会主义理论。第六，党的十一届三中全会以后，按照邓小平同志的说法，我们所干的事业是全新的事业，全新的事业就要产生新的理论，以新的理论来指导全新的事业。第七，这个理论，用邓小平的名字来命名。这七条，都是以党的文献的提法为根据，当然，更重要的在于它自身的内容，在于它对毛泽东思想增添的新内容。

毛泽东思想和建设有中国特色社会主义理论都属于一个思

想体系，这就是马克思列宁主义与中国实际相结合。从毛泽东到邓小平，从第一次革命到第二次革命，是贯通的，连续的，但又带有明显的阶段性。毛泽东思想的基本原理是永存的，随着时间的推移，会越来越显示出它的生命力。我们都有这样的感受：对毛泽东思想、对毛泽东同志的科学著作学习和掌握得越好，对建设有中国特色社会主义理论就会认识和理解得越深刻。同样，对建设有中国特色社会主义理论、邓小平同志的著作学习和掌握得越好，就会对毛泽东思想理解得更深刻。我很不赞成把毛泽东和邓小平说成是矛盾的关系，不能这样提，政治上不利，没有什么意义，反而引起思想混乱。毛泽东同志是我们党的第一代领导集体的核心，以邓小平同志为核心的第二代领导集体，继承了第一代领导集体开创的伟大事业。他们的目标是一个，就是要把中国建设成一个富强的民主的文明的社会主义现代化强国。毛泽东为了这个目标，进行了探索，其中有曲折；邓小平借鉴和总结了毛泽东正面的反面的经验教训以后，继续探索，找到了正确道路。邓小平同志讲，毛泽东思想培养了我们一代共产党人，包括他自己在内。刚才我讲的那么多继承和发展，不单是个人之间的继承和发展，是我们党的事业的继承和发展，是中国共产主义运动的发展历史呀！所以，讲什么"毛邓就是矛盾"，这是很不对的。如果说有矛盾的话，那就是毛泽东思想同毛泽东晚年错误的矛盾，是邓小平的理论同毛泽东晚年错误的矛盾，也就是说，是毛泽东思想、邓小平建设有中国特色社会主义理论同毛泽东晚年错误的矛盾或对立。以阶级斗争为纲,"无产阶级专政下继续革命","左"的指导思想,既违背了毛泽东思想科学体系,又同邓小平建设有中国特色社会主义理论根本对立。

这里我还想讲一个提法问题。讨论中有同志提出分传统的社会主义、现代的社会主义。我个人觉得,不这样提好。我在自己的论文中用的是"传统的社会主义模式"这个概念,主要是指高度集中的计划经济体制。我们的改革,是改变体制,而不是改变社会主义基本制度。改变旧的经济体制,完善社会主义的基本制度,这是一个问题的两个方面。把束缚生产力的旧体制改革得越彻底,社会主义制度就越有生机和活力,就越完善,越巩固。这是一个辩证关系。

还有的同志在讨论中提出建设有中国特色社会主义理论是不是已经完全完善了、不需要发展了的问题。我认为,任何理论都有一个发展过程。马克思主义没有穷尽真理,毛泽东思想是这样,邓小平的理论也是这样,都要有发展。邓小平建设有中国特色社会主义理论,在对社会主义建设规律的认识上,并没有穷尽真理,而是开辟了认识真理的道路。邓小平同志讲,改革这套东西,"恐怕再有三十年的时间,我们才会在各方面形成一整套更加成熟、更加定型的制度"[1]。就建立一个新的社

---

[1]《邓小平文选》第3卷,人民出版社1993年版,第372页。

会主义的经济体制来说，我们的实践才只有十几年的历史，而理论不是先验的，是在实践中总结和形成的。理论要随着实践的发展而发展，还要继续完善，因为还要继续探索。就拿市场经济来说，还有好多的问题没有解决，例如社会主义公有制怎样和市场经济结合？还有一手硬一手软的问题，市场经济条件下怎样加强社会主义精神文明建设的问题。总之，还有好多好多问题和课题，需要我们在实践中去解决，并从理论上加以说明。

邓小平同志的理论指导我们前进，出现了伟大的奇迹，这个理论还要随着实践的发展而发展。——这就是我在这次研讨会闭幕会上最后要讲的一句话。

现在，让我代表毛泽东生平和思想研讨会的组委会，向一切为这次会议的顺利召开付出了辛勤劳动和给予了大力支持的单位和同志们表示衷心的感谢！

关于毛泽东研究的几个问题[*]

如何评价中国20世纪的两场革命

访问人：江泽民同志1993年11月出访美洲国家时，多次向各国领导人讲到这样一个观点：我们为下一个世纪做点什么。关于世纪问题，将是今后一个时期人们谈论的热点，看待这个问题固然要展望未来，但历史的进程是连续的，也就是说，新世纪总是从前一个世纪而来，正是前人的不屈不挠的奋斗，给开辟未来打下了基础。中国的20世纪，至少有两件大事是和毛泽东联系在一起，一个是创建新中国，一个是在世界人口最多的国家建立起了社会主义的基本制度。您如何评价在毛泽东领导下完成的这两件大事？

逄先知：创建新中国、建立社会主义基本制度这两件大事，

---

[*] 这是作者接受采访的一篇谈话记录整理稿，收入《说不尽的毛泽东》（下），辽宁人民出版社、中央文献出版社1995年版。

分别是两种不同性质革命的结果：新民主主义革命和社会主义革命。由于这两种革命紧密相连，相隔时间很短，我们也可以把它们看作一次革命，江泽民同志在党的十四大的报告，实际上就是这样说的。这次革命的意义，我把它概括为三个结束，一个奠定。这就是：结束了一百多年来中国人受屈辱、受压迫、受剥削的历史，结束了旧中国四分五裂、贫困落后、民不聊生的黑暗历史，如果更长远地看，则是结束了几千年的剥削制度，开辟了中国的新纪元。一个奠定，就是为建设有中国特色的社会主义，为建设富强民主文明的现代化国家奠定了基础。

占世界人口五分之一的中国人站起来了，是一件影响世界历史进程的大事，使世界力量对比起了很大变化。

访问人：那么，中国的第二次革命是指的什么？

逢先知：从党的十一届三中全会以后开始的以改革开放为鲜明特点的建设有中国特色的社会主义，就是第二次革命。关于两次革命，十四大报告是这样说的："以毛泽东同志为核心的第一代中央领导集体，领导全党和全国各族人民，经过长期奋斗，夺取了新民主主义革命的胜利，进而建立起社会主义基本制度，解放和发展了生产力，把一百多年来受尽外国侵略欺凌的半殖民地半封建的旧中国，变成了独立的人民当家做主的社会主义新中国。""以邓小平同志为核心的第二代中央领导集体，领导全党和全国各族人民开始的又一次伟大革命，是要进一步解放和发展生产力,经过长期奋斗,把中国由不发达的社会主义国家变成富强民主文明的社会主义现代化国家,使社会主义优越性在中国充分体现出来。"[1]

两次革命代表了不同的时代,完成不同时代的任务。第一次革命,使中国变成一个独立、自由、统一的社会主义新中国,并对怎样建设社会主义进行过艰苦的探索。这个探索取得了一些成果,也发生过失误甚至严重错误。不论是积极的成果,还是严重的错误,都为第二次革命作了准备。邓小平在这个基础上继续探索。他根据新时期的新情况,结合新的国际条件,指导第二次革命,成功地实现了第二次飞跃。毛泽东的探索虽然有很多失误,受到一些挫折,原因也是多方面的,但在探索中提出的许多有价值的、富有远见的思想以及这种探索精神的自身,随着时间的推移,会越来越显得可贵。为什么一批社会主义国家包括第一个社会主义国家苏联变质了、演变了、解体了,而社会主义中国却屹立于世界东方,岿然不动?就是因为我们党不论是第一次革命还是第二次革命,都是独立自主地走自己的路,没有亦步亦趋地跟着苏联走,并且有自己正确的理论作指导,这是我们成功的重要条件和保证。

访问人:这两次革命,是不是有一个贯通在一起的东西呢?

---

[1]《十四大以来重要文献选编》(上),人民出版社1996年版,第3页。

逄先知：这就是我们党一贯坚持的把马列主义原理同中国的具体实践相结合。两次革命的成功都充分证明了，不论是革命还是建设，都必须坚持以马列主义原理作指导，结合中国的具体情况，制定自己的方针和政策，并形成新的理论。就是说，它是马列主义的，又是中国特色的。新民主主义革命是中国特色的，社会主义改造也是中国特色的，今天的改革开放更是具有中国特色。如果说有贯通的东西，我认为就在这里。

成功的秘诀

访问人：毛泽东的一生，无疑是伟大的，既有辉煌的成功，也有他晚年遗憾的失误。在您看来，他成功的秘诀是什么？他失误的原因又在哪里？

逄先知：这个问题很大，也很重要。先谈他的成功，如果一般地讲，可以举出很多条，但最主要的是什么？就不能泛泛地罗列了。我认为有这么几条：

第一，是他能坚持一切从中国的实际出发。这是比较陈独秀、瞿秋白、李立三等人的领导而显出的最突出的特点。应当说，这几位早期领导人都曾是中国共产党的优秀分子。陈独秀在新文化运动中就出了名，是中国共产党的主要创建人和领导人之一，瞿秋白、李立三也是优秀的。他们为什么不能领导中国革命取得成功？除了其他原因，主要是他们不能从中国的实际出发，不是囿于一般经验，就是从本本出发。王明更是如此。你们知道党的历史，在党的二大上就确定了反帝反封建的革命纲领，还提出了革命分两步走。但确定了革命目标，并不等于就找到了革命道路。提出并解决中国革命道路问题是毛泽东完成的。他从青年时代起，就注意了解和研究中国社会，他思考问题的角度总是立足于中国，特别是当他获得了马克思主义的方法论之后，更使他的这种个性特质发生了一个飞跃，这就是扎根中国实际，靠调查研究，了解中国社会，了解中国国情。

访问人：对毛泽东来说，他作调查研究比他接受马列主义还要早。

逄先知：如果论读马列著作，好多人都比他读得早、读得多，李大钊、陈独秀是最早的一批，瞿秋白、恽代英、邓中夏读马列的书、翻译马列的书也比较早、比较多。但论对中国社会、中国国情的了解，毛泽东是优于他们的。早在长沙求学时期他就利用暑期出去游学，通过和各阶层的人民交谈，了解中国的社会，这一条他比谁都早。可以说，是他开了中国共产党调查研究事业之先河，开创了中国共产党调查研究的一代新风。我记得60年代初有一位外国共产党领导人来访，当时《毛泽东选集》第四卷刚刚出版，他问《毛选》第四卷有些什么内容，毛泽东回答：就是一条，根据不同情况制定不同的政策。这就是从实际出发。这是毛泽东提出和倡导的一条正确的思想路线。王明、博古也有一条思想路线，是一条完全相反的思想路线。博古在党的七大发言作自我批评时曾说，他们遇到革命中的实际问题，不是先考虑实际情况如何，而是先考虑马恩列斯在什么地方怎么说的，或者在欧洲在俄国革命史上有过什么类似的情况，用过什么样的口号和策略，并且把它们原封不动地搬到中国来。博古的这个自我解剖是很有代表性的。从两条思想路线的比较中，可以看出毛泽东的高明之处。邓小平同志说：我"就是一条，相信毛主席讲的实事求是。过去我们打仗靠这个，现在搞建设、搞改革也靠这个"[1]。这个概括是非常深刻的。

第二，善于听取党内外各种意见，择善而从之，也就是毛泽东的民主作风。在毛泽东身上的确充分体现了民主作风，或者说大部分时间是民主的。最显著的表现是在解放战争时期。为什么只用了三年多一点的时间就打败了比我们的兵力强大得多的蒋介石，除了人心的向背等因素而外，毛泽东的正确领导是关键。而他的正确领导同他的民主作风是分不开的。毛泽东善于吸收正确的意见，更善于根据各种不同的意见作出正确的决断。他的很多正确决策，包括一些重大决策，是吸收了下面指挥员的意见。比如，1946年解放战争刚刚打响，那时粟裕带领的部队在苏中地区，毛泽东从保存我军的有生力量出发，

---

[1]《邓小平文选》第3卷，人民出版社1993年版，第382页。

指示他们打到外线,打到淮北去。接到这个指示,陈毅主张坚决执行,粟裕对于留在苏中内线作战和打到淮北外线作战的利弊得失,作了比较,主张继续留在苏中作战,来来回回的电报反映出不同意见的讨论。最后,毛泽东采纳了粟裕的意见,改变了他原来的主张,于是有了苏中战场的七战七捷。1948年初,为了调动中原敌军回防江南,便于我军各个歼灭江北之敌,毛泽东决定由粟裕率三个纵队渡江南下,打到京沪杭地区。粟裕提出不同意见,毛泽东和中央采纳了他的意见,仍留在中原作战。然后,华东野战军在中原野战军的配合下,打了豫东战役,后来又打了济南战役,为淮海战役的大决战创造了条件。打淮海战役,毛泽东也是吸收了刘伯承、邓小平、粟裕等人一些意见,由小到大,取得了基本消灭蒋军主力于江北的大胜利。这方面的例子是很多的。我们可以看到毛泽东在解放战争期间写的一些电报中,经常询问下面的情况,在作出重大决策之前,往往要征询下面的意见。

访问人:军事民主就是他概括和提出来的,这恐怕也是反映一个高明的军事统帅的基本素质,就像楚汉相争时的刘邦,他不仅能吸收下面人士的各种意见,而且能判断哪种意见对。那么,对错误的意见和主意,毛泽东是如何对待呢?

逄先知:对错误的意见,毛泽东主张也要听。你们都读过《党委会的工作方法》,那里面有一段话是这样说的:"下面干部的话,有正确的,也有不正确的,听了以后要加以分析。对正确的意见，必须听，并且照它做。……对下面来的错误意见也要听，根本不听是不对的；不过听了而不照它做，并且要给以批评。"[1]还有一点，值得特别提一下，就是毛泽东还善于从群众的不满言论中找出问题的实质，著名的例子，就是延安时期有雷击打死人的故事。当时一个农民发怨言，说"雷公为什么不打死毛泽东"。毛泽东没有怪罪这个农民，反而从这里发现了问题——农民的公粮负担过重，于是发动机关、部队搞生产，叫作"自己动手，丰衣足食"，减轻了农民的负担。邓小平同志非常称赞毛主席这一点，几十年后还用这个例子教育干部。

访问人：最近我们学习《邓选》第三卷，特别注意到小平同志的这段话，他是这样说的："对群众的议论，毛泽东同志是非常注意的。同志们总记得，在延安的时候，生产运动是怎么搞起来的。为什么提倡生产运动呢？原因之一就是当时征粮征多了，群众有怨言。我们好多共产党员听了心里非常不舒服。毛泽东同志看法不同，他说，讲得有道理，群众的呼声嘛！毛泽东同志就是伟大，就是同我们不同，他善于从群众这样的议论当中，发现问题，提出解决问题的方针和政策。"[2]

逄先知：讲得多好！成功的领袖必须有这一条，有这个气

---

[1]《毛泽东选集》第4卷，人民出版社1991年第2版，第1441、1442页。
[2]《邓小平文选》第2卷，人民出版社1994年版，第45—46页。

度，没有这一条就不会成为成功的领袖。

第三，是他善于团结人，包括团结那些反对过他而反对错了的人。中国共产党长期处在分散的农村游击战争的环境，形成了许多山头。要把各个山头的人都团结起来，形成一个坚如钢铁，团结一致的党，是很不容易的。毛泽东做到了，做得非常出色。之所以能够如此，除了靠他的正确的思想、理论、政策作为统一全党思想的基础而外，在处理党内关系方面，他提出并实行了一整套正确的原则和方法，如团结—批评—团结，对犯错误的同志实行惩前毖后，治病救人，既要弄清思想，又要团结同志等。经过延安整风，到党的七大，全党都紧密地团结在毛泽东的周围，真是像第一个历史决议所说的那样，"团结全党同志如同一个和睦的家庭一样，如同一块坚固的钢铁一样"。毛泽东不但善于团结党内的同志，也善于团结党外人士。作为共产党的领袖，善于团结一切可以团结的阶级、阶层和个人，而把最主要的敌人最大限度地孤立起来。毛泽东具有宽阔的胸怀和宏大的气度，这是他善于团结人，能够团结一切可以团结的力量的重要的个人气质。

第四，是他具有科学远见。"预则立，不预则废。"毛泽东比别人高明的一点就是，他每走一步棋，还要看到第二步棋、第三步棋，甚至看得更远。军事上如此，政治上更是如此。抗日战争快要胜利了，他就想到城市工作问题，为筹划下一步开辟的工作局面作准备，1945年1月，他在《必须学会做经济工作》一文中说:"我们要打击日本侵略者,并且还要准备攻入城市,收复失地。""将来从城市赶跑敌人,我们也会做新的经济工作了。"[1]

访问人:看来1944年8月他给博古的信不是偶然的,在那封信中,他提出了"新民主主义社会的基础是机器,不是手工"这个问题。

逄先知:绝不是偶然的。他还说:"现在的农村是暂时的根据地,不是也不能是整个中国民主社会的主要基础。由农业基础到工业基础,正是我们革命的任务。"[2]这些话讲得多好,多么富有远见,其理论价值也是很高的。1948年的九月会议,他就开始筹划新中国的蓝图,提出关于国家体制、政治制度、经济形态等问题。这是很不简单的,这时三大战役才刚刚开始。到七届二中全会进一步把建国纲领提出来了,还提出工作重心转移问题、经济政策问题以及干部作风问题等。所以我们在建国后的各项工作是从容不迫、有条不紊的,因为我们的建国纲领上都有了,从大政方针到具体政策,规定得很具体。这种科学的预见性,在毛泽东身上是很突出的。

访问人:你觉得,毛泽东的这个特点,是能学得来的吗?

逄先知:这里确有他个人的天分甚至说是天才的原因,但

---

[1]《毛泽东选集》第3卷,人民出版社1991年第2版,第1016、1020页。
[2]《毛泽东书信选集》,中央文献出版社2003年版,第215页。

也不能把这个问题绝对化，否则，就陷入历史唯心主义了。我认为，他之所以能够做到，主要与他的马克思主义的修养和掌握丰富的历史知识、革命经验有关。比如，提出防止骄傲自满、警惕"糖衣炮弹"，不当李自成，这是从中国历史中汲取的经验，他对各个朝代的兴衰成败的历史非常熟悉。当然对这些经验，别人或许也知道，也懂得它的对与错，但提出的时机和表达的方法会有大的不同，这又是他比常人高明的地方。"文化大革命"尽管根本错了，但他预见到社会主义国家会有和平演变，提出资本主义还有复辟的可能，这一点是很有历史眼光的。邓小平同志南方谈话，也曾讲到法国的历史，复辟反复辟，搞了几百年，新的制度才定下来。毛泽东的这个预见现在应验了，苏联解体了，东欧社会主义国家演变了，而他讲这些话的时候苏联还那么强大，社会主义制度看起来还比较巩固。他还是看到了历史的反复，预见到了这种反复。

访问人：对和平演变问题，毛泽东在晚年警惕性是非常高的。

逄先知：由中央审定胡绳主编的《中国共产党的七十年》，在讲到这个问题时指出："防止和平演变，这是一个重要的战略思想，有长远的指导意义。如何正确地和有效地防止和平演变，始终是在探索建设社会主义的道路中需要认真地和妥善地加以解决的问题。"我非常赞成这个论断。一个新的社会形态，在它还不完全巩固的时候，有可能出现反复，甚至变回去。如何防止和平演变，毛泽东进行了尝试，但最后没有找到正确的道路。他在"左"的指导思想下，又把国内形势估计得过于严重，结果走到"文革"中去了。党的十一届六中全会正确总结了这个教训，根本否定了"文化大革命"，同时又指出：他发动"文革"的动机"是为巩固无产阶级专政所必需"，这是"他的悲剧所在"。

第五，根据形势的发展，及时提出行动纲领和口号。一个政党，一个领袖，要取得成功，必须有正确的纲领和口号，不然就没有号召力，没有凝聚力，没有团结力。每到一个历史关头，毛泽东总能及时提出吸引全党奋斗的口号，如大革命刚刚失败，提出"枪杆子里面出政权"，后来又提出"工农武装割据""工农革命"。抗战一开始，就提出"持久战"，他论述的持久战的三个阶段，几乎像自然科学家进行计算一样准确，为鼓舞全国人民团结抗战起了重大作用。在同国民党反共顽固派进行斗争中，及时地提出"坚持抗战反对投降，坚持团结反对分裂，坚持进步反对倒退"，给人们指明了方向。抗战接近胜利的时候，提出"联合政府"的口号，具有很大的号召力，对于联合中间力量，孤立国民党主要当权派起了重要作用。解放战争时期，什么时候提"打倒蒋介石"也是一个非常策略的问题，提早了，人民特别是中间力量对蒋介石的真面目还不清楚，会脱离群众。到1947年10月才公开提出这个口号，时机抓得非常好，对于团结人民、动员人民起了很大的作用。

访问人：像"军队向前进，生产长一寸，加强纪律性，革命无不胜"这样的口号，不仅内容深刻、明确，而且形式也很好，至今还常常为人们所传诵。

逄先知：他使用的语言是喜闻乐见的民族形式，通俗易懂，朗朗上口，又很容易记。内容则概括得非常精辟、科学。

建国以后也是如此。在不同的时期，根据不同的任务，提出过许多很好很正确的口号和概念。我这里只举一个例子，是我亲身感受的。1961年毛泽东组织三个调查组，分别到浙江、湖南、广东作农村调查，我也参加了。毛泽东根据大家提供的大量调查材料，特别是广东调查提出的意见，在广州会议上概括出反对两个平均主义（即反对队与队之间、人与人之间分配上的平均主义），使人们的思路豁然开朗。在今天看来，似乎没有什么了不起，但是看问题不能离开当时当地的具体条件。毛泽东确有这个本领，一下子就能抓到问题的实质，打开人们的眼界。他的高度概括能力和善于抓住问题本质的洞察能力不能不使人钦佩。

访问人：前面我们在讨论他的科学预见性时，您谈到天分问题，他的这种高度概括能力和洞察能力，也不应仅仅看作天分。

逄先知：这就涉及我要说的第六点，毛泽东的刻苦勤奋精神。从青年时代起，一直到他的晚年，工作起来常常通宵达旦、废寝忘食，问题不解决总是放不下。刻苦的读书生活也伴随了他的一生。他不但勤于学习，更勤于思索。他常说"多想出智慧"。古语说:"学而不思则罔,思而不学则殆。"他是又学又思。他的刻苦精神一般人比不上。而且他还会读书,会用脑筋。读文件累了,就换本书读,当作休息。他说,从脑力劳动到体力活动是休息,从读这本书到读另一本书也是休息。他的概括能力、抽象能力,就是从勤于读书,特别是读哲学书,从勤于思考,锻炼出来的。所以不要简单地认为毛泽东就是天才,岂不知他的渊博学识和智慧是从刻苦勤奋中得来的。

访问人:就是说,他有天分,再加上后天的勤奋努力,包括在革命实践中的磨炼,才成就了毛泽东。

逢先知:应该这样看。凡是和他接触过的人都有体会,他的记忆力是惊人的。有一次,周恩来在延安干部大会上作报告,陈赓坐在边上,当周恩来讲到毛主席对马列主义的贡献时,陈赓插话问:"毛主席记忆力那么好的秘密是什么?"这时全场鸦雀无声,大家都想听周恩来的回答,停了停,周恩来说了两个字:"死记。"我想,这就是勤奋。毛泽东的超人的记忆力,既有先天的成分,但更重要的是后天努力的结果。

以上是我个人的看法,所谓毛泽东成功的秘诀,这六点也不一定概括得完全、准确,各人对这个问题的看法会有不同的角度。总之我相信邓小平的话:"没有毛主席,至少我们中国人民还要在黑暗中摸索更长的时间。"[1]毛泽东的成功,不应

---

[1]《邓小平文选》第2卷,人民出版社1994年版,第345页。

简单地看作他个人事业的成功,而是全党和全国人民事业的成功。

晚年失误的原因

访问人:那么,毛泽东晚年的失误都有哪些原因?

逄先知:毛泽东晚年的失误的确是使人痛心的,但又不是偶然的,我认为最主要是三条。

第一,他相当地脱离了实际,脱离了群众,脱离了他创立和倡导的实事求是的思想路线。他在民主革命时期以及建国后的一段时间里,都是十分强调一切从实际出发,而且身体力行,亲自作调查,因此,他才获得对中国国情的深刻了解。但从50年代末期以后,这个优点在他身上渐渐减少了,甚至违反了这些东西。1958年的"大跃进"为什么犯那么大的错误,虽与他思想上的空想成分有关,但脱离实际是主要原因,如果他能到农村去了解到真实情况,是不会作出那样的决策的。当时他派我们下去,我们亲眼看到农村里,生产是大兵团作战,通宵达旦地干,生活是吃大锅饭,男女分开住,这怎么行。但这些实际情况毛泽东看不到,他只要一下去就被人群包围了。到天津视察时就被人群围了里三层外三层,在这种情况下,他搞调查研究确实受到很大限制。

访问人:是不是也有制度方面的原因,比如保卫制度不允许？

逄先知：制度是一个方面，关键还是他有没有决心。他自己讲过，进城后，官做大了，像土地革命战争时期、抗日战争时期作那样的调查没有了。1962年派田家英到韶山调查，他是准备亲自去看看，但终究没有去。解放以后他就没有到农村中作过直接调查，更没有在农村住过。他每次下去，都是省委书记陪着，听汇报、调查的对象不是地委书记，就是县委书记，这怎么能了解到真实情况？不脱离实际才怪。所以，造成那么大的损失，出现那么大的失误，脱离实际是主要的。

有人写这段历史，把他说成是空想主义者，我不赞成。搞人民公社，确实带有空想的成分。对这个问题也要作点分析。当年提倡农村人民公社办工业，办商业，搞工农商学兵于一体，不能说没有一点合理的成分。我们今天的农村乡镇也是工农商学兵一起搞，不光有农业，还搞工业、商业、第三产业，办学校，等等。现在一些经济比较发达的地区，如苏南，许多乡镇企业，就是由过去的社队企业转化而发展起来的。但那时脱离了生产力水平，搞的是政社合一的公社体制。特别是在开始搞公社化那阵子，搞一大二公，的确吃了苦头。"一平二调"，大刮共产风，急于向全民所有制过渡，甚至急于向共产主义过渡，这些，确实是空想的。但从1958年冬，毛泽东即发现错误，并且费了很大力气，去纠正错误。从1959年起，不断提出下放基本核算单位，先是下放到一个乡范围的生产大队,再下放到一个行政村、一个自然村范围的生产大队,最后是二三十户范围的生产队。广州会议时,他曾经批了一个主张把基本核算单位下放到生产队的材料,但是没有引起会议的注意,为此,他很不高兴。

另外,到他的晚年,年龄大了,很多人又都是顺着他讲,这也是脱离实际的一个原因。

访问人:陆定一同志讲,能不能坚持调查研究,确实也和年龄有关系,至少年纪大了,跑路也跑不动了。

逄先知:那时我们到南方去调查,天气很冷,有时住草棚子,睡地铺。这种条件,毛泽东那么大年纪,让他去吃不消,组织上也不会那样安排。他在早年曾经用过的,很自然地找几个农民,像拉家常那样的形式,很难做到了。他了解情况,主要是看报告,听汇报,而这些报告和汇报有相当成分是看他的兴趣和注意力行事,喜欢什么给什么,强调阶级斗争了,马上就来阶级斗争的材料,强调生产了,又报来关于生产的材料。长此以往,难免不出问题。这是第一点。

第二,是滋长了个人专断作风,听不得不同意见。前面我在讲他成功的第二条,是尊重各种意见,善于从群众的呼声中找出制定政策的依据,这是他长期以来保持着的一个很好的作风。后来逐渐发生变化,党内民主遭到破坏,一言堂而不是群言堂,最后导致犯错误。

访问人:他的个人专断和民主作风的改变,是从什么时候开始的。

逢先知：按胡乔木同志讲，是从1958年1月南宁会议批评反冒进开始。但这不是一下子形成的，有一个过程。1958年南宁会议开了一个不好的先例，3月的成都会议开得还是比较生动活泼，但到1959年庐山会议就是毛泽东个人说了算，到"文化大革命"时，个人专断占了主导地位。他脱离实际是一步一步发展的，听不得不同意见而导致专断也是一步一步发展的。

访问人：有人认为，庐山会议彭老总那种提意见的方式也有不好的一面，如果换一种较为和缓的方式，后来的结果可能不一样，这个问题您怎么看？

逢先知：过去胡乔木同志也讲过，庐山会议上彭德怀用那样一种态度提意见，确有不妥之处，如果是当面心平气和地讲，不用赌气，情况也许不同一些。我看有一定的道理。当然，这是问题的一面，问题的根本原因在于，那时党内很多人对"三面红旗"有意见，持不同意见的材料也陆续反映到毛泽东那里，彭德怀只是一个代表，即使不是他出来讲，总会有人出来讲，不过不至于出现那样尖锐的局面。另外，国际上出现的赫鲁晓夫全面否定斯大林以及引起的一股反共思潮，对毛泽东影响很大。在那种环境下，他不能不想到我们党，不能不维护他提出的一套在他看来是正确的东西，因此，出现庐山会议后"反右倾"的那种结局也就不是偶然的了。

尽管如此，还要看到，毛泽东晚年的思想是在一定范围内偏离了毛泽东思想，并不是全部，如果是全部，没有一点正确的东西，那还不把共产党和人民共和国搞垮了。特别是在国际斗争中，他维护了民族独立和国家主权，维护了中华民族的尊严，并利用国际形势变化的时机，打开了中美、中日关系，创造了外交工作的新局面，这一点要充分估计到。

访问人：这为十一届三中全会以后的改革开放提供了一个重要条件，没有这个条件，可能我们后来的改革开放要克服更多的困难。

我们想再问一个问题，毛泽东的失误，从他的思维方式角度看，是不是也有什么原因呢？

逄先知：在回答你们的提问之前，我再补充一点，讲毛泽东晚年失误的又一个原因。毛泽东在晚年不能很好地团结一切可能团结和应该团结的人，像民主革命时期和建国初期那样，相反，在几次政治运动中（最突出的是1957年的反右和1959年的"反右倾"），伤害和打击了许多人，或者是反右扩大化了，或者是根本不该反右倾而反右倾。在党内如此，对党外也是如此。以后搞"文化大革命"，打倒一切，更发展到极端。不能很好地团结越来越多的人，是毛泽东晚年的一个失误，又是失误的一个原因。你们看，以上讲的三个失误的原因，恰恰是他三个成功秘诀的反面。他的失误，正是违反了他过去一贯坚持的正确的东西。

现在，回过头来，回答你们提的问题。毛泽东的晚年，在思想方法上有极端化的倾向，极端化也是思想僵化的一种表现。他原来的辩证法讲得多么好，不仅写出了《实践论》《矛盾论》这样的著作，而且把唯物辩证法贯彻到实际工作中去，运用得非常精当，非常纯熟。例如，在统一战线问题上，提出"又联合又斗争"的总政策；在抗日战争期间的反顽斗争中，实行"有理、有利、有节"的原则。在军事斗争中，提出"防御中的进攻，持久中的速决，内线中的外线"的战略方针。在一般的斗争策略上，提出在战略上藐视敌人，在战术上重视敌人，等等。这些东西都是他独创的。另外，不知你们注意到没有，延安时期他曾肯定过孔子的"中庸"的概念。

访问人：这是他在1939年给张闻天等人的信中讲的，认为中庸的"过犹不及""不偏不倚"是"肯定事物与概念的相对安定的质"，不是折中主义。

逄先知：是这样。但到了晚年，他的思想方法确实出现了极端化倾向，过分强调斗争，强调斗争是绝对的，以至于说出"中国有八亿人口，不斗行吗？"一类的话。有人提出"合二而一"的哲学概念，被说是"阶级调和论"。这种倾向的产生，从深处说，有思想惯性的作用。在长期的革命战争中，在长期残酷的阶级斗争中，他形成了一种思维定式——强烈的阶级斗争观念。建国后，他从理论到实践，正确地实行过由阶级斗争为中心向以经济建设为中心的转变。但是这种转变是不牢固的,一遇风吹草动,他马上警觉起来,过分地估计了阶级斗争的形势,把阶级斗争这根弦绷得很紧。当然在这个过程中有曲折,1957年虽然讲了主要矛盾是阶级斗争,到1958年又提出把党的工作着重点转到技术革命,进而提出超英赶美。"大跃进"失败了,党内出现分歧,他又回到阶级斗争的思路上。最后终于导致错误趋向压倒了正确趋向,晚年的悲剧就发生了。

毛泽东和邓小平在对社会主义理解上的相同和差异

访问人:上面您给我们谈了毛泽东在领导中国革命和建设上的成功和失误,以及成功和失误的原因,很受启发。那么,在对中国社会主义建设道路的探索以及对社会主义的理解上,毛泽东和邓小平有区别和差异吗?

逄先知:首先应当肯定,毛泽东和邓小平对社会主义的理解,在根本目标上是一致的。他们都认为社会主义应当是生产力高度发达,消灭剥削,消除两极分化,实现全民的共同富裕,使中国成为一个富强、民主、文明的社会主义现代化国家。

不能说毛泽东不重视发展生产。早在延安时期他就非常重视革命根据地的生产建设,在1942年西北局高干会议上作的《经济问题和财政问题》长篇书面报告,把生产事业看作根据地的中心工作之一。特别是在《论联合政府》的报告中,明确提出要把"对于中国人民的生产力的发展是否有帮助及其帮助之大小",作为判断"中国一切政党的政策及其实践在中国人民中所表现的作用的好坏、大小"的标志。这就是生产力标准。到七届二中全会,提出工作重心转移,由农村到城市,在城市工作中又以生产建设为中心任务。建国以后,尽快改变中国的贫穷落后面貌,把中国建设成为一个现代化的社会主义强国,是他提出并努力为之奋斗的。直到1957年2月在《关于正确处理人民内部矛盾的问题》一文中,还明确指出,我们的根本任务是在新的生产关系下面保护和发展生产力。这些,都是大家熟知的。但是从1957年夏季起,他的这个思想起了变化,由以经济建设为中心逐步转到以阶级斗争为纲,而把发展生产力的任务放到次要地位。这中间尽管有些反复,总的就是这么个趋势。搞"文化大革命"就到了极端。党的十一届三中全会,邓小平领导全党实行拨乱反正,最根本的一条就是从以阶级斗争为纲转变到以经济建设为中心,并指出,社会主义的根本任务是发展生产力。他说,我们对于什么是马克思主义、什么是社会主义没有搞清楚,主要是指50年代末期以后,特别是"文化大革命"中,认为社会主义的主要矛盾是阶级斗争,而否认社会主义的根本任务是发展生产力。要说对社会主义的理解有什么不同,这应当是最重要的一条。

其次,在社会经济形态问题上,毛泽东强调实行单一的公有制;邓小平强调在以公有制为主体的条件下,适当发展个体的、私营的、中外合资的多种经济成分以为补充。在经济体制方面,毛泽东基本实行高度集中的计划经济体制(同苏联有某些区别);邓小平主张实行计划经济与市场经济相结合,进而又主张实行社会主义市场经济。在对外经济关系方面,毛泽东曾多次说过,我们的门是打开的,希望同世界各国进行经济交流,但总的说来,还不够开放,在某种程度上有些封闭(这同以美国为首的西方国家对我国实行经济封锁和禁运密切相关);邓小平实行的是全方位的对外开放政策。

这里,我想着重谈谈他们怎样对待公平和效率的关系问题。对于毛泽东来说,如果把发展生产和实现社会公平比作天平上的两端的话,那么,他的砝码总是更多地加在后一方面。就是说,在处理这两者之间的矛盾的时候,毛泽东更强调公平,有时为了社会公平,甚至可以牺牲效率。拿包产到户来说,在当时,这种形式明显对发展生产力、提高经济效益有利,但在1962年的北戴河会议上,他尖锐地批评包产到户,认为如果实行包产到户,不到一年,就可以看出阶级分化很厉害。他希望什么呢?希望大多数人都过着较为平均的生活,不要贫富悬殊,大家同步达到富裕。这个愿望是无可非议的。但事实证明,同步富裕和平均发展都不可能,结果导致平均主义,这是一条发展缓慢的道路。

访问人:邓小平在这个问题上同毛泽东有什么侧重的不同吗?

逄先知:邓小平也强调共同富裕。他把共同富裕有时叫作社会主义的目的,有时叫作社会主义的根本原则,有时叫作体现社会主义本质的东西。他说过,如果我们的政策导致两极分化,我们就失败了;如果产生了什么新的资产阶级,那我们就真是走了邪路了。他在南方谈话中还讲道:"如果富的愈来愈富,穷的愈来愈穷,两极分化就会产生,而社会主义制度就应该而且能够避免两极分化。"[1]那么,怎样达到共同富裕呢?邓小平提出一个新路子、新办法,这就是允许一部分人、一部分地区先富起来,带动和帮助其他人、其他地区达到共同富裕。邓小平把这个叫作大政策。的确,这个政策一实行,经济就活了,被平均主义和高度集中的计划经济体制所压抑的人们的积极性和创造性,被调动起来了,被发挥出来了,人们的聪明才智也显露出来了。当然,实行这个政策,人与人之间、地区与地区之间贫富差距会有拉大的趋势,事实上已经出现了这种趋势。但是,这终究不是我们的目的,我们的最终目的是共同富裕。

访问人:毛泽东在对待公平和效率问题上的态度,是不是有他自身经历的或其他方面的原因呢?

逄先知:当然有。毛泽东出身农民家庭,耳闻目睹广大贫苦农民受剥削、受压迫的苦难生活,从小就对贫苦农民给予极大的同情,产生对贫苦农民的深厚感情,对土豪劣绅、对剥削

---

[1]《邓小平文选》第3卷,人民出版社1993年版,第374页。

制度和一切不公正的社会现象深恶痛绝。他17岁那年，长沙饥民造反惨遭镇压，曾给他留下终生难忘的印象。他一生就是要追求一个公平的、人人完全平等的理想社会。在1962年的北戴河会议上，他曾说："完全不要一点平均主义，比方说，不要基本口粮，不要照顾，光搞按劳分配，光争取富裕阶层，可是把农村的五保户、困难户、军工烈属这百分之二十至三十的人，丢开不管，也是不行的。这些人在农村中是我们的依靠。"[1]毛泽东在他的晚年，一方面反对平均主义，主张实行按劳分配，以便调动人们的生产积极性；另一方面又不彻底反对平均主义，甚至主张搞点平均主义，不彻底实行按劳分配，甚至批判或者限制按劳分配，怕的是发生"阶级分化"。他是想寻找一个既能调动群众生产积极性，以利于发展生产，又能防止阶级分化，保证社会公平、人人完全平等的结合点。

访问人：这个结合点他始终没有找到，甚至可以说，为了找到这个结合点，走入了歧途。

逄先知：他主观上是要找到这样一个结合点，但实际上走上了平均主义的道路，影响和束缚了生产力的发展。党的十一届三中全会后，在邓小平的带领下，首先在农村搞联产承包责任制，大力发展商品经济，进而确定以社会主义市场经济为经

---

[1] 毛泽东同到北戴河出席中共中央工作会议的华东地区、中南地区负责人的谈话，1962年8月5日。

济体制改革的目标模式。同时，又强调国家的宏观调控，把实现共同富裕作为社会主义的目的。这样，既充分调动了各方面的积极性，同时又避免无政府状态、避免两极分化。尽管现实生活中还有许多不尽如意的地方，但是，只要全面地准确地遵照邓小平建设有中国特色社会主义理论去做，去认真地贯彻落实，毛泽东所希望的、也是全国人民所希望的一个富裕的民主的文明的社会主义现代化国家，一定能够实现。

把毛泽东思想研究提高到一个新阶段

访问人：1993年是毛泽东诞辰一百周年，有关毛泽东的研究、宣传与纪念活动也走向了高潮。以后将是一种什么情况呢？会不会出现低潮？

逄先知：毛泽东是一代伟人，不仅影响中国，也影响世界。在他诞辰一百周年的时候对他的纪念，是空前的。高潮的结束，绝不意味着对毛泽东和毛泽东思想的研究，随着高潮的过去而进入低潮，应把这次纪念活动，包括全国毛泽东生平和思想研讨会的举行，看作一个新起点。当然，对他的宣传，不一定也不会总是保持在这么一个规模上，但对他的研究会延续下去、深入下去。毛泽东这样一位伟大的人物，是大有研究的。有人说，近代中国有三个为解放和振兴中华民族做出巨大贡献的最伟大的人物：孙中山、毛泽东、邓小平。也有人说，中国几千年的历史,有两个划时代的大思想家,这就是孔夫子和毛泽东。这两种说法我认为都很有见地。不管是从中国近代史这个角度,还是从中国几千年历史这个角度,毛泽东都占有突出的历史地位。孔夫子到现在已有2400多年,他的思想至今还深深影响着我们的社会,影响着人们。毛泽东这样一个人物,他的思想也会深远地影响着社会的各个方面,影响着人们。毛泽东给我们留下的大量文稿,是一个大宝库,十一届三中全会以来,已经陆续公布了一些,在纪念他诞辰一百周年期间更集中地出版和公布了他的大量著作和其他材料。

访问人: 光近期中央文献研究室编辑的《毛泽东文集》《毛泽东军事文集》《毛泽东年谱》等就有七百多万字。

逄先知: 这就为今后的研究提供了十分丰富的材料。消化这些材料要有一个过程,消化的结果可能会在半年、一年之后表现出来。学术界对孔子的研究经久不衰,对他的思想至今还没有完全研究透彻。对孔子的研究尚且如此,对毛泽东的研究难道会冷落下来、会中断下来吗?显然不会的,我想,同样会经久不衰地继续研究下去。另外,随着我国改革开放和现代化建设实践的发展,我们对邓小平的理论越是进行深入研究,越感到有必要研究毛泽东。在对邓小平的不断研究中,人们必然会追溯到毛泽东那里。反过来说,研究毛泽东和毛泽东思想,也必须研究邓小平,研究邓小平建设有中国特色社会主义理论,不能只停留在毛泽东那里,因为邓小平的理论是毛泽东思想的继承和发展。所以，我一直主张把他们联系起来研究。

访问人：如果说对毛泽东的研究不会中断，那么对毛泽东的宣传势头会不会减弱呢？

逄先知：前面我已经说过，宣传活动不一定总要像一百周年纪念时那样。我想，今后的宣传，一定要建立在研究的基础上。没有对毛泽东思想的深厚的研究基础，宣传就没有力量，就比较肤浅。真正掌握毛泽东思想的精髓，才能用活它，宣传才能深入人心。这同样对我们的研究提出了新要求。大家都会有这样一个感受，对毛泽东思想总是常学常新，常研常新。毛泽东的科学著作，理论水平高，又很管用，特别是关于方法论的部分。随着改革开放和现代化建设事业的发展，出现了许多新情况，积累了新经验，大家的眼界开阔了，进入了新的思想境界，这样，再去阅读那些科学著作，一定会有新的认识、新的见解，受到新的启发。我想，你们也会有这样的感受吧。

我与《毛泽东选集》*

1950年3月，我刚刚过20岁，从华北革命大学调到中南海，在中共中央办公厅做一名见习秘书。11月的一天，田家英找我谈话，要我去为毛主席管理图书。我这样一个刚出校门的学生，一下子就能到毛主席跟前工作，怎么也没有想到。我很兴奋，感到很幸福。也就是从那个时候起，我作为田家英的秘书，参加了《毛泽东选集》的编辑工作。

机遇对于一个人来说是很重要的，参加《毛选》编辑工作，对我后来的工作，乃至对我一生的成长，影响极大。

《毛泽东选集》是毛泽东亲自主持编辑的，参加编辑工作的主要成员是他的三个秘书：陈伯达、胡乔木、田家英。

我从50年代初参加毛选编辑工作，到今天，半个世纪快过去了。在这五十年的岁月里，我几乎没有同《毛选》分开过。"文化大革命"中我被关进了秦城监狱，进监狱时，什么也没

---

* 这篇文章发表在《出版广角》1999年第8期。

带,在我的坚持下,只允许我带了一部《毛选》。这部《毛选》伴随着我度过了七年多难熬的铁窗生活。它是我狱中的主要精神食粮,也是我狱中的主要精神支柱。

我参加《毛选》编辑工作,接触毛泽东著作的机会或许比一些人要早些、多些,这对自己的成长无疑是个有利的条件。但是读了它,并不等于能够理解它。对毛著深刻含义的理解,是要随着个人阅历的增长和实际工作经验的积累,逐步加深的。而《毛选》中的许多思想理论,随着历史的推移、时光的流逝,愈益显现出耀眼的光芒。

1936年,毛泽东和中央红军经过长征到达陕北的第二年,他在保安同美国记者斯诺讲述自己的经历时曾说过:"我接受了马克思主义是对历史的最正确解释,从此以后,从没有动摇过。"[1]毛泽东以他一生的历史证实了他的这句话。毛泽东是一个坚定的马克思主义者,从他的著作中,我们能深深地感受到。他说:"我们的党的名称和我们的马克思主义的宇宙观,明确地指明了这个将来的、无限光明的、无限美妙的最高理想。每个共产党员入党的时候,心目中就悬着为现在的新民主主义革命而奋斗和为将来的社会主义和共产主义而奋斗这样两个明确的目标,而不顾那些共产主义敌人的无知的和卑劣的敌视、

---

[1] 斯诺:《西行漫记》,生活·读书·新知三联书店1960年版,第124页。

污蔑、谩骂或讥笑；对于这些，我们必须给以坚决的排击。"[1] 毛泽东这段话，不知教育和鼓舞了多少共产党人和革命者为共产主义远大理想而英勇奋斗，我自己就常常从这些思想中汲取力量。

在早期的中国共产党人中间，论读马列的书，毛泽东不能算是读得最多的，蔡和森、瞿秋白、邓中夏等都比他读得多。但是运用马列主义实际地解决中国革命问题，提出一套完整的适合中国情况的革命理论、路线、战略和策略，都没有人能超过他，尽管其他人也都做出过自己的贡献。为什么是这样呢？我想，恐怕主要有这样两个原因：一个是毛泽东对中国历史和中国社会的深刻了解没有人能与之相比。另一个是他掌握了正确的思想原则和方法，这就是他所概括的一切从实际出发，理论联系实际，实事求是。为了解决中国革命的战略和策略问题，他不是像有些人那样简单地从书本里或者从外国的经验中去找答案，而是从实际中，从群众中寻求答案。一部《毛选》，从头到尾都贯穿着这个思想路线。仔细地阅读毛泽东的文章，你会感到，这完全是马克思主义的，又完全是中国的，连文字表现形式和风格也都是中国的，为中国老百姓所喜闻乐见。他的文章，读起来感到清新、亲切，使你回味无穷，同那些从外国抄来的空洞的教条式的文章相比，完全是两种境界。《毛选》

---

[1]《毛泽东选集》第3卷，人民出版社1991年第2版，第1059页。

里讲的都是中国革命和中国共产党的事情，但它贯穿着、渗透着马克思主义的科学的宇宙观和方法论，马克思主义的彻底革命精神。所以我说，《毛选》是马克思主义中国化，也就是马克思主义与中国革命实践相结合的最高成果。

《毛选》中有许多至理名言，许多警句，是我学会做好工作遵循的原则，也是我改正缺点错误，克服工作困难的精神力量。比如说，《论联合政府》中有这么一段话："无数革命先烈为了人民的利益牺牲了他们的生命，使我们每个活着的人想起他们就心里难过，难道我们还有什么个人利益不能牺牲，还有什么错误不能抛弃吗？"[1]这段话很平实，却很打动人心。看得出来，毛泽东写这几行字的时候，是动了感情的。它过去是我的座右铭，今后还是我的座右铭。又比如，毛泽东说："我们的同志在困难的时候，要看到成绩，要看到光明，要提高我们的勇气。"这句话，不知有多少次在我工作遇到困难的时候，给了我以勇气、信心和力量，使我战胜了困难，从困难中走出来，有一种"柳暗花明又一村"的心境。

《毛选》中的文章我都喜欢读，而最喜欢读的是《中国革命战争的战略问题》和《论持久战》。有人会问：你不懂军事，又没有打过仗，怎么会对军事著作有那么大的兴趣呢？我的回答很简单：它们既是上乘的军事著作，又是绝好的哲学著作，

---

[1]《毛泽东选集》第3卷，人民出版社1991年第2版，第1097页。

是马克思主义认识论、辩证法的活的哲学教材。它们给人以智慧，教人以谋略，从那里面能学到很多科学的思想方法和工作方法，百读不厌。读这两篇著作是一种享受。我关在秦城监狱时，有时就是靠读这两篇著作来"解困"，解除我思想上的痛苦。

我还特别喜欢读毛泽东在七届二中全会上的报告和《论人民民主专政》。这两篇著作，是新中国建设纲领的两块基石，规定了新中国在政治、经济、文化多方面的基本政策和基本制度，并指明了中国发展的方向。这两篇文献在今天仍有极大的效力：人民民主专政的理论为巩固我国的人民政权提供了坚实的理论基础和思想武器；防止"糖弹"袭击的警告，成为当今的警世名言。"可能有这样一些共产党人，他们是不曾被拿枪的敌人征服过的，他们在这些敌人前面不愧英雄的称号；但是经不起人们用糖衣裹着的炮弹的攻击，他们在糖弹面前要打败仗。"[1]如果说，五十年前这还是一个警告，那么，在今天，已不只是警告，而是出现了大量的不幸而言中的事实，现在不叫被"糖弹"击中，而叫"腐败"。在新的历史条件下如何解决这个问题，成为共产党建设中迫在眉睫的一个重大课题。"夺取全国胜利，这只是万里长征走完了第一步。如果这一步也值得骄傲，那是比较渺小的，更值得骄傲的还在后头。在过了几

---

[1]《毛泽东选集》第4卷，人民出版社1991年第2版，第1438页。

十年之后来看中国人民民主革命的胜利，就会使人们感觉那好像只是一出长剧的一个短小的序幕。剧是必须从序幕开始的，但序幕还不是高潮。"[1]这就是一个历史伟人眼中的中国新民主主义革命胜利的历史。这既是对那些因革命胜利而骄傲自满、不求进取者的告诫，又是对中国未来发展远景的展望。

《论人民民主专政》是一篇理论著作，但又像是一篇散文。我听田家英说，毛泽东写这篇文章之前，坐了一天，动也不动，专心构思。然后，又用了一天时间，饭也不吃，一气呵成，写就这篇万言名著。文章逻辑严密，简洁精练，气势磅礴，一泻千里。所谓一气呵成，并不是说一遍就写成的。我见到过完整的手稿，改得密密麻麻，不知改了多少遍，一会儿用毛笔，一会儿又用铅笔，好像是一位雕塑大师在那里精雕细刻他的一件艺术作品。写到这里，忽然想起毛泽东《反对党八股》中的一段话："孔夫子提倡'再思'，韩愈也说'行成于思'，那是古代的事情。现在的事情，问题很复杂，有些事情甚至想三四回还不够。鲁迅说'至少看两遍'，至多呢？他没有说，我看重要的文章不妨看它十多遍，认真地加以删改，然后发表。"[2]毛泽东正是这样做的。不仅写文章，起草一个电报，发出一个指示，他都是认真斟酌，反复修改。

---

[1]《毛泽东选集》第4卷，人民出版社1991年第2版，第1438页。
[2]《毛泽东选集》第3卷，人民出版社1991年第2版，第844页。

七届二中全会报告和《人民民主专政》都是写于解放战争末期。全国快要胜利了，中华民族就要彻底翻身了。毛泽东的心情是高扬的，从他的文章中可以看得出来：既有高屋建瓴、势如破竹的雄劲，又有行云流水、议论风生的韵致，刚柔相济，情文并茂。毛泽东的心和人民的心是相通的。

　　毛泽东十分推崇鲁迅，称鲁迅是空前的民族英雄。他说："鲁迅的骨头是最硬的，他没有丝毫的奴颜和媚骨，这是殖民地半殖民地人民最可宝贵的性格。鲁迅是在文化战线上，代表全民族的大多数，向着敌人冲锋陷阵的最正确、最勇敢、最坚决、最忠实、最热忱的空前的民族英雄。"[1]他又赞扬"闻一多拍案而起，横眉怒对国民党的手枪，宁可倒下去，不愿屈服。朱自清一身重病，宁可饿死，不领美国的'救济粮'"[2]。这些掷地有声的话，热诚而敬重地歌颂了中国人的民族气节。这些话曾经熏陶和培育了几代中国青年的爱国主义精神和民族自尊心。我初读这些文章的时候，正值青年时代，深深地印在我的心里，永远不会忘记。

　　时光流逝，岁月不羁，历史被推进到20世纪80年代末90年代初。国际国内发生政治风波，东欧剧变。当时广大干部和群众要求学习《毛选》，但书店里买不到。为适应干部和

---

[1]《毛泽东选集》第2卷，人民出版社1991年第2版，第698页。
[2]《毛泽东选集》第4卷，人民出版社1991年第2版，第1495页。

群众的要求，中共中央决定出版《毛泽东选集》第二版。

《毛选》第二版的修订工作在胡乔木指导下，由中共中央文献研究室具体承担，以中共中央文献编辑委员会名义于1991年建党七十周年时出版。我又参加了《毛选》第二版的编辑工作。

出《毛选》第二版，是毛泽东的一个夙愿。早在60年代，他就提出修订《毛选》。他的原则是，不增加正文，只校订注释。注释校订工作，由田家英领导的一个小组具体进行，自1962年开始，后因"文革"爆发而中断，从80年代后期又继而进行。《毛选》第二版基本上是按照毛泽东的意见修订的，但是增加了一篇文章，这就是《反对本本主义》。

《反对本本主义》是毛泽东1930年5月为反对红军中的教条主义而写的一篇重要文章。它具有特殊的科学价值，已经形成毛泽东思想的活的灵魂的三个基本方面（即实事求是、群众路线、独立自主）的雏形，并首次提出没有调查就没有发言权这句名言，强调中国革命斗争的胜利要靠中国同志了解中国情况。它是毛泽东思想宝库中的一件瑰宝。毛泽东非常喜爱这篇文章，但由于长期失落而未能编入毛选。直到1961年初他才重新得到它。当他看到自己这篇阔别了三十年而常常思念的心爱的文章时，真是高兴至极。1964年经他修改审定，在当年出版的《毛泽东著作选读》中公开发表。如果毛泽东在世，一定会同意将这篇文章补入第二版。

特别值得一提的是,《毛泽东选集》第二版,是由毛泽东思想的继承者和发展者邓小平题写书名的。

从1951年《毛选》第一卷出版,到1991年《毛选》第二版出版,整整四十年。四十年间,中国发生了巨大的变化,作者也已作古。但是,作为中华民族优秀文化中的一份重要遗产、中国人民的宝贵精神财富,《毛泽东选集》将永远地流传下去。

能参加《毛选》第一版和第二版编辑工作的全过程,是我的幸运。

《毛泽东文集》的意义 *

为了适应新形势下加强马克思主义理论学习的需要，更好地学习和研究毛泽东思想，经党中央批准，中央文献研究室从20世纪90年代初开始编辑《毛泽东文集》(以下简称《毛文集》)。《毛文集》从1993年12月起陆续出版，1999年全部出齐。全书共八卷，其中第六、七、八卷是社会主义时期的著作。这是迄今为止首次大量公开发表毛泽东社会主义时期的著作。《毛文集》是继《毛泽东选集》一至四卷之后出版的又一部综合性的毛泽东著作集，对于深入学习和研究毛泽东思想具有重要意义。

充分而全面地反映毛泽东思想的科学体系及其形成和发展过程

《毛选》是毛泽东亲自主持编辑的，收入他在民主革命时

---

* 这篇文章发表在2001年2月1日《人民日报》。

期最有代表性的著作，为人们学习和研究毛泽东思想提供了最基本的文献。但《毛选》在毛泽东的全部著作中仅占一部分，还不能充分反映毛泽东思想的丰富内容。《毛文集》就是对《毛选》的重要补充，它提供大量文献，更充分、更全面地反映毛泽东思想的科学体系及其形成和发展过程。

从选稿的跨度来说，《毛选》为二十四年，《毛文集》为五十五年，两者相差三十一年；《毛选》只限于民主革命时期，《毛文集》则包括民主革命和社会主义两个时期。从篇幅来说，《毛选》四卷，一百万字；《毛文集》八卷，二百三十万字。两书所选文章是不重复的。

《毛选》开卷篇是发表于1925年12月的《中国社会各阶级的分析》。从毛泽东成为一个马克思主义者到发表这篇文章，相隔五六年，这中间毛泽东还发表了不少重要著作，对中国革命道路、中国共产党建党的哲学基础、中国革命的基本策略、工人运动、农民问题等，作了具有独创性的论述。有了这些思想上和理论上的积累和准备，才有《中国社会各阶级的分析》这篇名著的问世。《毛文集》恰恰补上了这一时段的著作。其开卷篇为1921年1月发表的《在新民学会长沙会员大会上的发言》，比《毛选》的开卷篇提早了五年。

《毛选》终卷篇是《唯心历史观的破产》，发表于1949年9月16日，新中国成立前夕。新中国成立以后的著作，党中央曾几次组织编辑《毛选》第五卷，但毛泽东都没有同意出版，说他的社会主义时期著作还要经过实践检验。毛泽东逝世后出版的《毛选》第五卷，是在"无产阶级专政下继续革命理论"的指导下编辑的，党的十一届三中全会以后已停止发行。长期以来，就形成这样一种情况：毛泽东民主革命时期的著作，有了一套四卷的《毛选》，新中国成立后的著作却一卷也没有。于是，人们不断提出出版毛泽东这一时期著作的要求。《毛文集》的出版，在很大程度上满足了这个要求。它的终卷篇是《党的文艺政策应当调整》，作于1975年7月，比《毛选》的终卷篇向后延伸了二十六年。

《毛选》的文章，是毛泽东民主革命时期最有代表性的著作，它们是毛泽东关于某一个领域或某一个方面的理论观点和政策策略思想的最高成果。这些成果的产生必有一个过程和由来。要了解这个过程及其由来，从《毛选》本身还不能得到比较具体的答案。《毛文集》在一定程度上弥补了这个不足。更重要的是，《毛文集》补充了许多丰富的内容，包括《毛选》中没有讲到或者没有充分去讲的理论观点和政策策略。例如，《关于纠正党内的错误思想》（古田会议决议的一部分）是第二次国内革命战争时期的一篇重要著作，它的产生固然同《中共中央给红军第四军前委的指示信》（即"九月来信"）有着密切关系。但就毛泽东个人的思想发展脉络来说，其渊源至少是1929年6月14日他给林彪的信。这封信比"九月来信"早三个多月，是研究古田会议决议及其形成过程的不可缺少的文献。

关于调查研究的理论,是毛泽东思想的重要组成部分。《毛选》只收入他在这方面的两篇主要论著:《反对本本主义》和《〈农村调查〉的序言和跋》。其他论著,特别是他亲手撰写的一批调查报告,因受体例和篇幅的限制,一篇也没有收入《毛选》。这次编《毛文集》,除了补充几篇有关调查研究的论著外,把保存下来的毛泽东在第二次国内革命战争时期所写的最主要的几个调查报告或者调查报告的前言,都收入了。这些调查报告,是毛泽东调查研究实践的真实记录,是他深入了解中国社会、制定党的政策的依据。它们是运用马克思主义的科学思想去做的,因而具有真实性,更能从本质上反映旧中国的社会是一个什么样子,有很高的文献价值和历史资料价值。通过《毛文集》的补充,人们就可以对毛泽东调查研究的理论和实践有一个全面的了解。

从第二次国内革命战争到抗日战争,是中国共产党经历的一次重要的历史转变。在毛泽东的领导下,中国共产党胜利地实现了这个转变,开创了中国革命的新局面。反映毛泽东指导这一转变的主要著作基本上收进了《毛选》,但它们还不能充分反映在毛泽东领导下这一转变的生动性、复杂性和艰巨性,以及他在这一历史时刻所展现出来的智慧和才能。《毛文集》大大地充实了这方面的内容,选入一大批重要文献,包括为实现抗日民族统一战线、联蒋抗日而写给国民党政要、社会名流和党内同志的一批情理交融又富于文采的信件；为实现军事战略方针的转变而为党内起草的决议和一些重要电报，特别是关于阐明独立自主的山地游击战问题的电报；为重新教育干部，以担负起新形势下的新任务而作的一系列讲演，等等。

延安整风和党的七大，是抗日战争时期的两件大事，在中国共产党的历史上占有重要的地位。从延安整风到七大的召开，是毛泽东思想达到成熟并在多方面展开的时期，在毛泽东思想发展史上出现了一个高峰。关于这两件大事的著作，《毛选》只收了几篇最主要的，还有许多精彩的文稿没有收入。《毛文集》对此作了较充分的补充。

在《毛选》中，反映延安整风的第一篇文章是1941年5月的《改造我们的学习》。从那时到1942年2月毛泽东发表《整顿党的作风》、全面开展整风运动，相隔八个月。在这段时间里，毛泽东做了大量艰苦的准备工作，其中最重要的是1941年9月政治局扩大会议的召开和他在这次会议上的讲话《反对主观主义和宗派主义》。这次会议提出全党整风的明确目标，肯定王明的错误是路线错误，在党中央领导核心中基本上达成一致的认识（王明除外）。这对全党整风运动的顺利开展至关重要。《毛文集》收入了毛泽东在九月会议上的讲话，还收入了一批指导整风运动健康进行、对于研究整风运动有重要价值的文献。有这些文献的补充，毛泽东关于整风运动的思想就连贯和丰满起来了。

再说七大。毛泽东在七大共作了八篇报告和讲话。《毛选》用了其中的三篇,一个开幕词,一个闭幕词,一个书面政治报告《论联合政府》。《毛文集》收入了另外的五篇:七大预备会上的讲话,七大的口头政治报告,七大的结论和关于选举问题的两次讲话。还收入了在六届七中全会上对《论联合政府》的说明。《论联合政府》是七大最主要的文献,而收入《毛文集》的这几篇重要文献中的许多重要思想内容却是《论联合政府》所没有的,或者是没有展开讲的。特别使人感兴趣的是,《对〈论联合政府〉的说明》和口头政治报告对《论联合政府》中涉及的几个政策问题所作的解释。比如,关于孙中山,《论联合政府》为什么要讲那么多、那样肯定孙中山?共产党人应当怎么对待这个人物?关于资本主义,为什么提出要广泛地发展资本主义,不要怕发展资本主义?是在什么条件下提出这些问题的?关于共产主义,毛泽东在写《论联合政府》时有些什么考虑?为什么删过一次又恢复了,索性强调一下共产主义的无限美妙,但又不能特别地强调?共产党的名称为什么不能改?等等。《毛文集》提供的这些情况,对于了解毛泽东在起草《论联合政府》过程中的一些深层次的思考很有帮助。这些文献具体而生动地再现了一位伟大的革命家、思想家是怎样反复而又艰苦地思考问题的。当读完毛泽东在七大预备会议上的讲话,特别是关于选举问题的那两篇说理充分而又充满同志情谊的讲话,就会真正体会到,为什么说七大是一个团结的大会、一个胜利的大会，一个团结得像一个和睦的家庭而又朝气蓬勃的党的生动形象，就会展现在我们面前。

解放战争时期，毛泽东主要是指挥作战。这一时期毛泽东最大量的文稿是军事电报。其中属于总的作战方针、作战原则及对战争经验的基本总结的主要著作，编入了《毛选》。大量的有关战役指挥方面的电报，除西北战场的一件和三大战役各有一件外，就再没有了，远远不能反映毛泽东指挥解放战争极其丰富的军事思想。这个不足，《毛文集》作了弥补。《毛文集》不是文献汇集，不可能把保存下来的毛泽东这一时期起草的两千多件军事电报悉数收入，而是经过精选，选出一百二十多篇。对一般读者来说，这些军事电报虽然有许多生疏的地名和敌我双方的部队番号，但都是可以单篇阅读的。这些电报不仅可以读懂，而且很有趣，其中包含着丰富的方法论和思想性的东西，给人们以启迪和智慧。这些电报气势恢宏，文笔非凡，堪称范文。

在全国革命胜利前夕，毛泽东写了两篇具有历史意义的著作：《在中国共产党第七届中央委员会第二次全体会议上的报告》和《论人民民主专政》。这两篇著作的基本指导思想形成于毛泽东在1948年9月召开的中央政治局会议（即九月会议）上的报告和结论。这个报告和结论具有重要的理论价值和文献价值，收入了《毛文集》。

揭示毛泽东在社会主义时期的新探索和毛泽东思想在新中国成立后的继续发展

有一种说法，新中国成立后毛泽东思想就停滞了。这是不符合实际的。新中国成立以后，在社会主义改造和社会主义建设的实践中，毛泽东思想仍在继续发展，为马克思主义增添了一些新的东西。不能完全用今天的政策标准简单化地衡量那个时候提出的理论观点和政策策略思想，而是要用历史唯物主义方法进行分析。不能要求毛泽东提出在今天才可能提出和解决的问题，而是要看他提出哪些前人所没有提出和解决的问题，而且又对中国历史起了向前推动作用的理论观点和政策策略思想。说毛泽东思想在新中国成立后仍在继续发展，这是一方面的情况。另一方面，从50年代末起，毛泽东在指导思想上开始向"左"的方向发展，一步一步地脱离实际，在许多方面特别是在他亲自倡导并身体力行的实事求是的思想路线方面，背离了毛泽东思想，犯了两个严重错误，发动"大跃进"和"文化大革命"。

按照党中央的要求，《毛文集》应当是体现毛泽东思想科学体系、对教育干部有重要意义的大型选集，不是研究毛泽东个人的资料汇编。因此，这部文集的编辑方针是：只选经过实践证明是正确的和基本正确的文稿，不选错误的和基本错误的文稿。

新中国成立后，面临的首要任务是完成祖国大陆的统一，巩固新生的人民政权，尽快恢复国民经济。毛泽东领导全党和全国人民胜利地完成了这些任务。《毛文集》第六卷收入的文稿生动地记录了这一历史过程。读者可以从中看到，毛泽东作出了哪些重大决策和怎样指导全党和全国人民迅速实现了大陆的完全解放，保卫了国家的独立和安全，铲除了危害人民和国家的反革命残余势力，消除了旧社会遗留下来的污泥浊水，迅速恢复了国民经济，并且争取到一个有利的国际环境。这一切，为中华人民共和国打下了一个长治久安的牢固基础，其意义与影响是极其深远的。

由新民主主义向社会主义转变，是一个重大的理论问题和实践问题。毛泽东成功地指导了这一历史转变，在中国建立起社会主义的根本制度。《关于建国以来党的若干历史问题的决议》对此给予了充分肯定，同时也指出其缺点。特别值得一提的，就是在改造资本主义工商业和对待民族资产阶级的政策方面，毛泽东独创性地发展了马克思主义。《毛文集》反映这方面的文稿比较充分，其中有四篇为毛泽东跟工商界人士的谈话。他以朋友谈心的态度和方式，有情有理地阐述了中国共产党对私人工商业实行社会主义改造的基本道理和大政方针。读了这些文稿，就会心悦诚服地感到中国共产党为什么会那样成功地解决了民族资产阶级的问题。

在社会主义改造即将基本完成的时候，毛泽东就开始了对适合中国情况的社会主义建设道路的可贵探索，并取得一些积极成果。在 1956 年 4 月召开的中央政治局扩大会议上，毛泽东发表《论十大关系》的讲话，标志着毛泽东对适合中国情况的社会主义建设道路探索的开端。在这次会议上，毛泽东还有一个总结讲话，提出党内生活问题、个人和集体的利益分配问题、社会主义经济体制问题、百花齐放和百家争鸣问题、民主管理问题、全国平衡问题以及切实抓经济工作问题。这些，都是为适应社会主义改造快要基本完成、全党工作重点即将转移这样一个新形势，在政治、文化特别是经济方面提出的一些新政策和新思考，是对《论十大关系》的补充。

《关于正确处理人民内部矛盾的问题》是毛泽东的一篇杰出的马克思主义著作，在马克思主义发展史上第一次科学地论述了社会主义社会的矛盾学说，并且提出解决各类矛盾的基本方针，发展了科学社会主义。

从 1956 年 4 月发表《论十大关系》到 1957 年 3 月写《在南京、上海党员干部会议上讲话的提纲》，在此期间毛泽东有一系列的讲话、谈话和通信。从这些文献中可以看出，毛泽东在这一个时期，孜孜探索，希望把中国建设成一个什么样的国家，以及采取什么方针来建设这样的国家。这些著作不仅有历史研究价值，而且有现实借鉴意义。他在《在南京、上海党员干部会议上讲话的提纲》中写道："现在处在转变时期：由阶级斗争到向自然界斗争，由革命到建设，由过去的革命到技术革命和文化革命。许多人还不认识，还企图用过去的方法对待新问题。""采取现在的方针，文学艺术、科学技术会繁荣发达，党会经常保持活力，人民事业会欣欣向荣，中国会变成一个大强国而又使人可亲。"[1]

毛泽东对中国社会主义建设道路的探索是曲折的。他发动"大跃进"，犯了"左"的错误。他又认真地纠正这些"左"的错误，并在纠"左"和总结经验教训过程中提出许多重要的理论观点和政策思想，对社会主义问题有一些深层次的理论思考，例如社会主义是一个很长的历史时期，社会主义分为不发达阶段和比较发达阶段，在社会主义时期要大力发展商品生产，等等。《毛文集》共收入这方面的文稿三十多篇，其中包括毛泽东从1959年12月到1960年2月读苏联《政治经济学教科书》谈话的节录。《毛文集》中有若干篇关于60年代初大兴调查研究之风的文稿。这次调查同革命战争年代的调查所要解决的问题不同，但基本思路和基本方法是相同的，同时又有新的特点。毛泽东使用了一些新的语言，例如要下功夫作调查研究，"向群众寻求真理"；"绝对禁止党委少数人不作调查，不同群众商量，关在房子里，作出害死人的主观主义的所谓政策"。[2] 毛泽东曾说："我的经验历来如此，凡是忧愁没有办法

---

[1]《毛泽东文集》第7卷，人民出版社1999年版，第289、291页。
[2]《毛泽东文集》第8卷，人民出版社1999年版，第272页。

的时候，就去调查研究，一经调查研究，办法就出来了，问题就解决了。"[1]这些文稿比较充分地反映毛泽东自1958年冬至1962年初两次纠"左"的努力，1962年1月《在扩大的中央工作会议上的讲话》是一个总结。

"文化大革命"的十年是一个非常特殊的历史时期。发动"文革"，是毛泽东犯的一个严重的全局性的错误。按照《毛文集》的编辑方针，这一时期的文稿基本上没有选用，只选了五篇，其中四篇是外事方面的，一篇是文艺政策方面的。这一时期，我国在外交战线上取得了一系列重大进展，打开中美关系、实现中日邦交正常化，是其中的两大突破。这两项重大决策都是在毛泽东主持下作出的。这一时期，毛泽东还提出关于三个世界划分的理论，作为毛泽东国际战略思想的重要组成部分，这一理论在相当长的时期内成为我国对外政策的一个指导方针。《毛文集》选了三篇文献，分别反映这三件大事，其历史意义和文献价值是很大的。

社会主义时期部分，《毛文集》还有许多重要的内容。其中结合中国革命和建设的实践对马克思主义认识论和辩证法的阐述，占有很重要的分量，至今仍有重要的指导意义。就整部《毛文集》来说，有一个非常显著的特点，就是收入了很多毛泽东的内部讲话和谈话，其中不少是第一次公开发表。毛泽东

---

[1]《毛泽东文集》第8卷，人民出版社1999年版，第261页。

在重要会议上的一些讲话，反映了他在关键的历史时刻作出的重大决策，并提出一些重要的思想理论观点。由于是讲话，就更生动，更活泼，更透彻，更能打动人，不时地流露出他内心世界的一些思想活动。就这一点来说，对研究毛泽东和毛泽东思想有它独特的价值。打一个比喻，如果把《毛选》比作一棵大树的主干，《毛文集》就是这棵大树的枝叶。《毛选》《毛文集》合在一起，是一棵根深蒂固、枝叶茂密的参天大树！《毛文集》的出版，为人们深入学习和研究毛泽东思想提供了重要教材，也为进一步研究邓小平理论创造了有利条件。

毛泽东在领导新中国的建立和建设中给我们留下哪些遗产？*

毛泽东是一代伟人。他对于20世纪的中国乃至世界的历史进程，都有着重大的影响。在中国，他是一百多年以来，对中国历史进程影响最巨大、最深远的革命家。他的科学思想和革命业绩受到中国人民普遍的尊崇和肯定。他开创中国革命的成功道路，扭转了近代中国历史发展方向，将一个受西方列强压迫和封建制度统治的、四分五裂的、积贫积弱的旧中国，变成一个独立的、统一的（除台湾等岛屿外）、初步繁荣的新中国，为中华民族的再度振兴奠定了基础。

毛泽东在中国共产党人中，第一个成功地把马克思主义基本原理与中国革命的具体实践相结合，形成马克思主义中国化的理论形态，这就是毛泽东思想。毛泽东思想在许多重要方面丰富和发展了马克思主义，提出一系列新理论、新方针、新政

---

* 这是作者在中央宣传部等七单位2003年12月25日至27日举办的"全国纪念毛泽东同志诞辰110周年学术研讨会"上的发言，发表在《党的文献》2004年第1期、《当代中国史研究》2004年第1期。

策。如关于开辟农村包围城市的革命道路，关于新民主主义理论，关于用和平方法实行社会主义革命，关于对适合中国情况的社会主义建设道路的探索，关于社会主义社会矛盾学说，关于军队建设和军事战略战术，关于国际战略和外交方针，关于思想方法、工作方法，关于党的建设，等等。这些问题都是马克思主义在中国的具体化。马克思主义中国化的过程，是一个十分艰难的理论创新过程。不难想象，把产生在西欧资本主义发达国家的理论，运用到经济文化十分落后、情况极端复杂的东方大国，是需要多么大的理论勇气和创造精神。没有创造性的理论成果作指导，只是照抄照搬马克思主义书本上的东西，中国革命是不会成功的，要建设一个富强、民主、文明的社会主义强国，也是不可能的。

中国革命在全国胜利以后，在新中国的建立和建设过程中，毛泽东坚持以马克思主义为指导，从国家和民族的根本利益出发，解决前进道路上面对的一个又一个重大问题，推进了马克思主义中国化的进程，坚持走自己的路，探索一条具有中国特点的社会主义革命和社会主义建设道路，给我们留下了许多思想理论遗产。这些遗产，在今天仍然发挥着奠基性的作用，仍然是我们遵循的治党治国的重要原则和方法，仍然有着长久的指导意义。

第一，毛泽东为我国确立的政治制度，对国家的长治久安奠定了稳固基础。这里包括人民代表大会制度、共产党领导下的多党合作和政治协商制度、民族区域自治制度等。同时,毛泽东又是中华人民共和国宪法的奠基人。

早在1948年9月,毛泽东总结中国近代历史经验,认为西方国家两院制的政治模式不适用于中国,主张在中国采用人民代表大会制度。历史证明,这是适合中国情况、代表性十分广泛、有利于发扬人民民主的根本政治制度。在中国共产党领导下的多党合作和政治协商制度,是毛泽东为我国确立的一项基本政治制度,它是团结全国各阶层、各民族、各界人士,实行共产党与各民主党派互相监督、共同进步的统一战线组织形式。关于人民政协的性质问题,在第一次全国人民代表大会召开以后,曾有人提出,政协的职权要相等或相当于国家机关。毛泽东明确指出:政协的性质有别于国家权力机关,也不是国家的行政机关。"政协是全国各民族、各民主阶级、各民主党派、各人民团体、国外华侨和其他爱国民主人士的统一战线组织,是党派性质的。""如果把政协全国委员会也搞成国家机关,那就会一国二公,是不行的。"[1]我国是一个多民族国家。在早期,中国共产党曾经主张过实行联邦制。在筹建新中国的时候,是实行联邦制还是实行民族区域自治制度,成为毛泽东和中国共产党需要作出抉择的关乎国家命运的重大问题。毛泽东毅然采纳实行民族区域自治制度的意见。这一制度的建立,

---

[1]《毛泽东文集》第6卷,人民出版社1999年版,第385、384页。

既保障了各少数民族享有充分的自治权利，又维护了各民族的大团结和祖国的统一。它的深远意义，经过20世纪80年代末90年代初以来发生的苏联等国家解体这一惨痛的历史教训，人们就看得更加清楚了。

总之，在毛泽东领导下建立起来的这些根本的和基本的政治制度，对于有效地发扬人民民主，保证祖国统一、民族团结、国家安全、社会稳定，起了十分巨大作用。不但过去，而且今后，我们必须始终不渝地坚持这些制度。

第二，毛泽东开辟了一条用和平的、渐进的方法实行社会主义改造的方针，进行社会主义革命的道路。

在中国实现社会主义的理想，是毛泽东和中国共产党人不可动摇的信念。但是，用什么方法进行社会主义革命，这需要从中国的实际情况出发，在实践中去寻找。毛泽东集中集体智慧，找到了这个路子，这就是用和平的、渐进的方法，采取多种过渡形式，逐步地向社会主义过渡，而不是采用激烈的一蹴而就的方法。在社会主义改造的后期，出现要求过急过快、工作过于简单的毛病，恰恰是对这个道路的某种程度的偏离。在毛泽东的领导下，我国在社会震动很小的情况下，完成对生产资料私有制的社会主义改造，建立起社会主义经济制度。在这场深刻的社会变革中，总的说来，生产没有下降，反而有所增加。正如《关于建国以来党的若干历史问题的决议》指出的，"这的确是伟大的历史性胜利"。

第三，毛泽东在总结我国社会主义建设经验的基础上，提出社会主义社会阶段论的思想；在规划中国的长远发展时，提出两步走的战略。第一步，建立独立的比较完整的工业体系和国民经济体系；第二步，实现农业、工业、科学技术和国防四个现代化。前者被认为是社会主义初级阶段理论的最初萌芽；后者对中国经济发展起过重要的指导作用。

毛泽东认为，社会主义社会是一个很长的历史阶段，第一阶段是不发达的社会主义，第二阶段是比较发达的社会主义，后一阶段可能比前一阶段需要更长的时间。

毛泽东以中国的实践经验为基础，借鉴苏联的经验和教训，提出一系列关于我国国民经济建设的方针，主要体现在《论十大关系》一文中。这篇著作的核心思想，就是要把国内外一切积极因素调动起来，为社会主义事业服务。其中关于正确处理经济建设方面的几个关系，包括重工业和轻工业、农业，沿海工业和内地工业，国防建设和经济建设，国家、集体和个人，中央和地方等，都是涉及我国社会主义建设中具有战略意义和带有全局性的问题。《论十大关系》的思想，在新的历史条件下，仍然具有生命力。正如邓小平所说的："这篇东西太重要了，对当前和以后，都有很大的针对性和理论指导意义。"[1]

---

[1]《邓小平年谱（1975—1997）》（上），中央文献出版社2004年版，第68页。

以后，在总结"大跃进"的经验教训时，毛泽东又提出以农业为基础的思想；强调在社会主义社会，必须承认和自觉地遵守价值规律，大力发展商品生产，永远不要剥夺农民，等等。毛泽东始终把农业和农民问题作为第一重要问题加以注意。

毛泽东主张，在社会主义建设中，以自力更生为主，同时注意争取外援，其中包含有对外开放的思想。当年以美国为首的西方国家对我国实行经济封锁和禁运，我们只能同苏联和东欧民主主义国家有经济联系和贸易。就是在这种条件下，毛泽东也是努力争取同西方国家做生意，想方设法引进一些先进的技术和设备。他说："搞经济关门是不行的，需要交换。"1956年，他问法共总书记杜克洛："你看法国政府能否摆脱美国干涉，同中国建立外交关系，在贸易上能把成套设备卖给我们，要很久还是不很久？技术和装备出口的可能性怎样？不是指一般地做生意，是说替中国设计工厂、供应设备、并教会中国人开动机器。"[1]后来，就是在"文化大革命"期间，经毛泽东批准，我国引进了39亿美元的成套设备，这在当时是一个很大的数字。

毛泽东很注意学习外国的先进经验，同时又指出必须同中国的实际相结合。他说："我们接受外国的长处，会使我们自

---

[1]《毛泽东年谱（1949—1976）》第3卷，中央文献出版社2013年版，第2页。

己的东西有一个跃进。中国的和外国的要有机地结合,而不是套用外国的东西。"[1]这里讲的外国也包括西方资本主义国家。

第四,在文化建设方面,毛泽东提出"百花齐放,百家争鸣"和"洋为中用,古为今用"两个著名口号。

他指出,"百花齐放,百家争鸣"是繁荣我国科学文化事业的方针,是团结广大知识分子的方针。他认为,精神世界的问题,不能用行政的方法,更不能用粗暴的方法去解决。真理是在各种不同意见的争论中被发现的,真理越辩越明。这个方针,从一定意义上说,也是在总结建国初期几次学术批判的经验教训的基础上提出来的。尽管这个方针在毛泽东生前没有很好地得到实现,而且出现了严重违反这一方针的情况,但它本身的价值和意义是不可否认的,是我们应当坚持实行的。关于"洋为中用,古为今用",用毛泽东的话说,就是:"向古人学习是为了今天的活人,向外国人学习是为了今天的中国人。"[2]就是说,向外国人学习也好,向古人学习也好,都是为了发展我国今天的科学文化事业。

第五,毛泽东是党的正确民族政策和宗教政策的奠基人。

毛泽东把马克思主义的民族理论同我国的实际相结合,坚持各民族平等、团结、互助和共同繁荣的原则,坚持实行民族

---

[1]《毛泽东文集》第7卷,人民出版社1999年版,第82页。
[2] 同上。

区域自治制度，在几十年的实践中，形成了一系列基本的观点和政策。他特别强调民族平等和民族团结这两条，既反对大汉族主义，又反对地方民族主义。他指出，各民族不分人口多少、历史长短、发展程度高低，都对祖国的文明做出了贡献，都应该一律平等。他十分重视发展少数民族地区的经济和文化建设，要求汉族帮助少数民族；又十分重视培养少数民族干部，认为要彻底解决民族问题，没有大批少数民族出身的干部，是不可能的。

在宗教问题上，毛泽东运用和发展了马克思主义宗教理论，形成有中国特点的宗教政策。民族问题和宗教问题是紧密相联系的。在处理民族问题时，通常要涉及宗教政策。毛泽东主张宗教信仰自由，公民有信仰宗教的自由，也有不信仰宗教的自由。宗教有其发生、发展和消亡的过程，在社会主义社会中仍将长期存在，不能用行政力量去消灭宗教，也不能用行政力量去发展宗教。他强调宗教活动必须在法律和政策范围内进行，国家依法对宗教事务进行管理，保证正常的宗教活动，制止和打击利用宗教进行违法犯罪活动。坚决反对和防止境外势力插手我国的宗教活动，坚持独立自主、自办教会的原则。

第六，毛泽东揭示了社会主义社会的矛盾规律，使人们对于社会主义的规律有了深入的认识。

社会主义社会有没有矛盾？斯大林在相当长的时间内否认社会主义社会存在矛盾，强调政治上、道义上的一致是推动社会主义社会前进的动力。毛泽东对这个问题进行了长期的观察，1956年国内出现学生罢课、工人罢工、农民闹事，国外发生波匈事件，更引起他对这个问题的思考。他在《关于正确处理人民内部矛盾的问题》一文中，作出明确的论断：社会主义社会仍然存在矛盾；社会主义社会的基本矛盾，仍然是生产关系和生产力、上层建筑和经济基础之间的矛盾；社会主义社会有两类矛盾，敌我矛盾和人民内部矛盾，必须正确地加以区别和处理；正确处理人民内部矛盾是党和国家政治生活的主题；我们的主要任务是，在新的生产关系下面，保护和发展生产力，向自然界开战；要从六亿人口出发，统筹兼顾。这里，要特别讲讲"统筹兼顾"问题。这不但是一个经济发展的方针问题，而且是关于整个社会全面发展的方针问题。所谓统筹兼顾，包括城乡之间，地区之间，各阶层之间，各类人群之间，国家、集体与个人之间，经济发展与社会全面发展之间，等等，这些都要统筹兼顾。这对于人口众多、发展很不平衡、社会存在诸多矛盾的中国来说，是一个极端重要的方针。

毛泽东在《关于正确处理人民内部矛盾的问题》中所阐明的上述观点，仍然是我们今天进行改革和发展过程中，解决各类社会矛盾需要遵循的理论依据和原则。毛泽东曾经对关于正确处理人民内部矛盾的一系列方针（也包括"双百"方针）的意义，作过这样的说明："采取现在的方针，文学艺术、科学技术会繁荣发达，党会经常保持活力，人民事业会欣欣向荣，中国会变成一个大强国而又使人可亲。"[1]随后,他进一步概括为:"我们的目标,是想造成一个又有集中又有民主,又有纪律又有自由,又有统一意志、又有个人心情舒畅、生动活泼,那样一种政治局面。"[2]由于种种复杂原因,这种局面,在毛泽东生前没有实现。今天我们应该努力去追求和实现这一目标。毛泽东的这些思想应当作为一份珍贵的遗产继承和发展下去。

第七,毛泽东为我国制定了正确的国际战略和外交方针。

毛泽东是我国独立自主的和平外交的决策者和奠基人,维护中国的主权和尊严,为国内和平建设创造良好的国际环境,是毛泽东领导下的中国外交的基本目标。

毛泽东是伟大的共产主义者和爱国主义者,中国空前的民族英雄。他时刻警惕地捍卫国家的独立、统一、主权和领土完整,始终不渝地维护中华民族的民族尊严。他不允许侵犯任何国家的一寸土地,也绝不允许任何国家侵占中国的一寸土地。

建国前夕,毛泽东为新中国确立的三条外交方针,即:"一边倒""另起炉灶""打扫干净房子再请客",彻底结束了中国一百多年以来的屈辱外交。在毛泽东的正确决策下,中国积极倡导和平共处五项原则,开展睦邻友好的和平外交,比较顺利地同大多数周边国家解决了历史遗留问题。他在晚年,审时度

---

[1]《毛泽东文集》第7卷,人民出版社1999年版,第291页。
[2]《毛泽东年谱(1949—1976)》第3卷,中央文献出版社2013年版,第192页。

势，果断作出改善中美关系的决策，揭开中美关系正常化的序幕，开创了中国外交的新格局。毛泽东提出的"两个中间地带"理论和"三个世界划分"的理论，在国际上产生了广泛影响。他将反对霸权主义、中国属于第三世界、中国永远不称霸确立为中国外交的重要原则。这些原则，直到今天还在中国外交中发挥着指导作用，为中国赢得了国际信誉，赢得了朋友，赢得了战略上的主动。

第八，关于国防建设和军队建设。

毛泽东是人民军队的缔造者，又是国防现代化的奠基人。新中国成立不久，在毛泽东的决策和领导下，人民解放军迅速组建了空军、海军等军种，建立了炮兵、通信兵、工程兵等兵种，完成了人民解放军从单一军种向合成军种的历史性跨越。毛泽东为我国的国防建设制定的积极防御的战略方针，也是今天我们进行现代化国防建设的基本方针。

毛泽东在论述国防建设同经济建设的辩证关系时，提出要注意研究战时和平时的互相转化问题，学两套本事。在军事工业中练习生产民用产品的本事，在民用工业中练习生产军事产品的本事。

1955年，毛泽东和其他老一代革命家作出我国研制原子弹的历史性决策，随后又陆续作出加紧研制导弹和人造卫星的决策。根据毛泽东"大力协同"的指示精神，我国科研人员在极端困难的条件下，集中力量，组织攻关，"两弹一星"工程取得举世瞩目的伟大成就。这一伟大成就,打破了霸权主义的核垄断,有力地保障了国家的安全。它为我国的国防现代化,特别是国防尖端技术的发展,打下坚实的基础,使中国的综合国力和国际地位迅速提升。正如邓小平所指出的:"如果六十年代以来中国没有原子弹、氢弹,没有发射卫星,中国就不能叫有重要影响的大国,就没有现在这样的国际地位。"[1]

20世纪60年代,毛泽东根据当时的国际局势和周边态势,提出搞"三线"建设的战略决策,进一步调整国民经济布局,并形成"备战、备荒、为人民"的思想。

第九,在执政党建设方面,毛泽东进行了重要的探索。

中国共产党执政以后,如何保持马克思主义先进政党的本色不变质,如何保持党同人民群众的血肉联系,这是毛泽东始终思考和探索的重大问题。

建国前夕,毛泽东考虑的头等大事,就是人民掌握政权以后能不能保持住这个政权。用他形象的说法,就是"我们不要作李自成"。这里的关键在于党。他在党的七届二中全会上不失时机地向全党提出"两个务必"的要求,要求全党警惕资产阶级糖衣炮弹的袭击。同时规定了一系列党内纪律:禁止给党的领导者祝寿,禁止用党的领导者的名字作地名、街名和企业的名字,保持艰苦奋斗作风,制止歌功颂德现象。毛泽东提出

---

[1]《邓小平文选》第3卷,人民出版社1993年版,第279页。

这些要求，敲起这样的警钟，半个多世纪过去了，今天仍然是我们治党治国所必须实行的指示和应当严重注意的问题。

新中国成立以后，党的地位发生了根本变化。毛泽东对于党沾染上各种不良风气的情况始终保持着高度警惕。刘青山、张子善一案被揭露出来，毛泽东亲自过问，严惩不贷，绝不姑息，毫不手软，赢得了社会上的普遍赞誉。他发动的"三反"运动，整肃大大小小的贪污分子和变质分子，纯洁了党风，极大地提高了中国共产党在全国人民中的威信，同时对保持良好的社会风气也是一个有力的推动。"三反"运动中也出了一些毛病，主要是打出了许多假"老虎"，但都很快得到纠正。

社会主义改造基本完成以后，毛泽东针对当时党内的状况，发动了以正确处理人民内部矛盾为主题，纠正主观主义、官僚主义、宗派主义错误思想作风的整风运动。这次整风，采取开门整风的方式，发动广大党外人士帮助中国共产党整风。这是毛泽东在执政党建设上的一个重要尝试，其目的是要通过党外监督和群众监督来改进党风，克服党内的不良作风。尽管这次整风运动后来出现了反右派斗争严重扩大化的失误，但是这种开门整风尝试反映了毛泽东对执政党建设的思考和探索。毛泽东总想找到一条在群众运动和群众监督中推进执政党建设的道路。在"以阶级斗争为纲"的错误思想指导下，最终导致了"文化大革命"的全局性错误。但是，他提出的由党外人士和人民群众监督共产党，帮助纠正共产党的不良作风，则是关于执政党建设理论的一个值得借鉴的思路。

保持党同人民群众的血肉联系，使党的每一个干部一刻也不脱离群众，这是毛泽东建党思想最重要的内容之一。在共产党执政以后，随着地位的变化，这个问题显得更为重要，也更为迫切。革命战争时期，共产党如果脱离群众，革命就会失败。革命在全国胜利以后，共产党如果脱离群众，就有丧失政权的危险。建国以后，毛泽东不断地告诫全党，一定要密切联系群众，指示我们："一定要每日每时关心群众利益，时刻想到自己的政策措施一定要适合当前群众的觉悟水平和当前群众的迫切要求。凡是违背这两条的，一定行不通，一定要失败。"[1] 毛泽东特别强调一点，任何人不论官有多大，在人民中间都要以一个普通劳动者的姿态出现。要以真正平等的态度对待干部和群众，绝不可以摆官架子，一定要打掉官气。他十分厌恶那种高高在上、做官当老爷、严重脱离群众的官僚主义者。他更痛恨那些贪污腐化的腐败分子，同各种腐败现象进行毫不留情的斗争。

当美国的杜勒斯提出对社会主义国家进行和平演变问题时，毛泽东以他敏锐的眼光，及时地抓住这个问题，提出防止和平演变的对策。他说，帝国主义的策略是，准备用战争方法消灭社会主义，这是第一手。准备用腐蚀、演变的方法消灭社

---

[1]《毛泽东文集》第 8 卷，人民出版社 1999 年版，第 33 页。

会主义，这是第二手。历史证明，当帝国主义看到很难用战争消灭社会主义国家的时候，便日益加紧进行和平演变这一手。帝国主义对我国进行和平演变的战略是绝不会改变的，因此，毛泽东把防止和平演变作为一项战略任务提到全党面前，成为毛泽东关于执政党建设理论的一个重要组成部分。

第十，关于领导方法和工作方法。

毛泽东在中国革命的长期实践中创造了独具中国特色的领导方法和工作方法。新中国成立以后，我们党遇到许多从未遇到过的新情况、新问题。毛泽东的领导方法和工作方法得到进一步的发展。

（一）卓越的决策能力。毛泽东经常讲，领导者要多谋善断，不能优柔寡断。这是一个重要的领导方法。新中国成立以后，国际国内发生的许多重大事件，都充满着变数。毛泽东在处理这些复杂问题的过程中，一个可贵之处，就在于他能捕捉住稍纵即逝的历史机遇，在充分估计各种可能性的基础上，果断地作出决策，或者及时地调整工作部署。

（二）过人的预见能力。他常讲，凡事预则立，不预则废，预见性是对领导者的一个考验。他要求领导者要在事情还处在萌芽状态之中就有所察觉，"风起于青萍之末"就能知微见著。毛泽东的预见能力，建立在对于事物的发展过程的全面把握之上，不但要了解它的现在，还要了解它的过去，这样才能预见到它的将来。同时，还建立在对某些征兆的洞察力上。一个事情刚刚露头,还处在萌芽之中,毛泽东能够以特有的敏感预见可能会发生的情况,而采取果断措施,把问题解决在萌芽状态。

(三)很强的应变能力。毛泽东考虑重大问题时,同时估计到多种可能性,准备多种应变措施。对许多问题的应变措施,不是建立在一厢情愿上,而是作最坏的打算,去努力争取最好的结果。一旦情况有了变化,才能把握主动权,不至于被动慌乱。在对中国社会主义建设道路的探索中,这种应变能力更多地体现在纠正错误的过程中。常常在不利的情况下,他会出其不意地提出一些别人想不到的思路和办法,摆脱困境,变被动为主动。

(四)具有宽广的世界眼光。毛泽东在处理重大问题,作出重大决策时,首先要考虑国际环境,估计国际形势的变化。建国之初,在筹划国民经济的恢复和发展时,他向斯大林提出的第一个问题,就是第三次世界大战能不能打起来。在作出向社会主义过渡的决策时,首先考虑国际形势,估计到至少可以有十年到十五年的和平时期。他发动"大跃进"的考虑之一,也是想抓住当时有利于和平建设的国际条件,尽快把经济搞上去,把中国建设成强国,以争取主动地位,尽管这次努力因为违背客观规律而招致重大损失。在20世纪50年代,他意识到世界科技发展已经进入原子能的时代,作出搞原子能研究的决策。在提出两类矛盾学说的时候,他不仅总结了国内的经验,也总结了其他社会主义国家的经验。

（五）抓大事，抓关键，抓典型。毛泽东是战略家，善于在纷繁复杂、纵横交错的局面中，抓住主要矛盾，抓紧最关键的问题，抓住不放，一抓到底，非抓出成效绝不罢手。亲自督促检查，凡执行好的，通报表扬；执行不力的，加以督促；漫不经心、置若罔闻的，通报批评。有时好的、坏的一起通报，形成强烈对比，给人以特别深刻的印象。他总是在一个时期抓住一个主要问题，集中主要精力加以解决，同时兼及其他，一个一个问题地解决，由此推动工作不断前进。抓典型（包括好、坏两种）以推动全盘工作，是毛泽东最经常采用的方法。他说："无证民不信，不信民不从。"

（六）调查研究，解剖麻雀。毛泽东说过，调查研究可以有两种方法：走马看花和下马看花。他更重视和提倡下马看花，即深入基层，抓住好、坏两种类型的点，作由历史到现状的系统的调查研究，提出问题和解决问题。1961年，他亲自领导三个调查组深入农村基层作调查，为制定"六十条"提供第一手根据，就是一个范例。

（七）注意总结经验。特点之一，是从这些经验中作出新的理论概括，上升到哲学高度。他在对"大跃进"受挫和庐山会议后"反右倾"带来的严重后果，进行反思之后，更加强调认识论，强调主观必须符合客观，强调"实践是检验真理的唯一标准"，提出必须把马克思主义基本原理同中国的建设实践相结合这一重要命题，写出《人的正确思想是从哪里来的？》等哲学短篇。这篇短文，对马克思主义认识论的阐发，较之《实践论》，更为简洁概括、通俗易懂。其中谈到认识上的第二个飞跃比认识上的第一个飞跃"更伟大"，突出强调了实践是检验真理的唯一标准。这正是毛泽东切身的经验之谈。

以上，我们列举了毛泽东在领导新中国的建立和建设过程中为我们留下的一些宝贵遗产。实际上远远不止这些。在毛泽东建国后的大量文稿中，还有很多重要的、精彩的思想，这里不可能一一列举出来。这些遗产，也包含着中央其他领导人的贡献，是集中了集体智慧的结晶。这些，都说明毛泽东思想在新中国成立以后的继续和发展，也是毛泽东思想至今仍在发挥着指导作用的重要方面。

在改革开放的新时期，随着形势的发展，以邓小平同志为核心的第二代中央领导集体和以江泽民同志为核心的第三代中央领导集体，在继承毛泽东思想的基础上，又有了很大的发展，形成了邓小平理论和"三个代表"重要思想。

今天我的这个发言，不是全面评价毛泽东，也没有涉及毛泽东晚年的错误。这个问题需要另外的文章去讨论。我的发言有不对的地方，希望大家批评指正。

编写《毛泽东传（1949—1976)》的一些体会 *

《毛泽东传（1949—1976)》的编写工作，从1995年11月正式开始，到2003年12月出版发行，前后共八年的时间。《毛泽东传（1893—1949)》是1996年出版的。

大家知道，《毛传》建国后部分，写起来难度是比较大的。在这二十七年的时间里，毛泽东领导全党和全国人民建设新中国，取得了辉煌而伟大的成就，同时又犯过错误，包括发动"文化大革命"这个全局性的严重错误。走过的道路曲折而复杂，提供的经验与教训又是极其丰富而深刻。就毛泽东本人来说，在这二十七年里，他的科学思想（即毛泽东思想）在新的历史条件下，又有新的发展，给我们留下许多宝贵的财富；同时，他的思想和实践，主要是晚年，在许多方面又背离了他的科学思想体系。如何看待毛泽东建国后二十七年的理论与实

---

* 这是作者2004年4月7日在中共党史人物研究会三届二次理事会暨学术研讨会上作的学术报告，发表在《党的文献》2004年第4期。

践，功绩与错误，在一些人们中间，包括学术界，存在着不同的看法，甚至有严重的分歧。而建国后的历史又非常复杂，涉及的方面很多，包括政治、经济、文化、军事、外交、统战、思想理论、党内斗争和党的建设、国际共运等等。各种问题互相联系，犬牙交错。它们无不与毛泽东的理论和实践密切相连，受到毛泽东的理论和实践的深刻影响。做到如实地、比较准确地反映毛泽东这二十七年的历史，并为大多数读者所认同，的确是一件很难的事。对于这一点，我们全体编写同志，一开始就有足够的估计和充分的思想准备。我们常常用毛泽东的诗句"无限风光在险峰"来激励自己的编写工作。

编写《毛传》建国后部分，也有有利的条件。

首先，有中共中央《关于建国以来党的若干历史问题的决议》作指导。《历史决议》对建国后的许多重大历史问题，特别是对毛泽东的评价，进行具体分析，作出恰如其分的科学论断。它集中了全党的智慧而又为全党所接受，经受住了历史的检验。有了《历史决议》作为指导思想，就解决了写《毛传》遇到的一些带根本性的难题。《历史决议》为编写《毛传》指明了方向；在撰写《毛传》的过程中，通过阅读大量档案和其他材料，进一步验证了《历史决议》重要论断的正确性。

其次，中央文献研究室保存有中央档案馆提供的丰富的相当完备的毛泽东档案，为编写《毛传》创造了最基本的条件。此外，同毛泽东有直接接触或有关重要事件的当事人对我们口述的许多事实细节,党内一些重要人物的回忆录和日记,提供了许多不可多得的重要材料,也是十分可贵的。

再次,中央文献研究室已撰写过《周恩来传》《毛泽东传(1893—1949)》等,在编写领袖人物传记方面积累了不少的经验,可资借鉴。

传记主要是写人。毛泽东是人不是神,但他又不是一个普通人,而是伟大的马克思主义者,中国共产党和中华人民共和国的主要缔造者。因此,写毛泽东的传同写其他人的传,有相同的地方,又有不同的地方。《毛泽东传(1949—1976)》是一部集体创作。下面,仅就编写工作中的一些个人体会,提出来同大家交换意见。

第一,拟好一个提纲。

这是编写工作的第一步。正像建一座大厦一样,必须先有一个好的设计蓝图。提纲就是传记的总体设计。在动笔写作之前,编写者对建国后这段历史就要有一个大概的了解。整部传记分成多少章,每章主要写什么内容,心里都要有个数。开始时的那个提纲,只能是粗线条的,而且不可能一成不变。随着研究深入和新材料的发现,肯定要不断修改,逐步完善,甚至有的章节要重新设计。在写作的过程中,常常会产生新的认识、新的想法、新的思路,也需要对提纲进行调整。

第二,详细占有材料。

占有材料的多少,决定传记的质量与分量。在这方面,我们编写《毛传》有着得天独厚的条件，主要是中央档案馆提供了比较齐全的毛泽东档案。写传，最基础的工作就是广泛收集材料，而且要把大多数时间放在细心阅读和熟悉材料上。离开材料，任何人也难为无米之炊；材料不足，也难以写出一部丰满的人物传记。至于那种并无足够可靠的材料作为根据而作的主观主义的推断，是没有价值可言的。

第三，善于使用材料。

有了丰富的材料，不见得就一定能写出一部好的传记。如果只是堆砌或罗列一大堆材料，不作分析，不经过精心组织，不讲逻辑，材料再丰富，还是没有人愿意看。如何分析和使用材料，成为写传的一个关键问题。

用好材料，一般要经过三个阶段，一是熟悉它，二是理解它，三是用好它。对材料，要反复研读，做到十分熟悉。还要准确理解它，弄懂它的真正意思，抓住它的精神实质，做到融会贯通。这样才能驾驭材料，才能恰当而准确地使用材料。最后是怎样用好材料的问题，这里有几个关键。

一个是材料的选择。首先，要从大量材料中，经过去粗取精，选出最精彩、最有代表性、最能反映传主的思想和实践的本质特征的内容。材料选择得好不好，恰不恰当，用俗话说"识不识货"，这要看编写者的眼光和水平，看编写者对传主思想、实践活动了解和把握的程度。常常有这种情况，引用了一大堆材料，却恰恰把一些要紧的材料遗漏了。这里还有一个技术性的问题,即材料(主要是传主的讲话和著作)究竟引用多一些好,还是引用少一些好?这首先要根据需要。选多了,过于冗长,影响可读性;选少了,不厚实,不丰满,甚至会漏掉一些重要内容,达不到应有的效果。其次要根据传记的体裁。写大传,引用得充分详细一些是需要的;写简传或小传,则宜力求精练。不论是写大传还是简传,都要注意选材的准确性、相对完整性,切忌断章取义。更不能东抓一句话,西抓一句话,不管讲话的背景,硬拼凑到一起,来印证编写者想说的话和主观想象的东西。这样做,就失去了客观性、科学性,也就失掉了可信性。《毛传》是一部大传,我们更注重引文的完整性,尽量引得充分些。大家都知道,毛泽东的文章也好,讲话也好,思想深邃,内涵丰富,语言生动,富于文采,可读性很强,往往编写者怎么转述也比不上引用原文的效果。引得完整一些,还便于读者了解它的原意,自己去进行思考。《毛传》的长篇引文是比较多的,我们编写时只是觉得需要这样做,但是读者愿不愿意看?他们会不会觉得枯燥?老实说,不是没有这种担心的。后来的事实证明,这样做的效果是好的。

再一个是材料的组织。这里实际上涉及文章的组织结构问题。材料要组织好,穿插好,注意它们之间的联结,使之在事实上、逻辑上、文气上,都能一气贯通,读起来比较顺畅。要做到这一点,是要用一点心思的。比如,在《抗美援朝》两章中,插了一段编《毛选》的内容。当抗美援朝战争取得第三次战役胜利,中国人民志愿军在朝鲜战场上站稳脚跟以后,毛泽东便抽出时间,住到石家庄去,专心致志地编《毛选》。抗美援朝与编《毛选》之间并没有什么联系,但把它插在这里,文字上加以勾联,读者并不感到生硬、勉强,或者觉得走了题,反而有一种新鲜感。有时候,写一个问题,内容很集中,一直写下去,篇幅很长,使人读起来可能会有些疲倦感。如果中间转换一下,穿插些别的内容,会收到比较好的效果。《毛传》的《纠"左"的努力》两章中,插入了一段平定西藏叛乱的叙述,也是这种情况。这种穿插,有点像打鱼撒网。渔网要撒出去,但不能无边无际,跑了题。到适当处,又要收拢来,回到原来的题目上。这里再举一个例子。《〈关于正确处理人民内部矛盾的问题〉和整风反右》两章,对毛泽东修改《关于正确处理人民内部矛盾的问题》的过程,作了详细介绍,说明每一稿是怎样改的,有哪些重要的修改和补充,反映毛泽东这篇重要著作形成的过程。但是,我们不是孤立地介绍修改过程,而是将修改过程同当时国内政治形势的变化以及毛泽东的实践活动紧密地结合起来。这样,读者可以看得很清楚,当时国内政治形势的变化怎样影响了毛泽东对《关于正确处理人民内部矛盾的问题》的修改。同时,也尽量增加可读性,把修改文献这种比较呆板的过程,变成一种比较生动的、跌宕起伏的过程。

"文似看山不喜平",这是写文章的道理。写传也是如此。要有张有弛,有急有缓,有起伏,有波澜。生活本身就不是那么单一、平静的。例如,《抗美援朝》两章中,正写到在烽火连天的朝鲜战场上紧张战斗的场面时,插了一段毛岸英之死及毛泽东心灵上受到严重打击的描述,带有浓浓的父子之情的描写。这种场景的转换,正是历史真实的写照。又如,关于宪法问题的一章,绝大部分写的是政治、法律和理论问题,中间特地插了一段毛泽东在杭州爬山的描述,这是当年毛泽东身边的医生和护士长的回忆。读者读了大量政治、法律和理论问题之后,再读读这些轻松的小故事,换换脑筋,会引起一些兴趣。再如,《七千人大会到八届十中全会》两章,在记述一次中央工作会议的时候,专门写了一段毛泽东和刘少奇关于《红楼梦》问题的谈话。就是说,政治家们在讨论严肃的政治问题的时候,也谈一些比较轻松的话题。读者也会随着进入另一种意境。总之,在一部严肃的政治传记里,穿插一些小故事,想增加一些别样的色彩。

这样说,并不是要有意制造波澜,虚构一些什么(政治传记不容许有任何虚构),而是有根有据地写真实的情况。只是要在材料的选择和组织上下些功夫。

第四,基本上按历史顺序写而不按问题写。

传记有各种体裁,可以有各种写法。根据我们的经验,像《毛传》这样的政治传记,按历史顺序而不是分门别类来写,比较好。毛泽东的实践活动和思想活动,都是在历史的过程中进行的,无不产生于一定的历史条件和特定的历史环境。有时，为了避免过于分散和零碎，使读者对某个问题有比较深的印象，采取一些小集中的写法也是需要的。有些重大事件，本身就非常集中，例如"炮击金门""林彪事件"，毫无疑义，就应当集中一个题目写。但是，往往在同一类问题中，各个具体事件的历史背景不同，时间跨度比较大，集中起来写显得庞杂，又缺乏历史感，就不宜于集中写。比如，原来我们曾经设想，在建国初期专设一章叫"思想文化建设"，内容主要包括编辑《毛选》、对电影《武训传》的批判、知识分子思想改造问题、对《〈红楼梦〉研究》的批判、胡风问题等。这些，都属于同一类问题，但是它们之间，情况差异很大，历史背景很不相同，时间跨度又大，写起来十分困难，也很不顺。后来，基本上按照历史顺序，把它们分别放到有关的章节里。这样，既符合历史实际，有一定的历史感（表明它是在何时何种情况下发生的），顺理成章。又比如，关于毛泽东主持起草的"两论"（《论无产阶级专政的历史经验》和《再论无产阶级专政的历史经验》），集中写好，还是分开写好？开始，把它们合在一起，专列一章，题名"无产阶级专政的历史经验"，觉得这样有道理。但写起来发现了困难，像论述文章，不像历史。"一论"和"再论"虽属同一类性质的问题，可以称作姊妹篇。但它们在时间上相隔七个月，这中间国际共运情况发生了一些变化，写作的背景有很大差异，针对的问题也不相同。"一论"主要是反对教条主义；"再论"以两类矛盾问题作为立论依据，在反对教条主义的同时，又着重反对修正主义。不论从时间上还是从内容上来看，"一论"与《论十大关系》相近，它们从理论上为中共八大报告作了准备，"再论"则从理论上为《关于正确处理人民内部矛盾的问题》作了准备。最后，还是按照历史顺序来写的。"一论"归到前边的《〈论十大关系〉到八大》一章中，"再论"写到后边的《〈关于正确处理人民内部矛盾的问题〉和整风反右》一章中，实现了历史和逻辑的统一。

我们说按历史顺序写，当然不是把所有大事都按照发生的时间顺序，简单地排列下来。那样写，就不叫传，而是年谱了。比如说，恢复国民经济同抗美援朝这两件事差不多是在同一时间段里进行的，它们只能分开写。当然在具体写法上，两章之间可以而且应当有一些互相照应的笔墨。

第五，叙事要清晰。

对事情的来龙去脉，包括历史事件、传主的思想发展过程和对一些问题的决策过程，要写得清晰明了。有条理，有线索，有头有尾，使人一目了然。写出来的东西，单是自己觉得清晰明了还不算，更要从读者的角度想想，他们读了是否也觉得清晰明了啦。

这里说的是表述形式问题。表述形式的优劣，归根到底，决定于作者对问题、对材料的研究程度、理解程度。如果自己对问题、对材料研究得不深不透，只有一个大概的印象，一种表面的或肤浅的了解，那就只能罗列一大堆事实或材料，不可能把事情叙述清晰的。

这里我要特别强调一下加强研究的问题。写一部传记，材料选得好不好，材料用得好不好，写的深度如何，表达得怎么样，这一切，都决定于在研究上所下的功夫。

叙事不能平均使用力量。对一些重大问题和重大事情的决策过程，以及人们普遍关心而又不很清楚的问题，需要多用笔墨来写，尽力写透。例如，关于抗美援朝的决策过程，这是党史界长期研究而苦于缺乏某些材料、难以得到比较理想的解决的一个问题。这次我们充分利用内部档案，包括毛泽东、周恩来后来的回忆，对这个问题尽量把它说清楚。又如，关于过渡时期总路线的提出，在一个时候也曾是困扰着党史界的一个问题。有人还曾根据当时周恩来去苏联回国到京[1]的时间，推断此事与斯大林直接有关，怀疑是否接受了斯大林的意见。这次我们仔细研究了许多内部档案和当时的国内社会经济发展情况，说明过渡时期总路线，完全是毛泽东和中共中央根据国内实际情况自己作出的决策。再如，整风反右问题，这更是人们比较关注的一个问题。在一些人的著作或作品里，把整风反右简单化，甚至歪曲地说成是共产党"引蛇出洞"，而且这种说法的影响还相当广泛。这次我们根据详细的档案材料，把事件的来龙去脉、发展变化，有头有尾地清楚地写明白，让读者了

---

[1] 详见本书第277页。

解事实真相：毛泽东和中共中央为什么决定整风；他们是否真诚地希望民主党派帮助共产党整风；为什么要采取这个办法；是什么情况使毛泽东和中共中央改变初衷，由整风变成反右；后来反右又是怎样扩大化的；反右扩大化给国家和一些人带来怎样的严重后果和困难，等等。再如，关于林彪事件问题，社会上有一些不确实和歪曲的传闻。我们根据各方面的材料，加以分析研究，详细而又清楚地写明了事实的真相。其他问题，包括"大跃进"和人民公社化运动、"四清"运动等对国家产生重大影响的事件，都力求这样叙述。对"文化大革命"问题就更是如此了，这一部分共写了十章，几乎占全书的四分之一。而且"文革"以前几章里就已经埋下伏笔。

总之，对于重大事件和传主重要活动的前因后果及其发生和发展的曲折过程，要用清楚的语言把它们表述出来，贯通起来。这种贯通，也包括全书的前后贯通，各章之间的前后贯通，这对于一部传记来说，是十分重要的。它使读者感到这部传记是一个整体，而不是零散材料的堆砌，从而使毛泽东这个人物的实践、思想发展变化过程，有一个清晰的脉络。

第六，写出传主的性格和特点。

每个人都有他的性格和特点。不同性格的人处理同一问题会有不同的想法和做法，写人物传记，如果写不出他的性格和特点，就会千人一面，而不是活生生的人了。

写传主的性格和特点要与重大事件结合起来，不能离开重大事件单纯地写性格和特点。一个人的性格、特点，总是通过他的言行、对待和处理问题特别是对待和处理重大而复杂的问题的态度和才能、处理同别人的关系等方面表现出来。在最能体现人物性格和特点的地方，可以多用些材料，多花些笔墨，着力地加以刻画。

这里涉及传主与背景情况的关系。为了刻画人物，必须把背景写好。传主生活在一定的历史环境中，同时又受一定历史条件的制约。历史背景是传主活动的舞台，没有这个舞台，传主的活动和思想就是不可理解的。当我们介绍传主的一个思想、一项政策时，一定要写出他是在什么情况下，针对什么问题提出的，后来又根据哪些情况的变化而改变（这里所说的"情况"，也包括一些不符合实际情况的信息）。在介绍传主对形势作出某种判断，采取某项重大决策时，一定要写清楚：当时传主面对怎样一种复杂的形势，面对哪些相当棘手的问题，他是根据什么作出这种判断而不是别种判断，采取这种决策而不采取别种决策的。背景情况写好了，会使一部传记显得丰满、生动，有血有肉，不干巴、不枯燥。

写传与写党史、国史不同。切忌把人物传记写成党史、国史；或者喧宾夺主，传主的活动被淹没在历史的记述中。写历史背景是为了衬托传主，它服务于和服从于对传主的描述。背景有不同的写法，一种写法是，先写一大段历史背景，然后再写传主的活动与思想；另一种写法是，将历史背景与传主的活动与思想紧密地交织在一起写。后一种写法要好一些，不使背景情况游离于传主的活动。背景情况不一定写很多，有时几笔就可以勾画出来，有时甚至点到为止，总之以说清楚问题为原则。

这里还涉及传主与其他人的关系。就《毛传》的编写来说，处理好传主与其他领导人的关系，尤为重要。中共中央和它的政治局及常委，是一个领导集体。毛泽东的活动离不开集体。他的言行极大地影响着别人，别人的言行也常常影响着他，有时这种影响还是相当大的。毛泽东的许多思想和意见，也往往是在集体讨论中或在同别人的交谈中逐步形成的；许多重大决策，也往往是在集体讨论中或在同别人的交谈中最后作出的。虽然是个人传记，也不能写成只有他一个人孤零零地在那里思考和作决断。《毛传》记述毛泽东在某次会议或座谈会上的讲话时，很注意引用与会者其他人的有关插话，特别是引用与会者之间的一些对话（包括不同意见的讨论和争论）。这样，可以给人以身临其境的感觉，一个个鲜活的人物形象和他们内心世界的活动，跃然纸上。当然，别人的讲话和活动，原则上不能游离于传主，写别人，归根到底是为了写好传主。

第七，用事实说话。

主要用事实说话，不作过多的评论，不随意地下断语，这是《毛传》建国后部分一个突出的特点。书中大量地翔实地引用了毛泽东的讲话、谈话和文稿，引用时又充分注意到它们的完整性和客观性，就是为了让读者尽可能全面地了解真实的毛泽东，看看他在对待重大问题时，是怎样想的、怎样说的和怎样做的，包括正确的和不正确的。毛泽东的讲话、谈话和文章，有很强的可读性。虽然长篇大论地引用，读起来不但不觉得枯燥，而且很有兴味。这些翔实的引语又能体现毛泽东的个性和特点。大段引用毛泽东的讲话、谈话、文稿，既收到读来引人入胜的效果，又能达到"用事实说话"以增强可信度的目的。当然，在这一点上，不能要求所有人的传记都这样做。

是不是一点评论也不作、一点判断都不要呢？当然不是。必要的评论，必要的分析、判断，是必不可少的。它们在很大程度上反映一部传记的水平和质量，反映编写者对传主认识和理解的程度。点评和判断，不是凭空想出来的，而是从事实的叙述中，从对材料的分析、概括中得出来的，是经过研究和思考，对传主认识上的深化和升华。当行文到一定的时候（往往是在节骨眼儿的地方），需要点评而无点评，读者会感到有缺失，感到不满足，留下一种遗憾。如果在这个地方，作出一个很到位的又恰如其分的点评，读起来会感到提神，加深对问题的理解，提高对问题的认识，或者引起更深一步的思索。这就是所谓点睛之笔、提神之笔。一部传记，如果没有必要的评论、分析、判断，就会变成平铺直叙的东西，缺乏生气，缺乏力度，缺乏吸引力和说服力。

点评，有各种各样的情形。比如，有的是把一件事情或者毛泽东的某一篇讲话的要紧之处、关键之处点出来，加以突出；有的是对某一件事情或者毛泽东的某一个思想观点、某一项重大决策的意义和作用，加以评论；有的是对毛泽东的某一理论观点进行历史的考察，前后作比较，提示其思想发展的轨迹；有的是对材料，包括毛泽东的讲话等，加以分析、概括，进而得出一些新的理解、新的认识；有的也可以是有感而发，抒发一下编写者的体会、感情，等等。至于对那些没有把握的问题，还有待于历史进一步检验的问题，或者争议较多而暂时难以作出定论的问题，《毛传》一般努力把事情写清楚，而不作评论或下断语，给读者留下更多的思考空间，让历史去作结论。

　　第八，不回避毛泽东的缺点和错误。

　　这是《毛传》建国后部分编写上的又一突出特点。毛泽东代表了中国的一个时代。他有伟大的功勋，也有缺点和错误。写毛泽东的缺点和错误，一定要采取严肃的科学态度。

　　首先，要实事求是，客观公正。既不缩小，也不夸大。回避或缩小缺点错误，夸大和刻意渲染缺点错误，这两种态度和写法同样都违背历史的真实，是不科学的，不可取的，广大读者也难以接受。

　　其次，要分析错误产生的原因。说明毛泽东为什么会犯错误，他是在什么条件下，受到哪些因素的影响（主观的和客观的，近因的和远因的）而犯了错误。比如，对于毛泽东发动"大跃进"，《毛传》分析了当时国际国内的形势以及毛泽东对这种形势的判断；记述了从农业合作化、反右，到经济建设指导方针上批评反冒进，进而演变成"大跃进"和人民公社化运动的过程；也介绍了毛泽东为寻找一条中国式的社会主义建设道路，以达到建设一个富强国家而苦苦探索和执着追求的情况。对于为什么要发动"文化大革命"和怎样发动"文化大革命"，编写者花了更多的笔墨和力气进行分析：说明毛泽东发动"文革"的主观动机是出于"反修防修"。他确实看到党内存在严重脱离群众的官僚主义、贪污腐败等阴暗现象，想给以彻底地解决，但是他对形势估计是错误的，估计得过于严重。他对"修正主义"这个概念在认识上也是模糊不清的，不断地扩大它的范围，对党内的一些不同意见作了错误的定性。他犯了阶级斗争严重扩大化的错误。使用的方法也是错误的，采用"大民主"的做法，导致严重的无政府状态，造成极大的伤害和破坏。不仅如此，《毛传》还从毛泽东的指导思想上"左"的渊源上加以论证，在《发动"文化大革命"》这一章之前就作了伏笔：最早可以追溯到1957年末毛泽东改变党的八大关于中国社会主要矛盾的论断，这个我们称之为毛泽东在社会主义建设时期的第一次失足。后来，到第一次庐山会议批判右倾，把党内不同意见的分歧说成是阶级斗争，这是第二次失足。再后来，到八届十中全会把社会主义社会中一定范围内存在的阶级斗争扩大化和绝对化，是第三次失足。此后，其指导思想的继续"左"倾，便由社会主义教育运动而直接演变成"文化大革命"。

再次，要分析错误的性质。《毛传》以事实为根据，说明毛泽东的错误，是在对适合中国情况的社会主义建设道路的探索中所犯的错误。当他错误地开展党内斗争的时候，他主观上还是为了实现他的一种理想、一种主张，尽管这种理想或主张是不符合实际的，甚至是带有空想色彩的。认为毛泽东犯错误是个人权力之争，这种论断是站不住脚的，是不能说清楚问题的。不论对发动"大跃进"，还是对发动"文化大革命"，都是如此。

最后，还应当说一说毛泽东是怎样对待错误的。比如对"大跃进"，毛泽东一经发现错误，就立即去纠正（在他认识到的范围内）。即使对于"文化大革命"，毛泽东也在局部问题上，作了某种程度的纠正或进行政策上的某些调整。《毛传》比较细致地描述了毛泽东是怎样发现错误、认识错误和纠正错误的；是怎样从错误中总结经验，汲取教训的；是怎样承担错误责任，作严肃的自我批评的。同时，也说到他纠正某些错误的不彻底性和局限性，而出现历史发展的曲折过程。

第九，文风问题。

要写好一部传记，不能不讲究文风。文风的优劣，对传记的可读性影响很大。采用什么样的文字风格，各人有各人的选择。根据我们的体会，最好是：一、朴实明快，通俗易懂。少用或者不用夸张的笔法。更不用晦涩难懂的语言。形容词、副词也不要滥用，有时用形容词，反倒降低了文字的效力。二、生动活泼，不落俗套。用语和句式结构，可以经常变换，避免呆板。不要老是重复使用那么几个词语，或者老是使用一种句式，显得单调、重复、干巴。三、干净利落，文笔流畅。遣词造句都要讲究，多推敲。用字、用词用得恰当、得体。将一些可有可无的话，可有可无的字，毫不吝惜地去掉。连接词，能不用就不用，免得拖泥带水。要以尽可能少的文字表达最多的内容。

我再说一遍，《毛泽东传（1949—1976）》是一部集体创作，以上九条意见，都是些个人的粗浅体会。并不是说，这九条，《毛泽东传（1949—1976）》都完全做到了，绝不是的。其实，这些都是我们想要努力达到的目标。至于实际做得如何，只有请读者评判了。

《毛泽东传（1949—1976）》对建国以来几个重大历史问题的研究[*]

毛泽东是新中国的主要缔造者，党和国家主要领导人。在新中国前二十七年的历史中，不论是我们国家取得的辉煌成就，还是走过的曲折道路、遭受的严重挫折，无不与毛泽东的思想和实践密不可分。在这二十七年中所发生的一切重大事件，毛泽东都是主要决策者。作为记录毛泽东这段历史的《毛泽东传（1949—1976）》（以下简称《毛传》），对这些重大事件都是用了重笔，写出这些事件的来龙去脉：它们是怎样发生的，是在什么条件下发生的；事件发展的过程是怎样的，它们在历史上起了什么样的作用和影响；毛泽东是怎样作决策的，在决策过程中，他同中央其他领导人发生一种什么样的互动关系，等等。这部《毛传》出版以后，之所以引起人们的广泛注意，就是因为它使用和公布了大量第一手的档案资料，比较详

---

[*] 这是作者 2005 年 12 月 24 日在中共上海市委宣传部、上海市社科联主办的"东方讲坛高端讲座"所作的学术报告，发表在《党的文献》2006 年第 2 期，《新华文摘》2006 年第 10 期转载。

细地记述了人们非常想要了解的毛泽东在这段历史中的思想和活动。

《毛传》的最大特点是用事实说话。它是在中共中央《关于建国以来党的若干历史问题的决议》(以下简称《历史决议》)的指导下编写的；反过来，通过对大量档案资料的研究，又进一步证明了《历史决议》的科学性和正确性。本文就新中国前二十七年中的几个重大而又为人们比较关注的问题，介绍一下《毛传》所提供的研究成果。

一、关于抗美援朝

毛泽东是如何决策出兵朝鲜的？中国的抗美援朝是由朝鲜战争引起的。关于朝鲜战争的起因，不属于《毛传》研究的范围，《毛传》没有去涉及。但是对朝鲜战争，毛泽东和中国共产党有着自己的态度，即不赞成打。朝鲜战争一旦打起来，势必影响中国。当时中国刚刚从内战的废墟中走出来，面临的主要任务是尽快把国民经济恢复起来。1950年6月6日开幕的中共七届三中全会的主旨就是毛泽东的报告《为争取国家财政经济状况的基本好转而斗争》。这标志着全党工作中心，已由革命战争转到经济建设。《毛传》在《抗美援朝》一章开头就是这样写的："1950年6月，全党和全国人民正按照毛泽东和中共中央确定的关于恢复国民经济的方针和部署，有条不紊地、卓有成效地工作着。然而，一件毛泽东不希望发生的事情发生了——1950年6月25日朝鲜战争爆发。"

事情是不以人们的意志为转移的。面对不希望发生的朝鲜战争，毛泽东和中共中央不能不有所准备。朝鲜战争爆发后的第三天，6月27日，美国就决定派出海空军入侵朝鲜领海、领空，6月30日又命令美国陆军入朝鲜参战。7月7日，在美国操纵下，联合国成立"联合国军司令部"，任命麦克阿瑟为"联合国军"司令。差不多就在同时，毛泽东和中共中央作出一个决策，调五个军摆在鸭绿江边。这是一个非常正确而及时的决定，否则，毫无准备，敌人很快打过来，就来不及了。这就叫凡事预则立，不预则废。美国军队侵入朝鲜，中国是不是就一定要出兵援助？那不一定。中国出不出兵，毛泽东有一个"底"，那就是看你美国军队过不过"三八线"，你不过我不出兵，你一过我就出兵。10月1日，韩军越过了"三八线"，当天夜里金日成紧急约见中国驻朝鲜大使倪志亮，向中国政府提出出兵支援的请求。10月8日美军越过了"三八线"，当天，毛泽东作为中国人民革命军事委员会主席下达命令，组织中国人民志愿军，迅速向朝鲜境内出动。10月19日，人民志愿军跨过鸭绿江，进入朝鲜。

毛泽东作出出兵朝鲜的决策是非常不容易的。这是一个牵动全局的大事。当时面临的情况是：敌人是具有高度现代化装备的美国军队，中美两国的国力、军力相差十分悬殊，中国的新生政权还不巩固，苏联最初不肯给以空军支援，特别是在中央政治局内对出兵有不同的意见。对毛泽东来说，这恐怕是他一生中最困难作出的一个决策。后来毛泽东对金日成说："我们虽然摆了五个军在鸭绿江边，可是我们政治局总是定不了，这么一翻，那么一翻，这么一翻，那么一翻，嗯！最后还是定了。"[1]这个决策过程，是党史界一直想弄清、由于缺乏足够材料而没有完全弄清的一个问题。主要是没有留下关于这段历史的中共中央政治局会议记录。我们编写《毛传》，把它作为一个重要问题加以研究，多方挖掘材料，力求有所突破。好在俄罗斯公布了苏联时期的有关档案，将这些档案同我国中央档案馆的档案对照起来研究，终于得到我们认为比较满意的解决。从10月1日金日成请求出兵援助，到10月18日毛泽东主持中央会议，把志愿军入朝作战的时间最后敲定下来，虽然只有十八天，但对毛泽东来说，却是漫长的。对毛泽东的这个决策，彭德怀曾作过这样的评价："这个决心不容易定下，这不仅要有非凡的胆略和魄力，最主要的是具有对复杂事物的洞察力和判断力。历史进程证明了毛主席的英明正确。"[2]

抗美援朝战争影响了对台湾的解放吗？近些年来，随着台湾问题的复杂化，有人就认为抗美援朝影响了对台湾的解放。

---

[1]《建国以来毛泽东军事文稿》（下），军事科学出版社、中央文献出版社2010年版，第372页。
[2] 彭德怀在审阅抗美援朝战争经验总结初稿时的谈话记录，1957年5月15日。

这涉及对抗美援朝的历史评价问题。这个说法是否站得住脚呢？只要了解一下当时的情况就可以得到答案。

朝鲜战争爆发是1950年6月25日。第三天，6月27日，美国在决定派出海空军入侵朝鲜的同时，就命令第七舰队向台湾海峡出动，侵占我国台湾，阻挠中国人民解放军解放台湾。同一天，美国总统杜鲁门发表声明，宣称："对朝鲜的攻击已无可怀疑地说明，共产主义已不限于使用颠覆手段来征服独立国家，现在要使用武装的侵犯与战争……在这种情况下，共产党部队的占领台湾，将直接威胁太平洋地区的安全，及在该地区执行合作与必要职务的美国部队。"[1]这样，美国就趁朝鲜战争之机，直接插手台湾问题，阻止中国人民完成祖国统一大业，致使台湾海峡两岸的中国人至今仍处于分裂状态。美国插手台湾问题在先，中国抗美援朝、出兵朝鲜在后，其间相差三个多月的时间，怎么能说抗美援朝影响了解放台湾？美国侵占台湾和台湾海峡，才是影响我国解放台湾的根本原因。抗美援朝的胜利具有重大的意义和深远的影响，它保卫和巩固了中国的东北边防，我们可以安心地恢复和发展东北重工业基地；它保卫了远东和平，使帝国主义者不敢轻易地在这里挑起战争；它极大地提高了中国的国际地位。这都是有目共睹的历史事实。

---

[1]《杜鲁门回忆录》第2卷，世界知识出版社1965年版，第395页。

二、过渡时期总路线是怎样提出来的？
为什么提出来？

在党史界，长期以来存在一个疑问：中国共产党为什么在 1952 年 9 月突然提出过渡时期总路线？有人曾经怀疑是受斯大林的影响，是不是接受了斯大林的意见？因为周恩来 1952 年 8 月率团赴莫斯科，曾与斯大林多次会谈，9 月 24 日回到北京。当天，毛泽东召开中央书记处会议，听取周恩来关于中国 "一五" 计划轮廓问题以及同苏联谈判情况的汇报。就在这次会议上，毛泽东第一次提出向社会主义过渡的思想。所以提出上述怀疑，乍看起来不是没有一点道理。但是经过我们详细查阅档案材料，没有找到证实这种怀疑的任何证据。苏联档案公布后，也未发现这方面的任何线索。倒是有相反的证明。在提出向社会主义过渡的问题后，毛泽东特地借刘少奇 1952 年 10 月去莫斯科参加苏共十九大的机会，当面征求斯大林的意见，得到了斯大林的同意。由此可以断定，总路线的提出，并非受斯大林的影响，而是毛泽东和中共中央独立自主地提出来的。

那么，1952 年 9 月提出向社会主义过渡的总路线的根据是什么？是凭主观愿望，还是根据中国社会经济发展的实际和需要？

关于从新民主主义向社会主义过渡，我们党原来认为，先经过一段新民主主义社会的发展,待条件成熟后,再采取"严重的社会主义步骤",一举进入社会主义。直到1950年,毛泽东、刘少奇和其他中共领导人还是持这种观点。例如,毛泽东1950年6月23日在全国政协一届二次会议上就说过,实行私营工业国有化和农业社会化,"还是在遥远的将来"。但到1952年,毛泽东的观点变了,他提出从现在起就开始向社会主义过渡,而不是要等到十年或十五年以后才向社会主义过渡。

　　是什么原因使毛泽东改变了原来的设想?《毛传》作了详细分析,认为主要是中国社会经济的现实情况,发生了一些超出毛泽东原来预计的变化。第一,在抗美援朝的情况下,恢复国民经济的任务奇迹般地提前完成。第二,国营工商业和私营工商业的产值比重发生了根本性的变化,国营由1949年的百分之四十三点八上升到1952年的百分之六十七点三,超过了私营。经过"五反",私营工商业已开始纳入接受国营经济领导的轨道,出现了加工订货、经销代销、统购包销、公私合营等一系列从低级到高级的国家资本主义形式,在工业和流通领域中,一场深刻的社会变革实际上已经开始。第三,农村中继土改之后又一场更深刻的社会变革,也在悄然兴起,农村的互助合作事业普遍发展起来。这三个变化,特别是工商业领域中公私比重的变化,促使毛泽东作出新的理论思考和决策。

　　毛泽东提出向社会主义过渡,还同他当时对中国社会阶级状况和社会主要矛盾的基本分析直接有关。在"五反"即将结束,全国的土改已基本完成的时候,1952年6月,他就提出:"在打倒地主阶级和官僚资产阶级以后,中国内部的主要矛盾即是工人阶级与民族资产阶级的矛盾,故不应再将民族资产阶级称为中间阶级。"[1]

从中国社会经济发展的实际情况来看,不论是工商业的社会主义改造,还是农业的社会主义改造,都是当时生产发展的需要,是在经济运行中,不断解决困难,从而不断提高生产的进程中逐步实现的。拿工商业改造来说,当时的情况是,私营工商业者自愿地要求实行各种形式的国家资本主义,因为这样可以解决他们生产上的困难,使生产得到维持和发展。从劳动生产率来看,一般说来,国营高于公私合营,公私合营高于其他形式的国家资本主义,而一切国家资本主义又高于私营。

总的说来,中国社会主义改造是成功的,适应了当时生产力发展的需要。当然也有缺点,主要是搞得过于急促(特别是农业的合作化),所有制形式过于单一。所有制形式过于单一,同当时的一种理论指导有关。这个理论观点反映在过渡时期总路线宣传提纲里面:"党在过渡时期总路线的实质,就是使生产资料的社会主义所有制成为我国国家和社会的唯一的经济基础。"问题就在"唯一"二字。这是当时国际共产主义运动中流行的一个重要理论观点。这句话不是毛泽东写的,但他赞成,

---

[1]《毛泽东文集》第6卷,人民出版社1999年版,第231页。

并加以发挥。他修改提纲时，在这句话之后加写了一段文字："我们所以必须这样做，是因为只有完成了由生产资料的私人所有制到社会主义所有制的过渡，才利于社会生产力的迅速向前发展，才利于在技术上起一个革命……满足人民日益增长着的需要，提高人民的生活水平。"[1]出发点是发展生产力，提高人民生活水平。这个理论观点对中国以后的发展产生了很大影响。

今天回过头来看，当年如果将过渡的时间拉长一些，稳步前进，肯定会更好。本来毛泽东设想的是经过十八年或者更长的时间完成社会主义改造，但由于急于求成，采取了一些行政命令的办法，尤其是大批"右倾机会主义"，仅用三年的时间就仓促完成了，因而留下了一些后遗症。尽管如此，在过渡时期总路线的指引下，通过和平的方式，在我国终究建立起社会主义的根本制度。在这个转变（或革命）过程中，生产不但没有下降，反而逐年上升。从1953年到1957年，国内生产总值平均每年增长百分之九点二，超过了同期任何一个资本主义国家的发展速度，并初步建立起社会主义工业化的基础。

三、关于中共八大

关于党的八大为什么不提毛泽东思想。党的七大确立了毛

---

[1]《毛泽东文集》第6卷，人民出版社1999年版，第316页。

泽东思想在全党的指导地位，并载入党章，而八大却没有提毛泽东思想，因而有人产生一些猜疑或不理解。为此《毛传》专就这一问题讲明了事情的原委，写道："到中共八大，没有再提'毛泽东思想'。作出这一决定的，不是任何别人，正是毛泽东自己。从1948年11月起，毛泽东在审阅一些重要文件时，都把提到'毛泽东思想'的地方删掉，改为'马克思列宁主义的普遍真理和中国革命的具体实践相结合'，或者就只用'马克思列宁主义'。1954年12月，中共中央宣传部专门发出一个通知。通知说：'毛泽东同志曾指示今后不要再用'毛泽东思想'这个提法，以免引起重大误解。我们认为今后党内同志写文章作报告，应照毛泽东同志的指示办理。'毛泽东在审定这个通知稿时，还加了一句话：'在写文章做演讲遇到需要提到毛泽东同志的时候，可用'毛泽东同志的著作'等字样。'"[1]

中宣部通知中所说的"误解"是指什么？从毛泽东的一次谈话中可以得到答案。他在1954年12月19日同民主党派、无党派民主人士座谈政协工作时曾说："我们不提毛泽东思想。如果把毛泽东思想同马列主义并提，有人会以为是两个东西，为了不使发生误会，就不提毛泽东思想。"[2]

---

[1]《毛泽东传（1949—1976）》（上），中央文献出版社2003年版，第534、535页。
[2]《毛泽东文集》第6卷，人民出版社1999年版，第387页。

关于中国社会主要矛盾的论断。八大决议提出,国内的主要矛盾"已经是人民对于经济文化迅速发展的需要同当前经济文化不能满足需要的状况之间的矛盾",并宣告党和国家的主要任务是"保护和发展社会生产力"。这是八大最重要的理论贡献。在这个基本理论问题上,包括毛泽东在内的所有中共领导成员,认识都是一致的。但是,毛泽东在八大闭幕后不久,对决议中的另一提法表示怀疑。这个提法是:"这一矛盾的实质,在我国社会主义制度已经建立的情况下,也就是先进的社会主义制度同落后的社会生产力之间的矛盾。"这个提法是在大会闭幕前,由陈伯达、胡乔木等商量提出、经毛泽东同意急急忙忙临时加上的。毛泽东提出怀疑,大约是在八大闭幕后两个星期。当时,他并没有对主要矛盾的论断提出不同意见。对他怀疑的那个提法,后来还作过这样的表示:"先进的社会制度与落后的生产力的矛盾,虽然这句话说得不够完善,但得到了好处,并未发生毛病。"[1]毛泽东改变八大主要矛盾的论断,是在八大闭幕后的一年多,反右派运动开展以后的1957年10月9日的中共八届三中全会上。有人曾发表文章,说八大闭幕不久,毛泽东就改变了八大关于主要矛盾的论断。事情并不是这样。可能作者把决议中两个提法弄混了,一个是关于主要矛盾的论断,一个是关于矛盾实质的提法。

---

[1] 毛泽东在中共八届三中全会上的讲话记录,1957年10月9日。

四、《关于正确处理人民内部矛盾的问题》和整风反右

整风是怎样转为反右的？整风，是中国共产党为加强自身建设创造的一种有效形式，对提高党的思想理论水平，纯洁党的组织队伍，增强党的战斗力和凝聚力，都起了重大作用。社会主义改造完成以后，中国共产党面临新的考验，同时由于处于执政地位，滋长了一些消极的东西，需要加以整顿。1957年春中国共产党提出整风，正是形势发展的必然要求。实际上，八大已经提出了这个问题，邓小平关于修改党章的报告在分析党处在执政地位后出现的情况后指出："针对这种情况，党必须经常注意进行反对主观主义、官僚主义和宗派主义的斗争。"[1] 1957年中国共产党的整风，就是以反对这三个主义为主要内容。

这次整风本来计划1957年准备，1958年、1959年推开。后来为什么提前了呢？

1957年三四月间，毛泽东在南下巡视过程中发现：党内和党外、党的报纸和民主党派的报纸，对《关于正确处理人民内部矛盾的问题》（以下简称《正处》）讲话的反映反差很大，党

---

[1]《邓小平文选》第1卷，人民出版社1994年版，第215页。

外传达快党内反而慢，特别是作为党中央的机关报《人民日报》，对他的《正处》讲话和宣传会议上的讲话一声不响。他对此十分不满。在毛泽东看来，在社会大变动的新情况下，能不能正确处理人民内部矛盾，是关系到党的事业能不能向前推进的主要问题。当时他最为关切的问题是：党的各级领导干部对于正确处理人民内部矛盾是否想通了；党内某些人中存在的国民党作风是否开始有所改变；党和党外人士（特别是知识分子）间不正常气氛是否有些缓和；对一些群众闹事能不能采取正确的态度。他十分担心党的领导不能跟上迅速发展的形势，甚至落后于党外人士要求共产党转变思想、转变作风的日益高涨的呼声，以致陷入被动局面。他觉得现在已经形成对党政工作缺点错误的批评空气。于是，决定提前整风。5月1日，《中国共产党中央委员会关于整风运动的指示》（以下简称《指示》）在《人民日报》发表，全党整风从此开始。

这次整风的内容，中央指示非常明确，就是反对三个主义（官僚主义、主观主义、宗派主义），把正确处理人民内部矛盾的问题作为主题。用毛泽东的话说，"整风总的题目是要处理人民内部矛盾，反对三个主义"。为了克服官僚主义，加强同广大劳动人民的联系，《指示》还规定党政军各级主要领导人员要以一部分时间同工农一起参加体力劳动，并逐步形成为永久的制度。可见，这次整风同过去的整风一样，都是为了加强共产党自身的建设，要在新的历史时期适应新的情况，学会正确处理人民内部的矛盾,反对脱离群众、脱离实际的官僚主义、主观主义和宗派主义。毛泽东认为,这次整风必须广泛征求党外人士的意见,请党外人士对共产党的缺点错误展开批评。"没有社会压力,整风不易收效。"5月4日,他特地为中央起草了《关于请党外人士帮助整风的指示》。这个《指示》充分肯定一个时期以来党外人士提出的各种批评意见,认为这"对于党和人民政府改正错误,提高威信,极为有益,应当继续开展"。同时又指出,对于不正确的批评,"应当予以反批评,不应当听任错误思想流行"。

毛泽东请党外人士帮助共产党整风,愿望是诚恳的,方针是明确的,信心是充足的,从以下事实可以看出来。毛泽东在4月30日的最高国务会议上首次向党外人士透露,他要辞去国家主席的信息。第二天,陈叔通、黄炎培联名致信刘少奇、周恩来,表示不同意毛泽东辞去国家主席职务。毛泽东阅信后,作了一些批注,其中有这样一句话:"国家的根本巩固,现在已经有了,这个国家已经推不动了。"

但是,随着形势的发展,报纸上发表的一些报道、评论越来越给人一种印象:似乎中国共产党的各级领导都发生了严重问题,这些问题不是局部的,而是全局的,根源就在于党委(党组)领导负责制;似乎中国共产党的领导已经发生危机,快要混不下去了,需要别人帮助收拾局面。在这种错误导向下,有人公开在大学里演讲,攻击中国共产党,攻击社会主义，煽动学生上街、工人罢工。

这完全出乎毛泽东的预料。毛泽东原来的估计是，由于中国共产党的崇高威望和执政业绩，中国不会出匈牙利事件，他真诚希望党外人士帮助共产党整风，形成党内外的压力，促使各级领导正视错误，迅速改正缺点，化解社会各种矛盾，形成一个生动活泼的政治局面。但事与愿违，出现了这种异常的情况，使毛泽东感到震惊，从而对形势作出和原来不同的严重估计。

5月14日，中共中央发出《关于报道党外人士对党政各方面工作的批评的指示》。这个指示第一次提出"暴露右倾分子面目"。5月15日，毛泽东在《事情正在起变化》一文中使用了"右派猖狂进攻"的提法。这标志着毛泽东的思想发生了重大变化，同时也标志着整风即将转向反右。即使这样，这时毛泽东仍然认为，"多数人的批评合理，或基本合理，包括北京大学傅鹰教授那种尖锐的没有在报纸上发表的批评在内。这些人的批评目的，就是希望改善相互关系，他们的批评是善意的。右派的批评往往是恶意的，他们怀着敌对情绪"。5月16日，毛泽东又为中共中央起草了《关于对待当前党外人士批评的指示》。一方面肯定党外人士批评的主流，认为这些批评基本上是诚恳的、正确的，这类批评占百分之九十以上，对于我党整风，改正缺点，大有益处。另一方面，对如何对待右翼言论作了部署，指出："最近一些天以来，社会上有少数带有反共情绪的人跃跃欲试,发表一些带煽动性的言论,企图将正确解决人民内部矛盾、巩固人民民主专政、以利社会主义建设的正确方向,引导到错误方向去,此点请你们注意,放手让他们发表,并且暂时(几个星期内)不要批驳,使右翼分子在人民面前暴露其反动面目,过一个时期后研究反驳的问题。"[1]这就是后来被一些人所说的"引蛇出洞"的策略。

最近,有人公开发表文章,说什么"'反右'本来就是整风的题中之义。在整风中进行'反右'早就在毛泽东的'预谋'之中"。"在整风中进行'反右'不是临时的决定,而是既定的方针。"甚至说"毛泽东对整风运动中的'右派乘机猖狂进攻'是有充分的思想准备的,甚至是'所希望的'"。从以上的简略回顾来看,整风到反右的过程,每个环节是很清楚的。只要稍微尊重历史事实,就不会得出这些观点。至于说什么"毛泽东对整风运动中的'右派乘机猖狂进攻'是有充分的思想准备的,甚至是'所希望的'",更是无稽之谈。我作为亲历者,可以说:毛泽东在"右派猖狂进攻"那段时间,心情是很紧张的,睡不好觉,每天派胡乔木、林克到北京几个高校看大字报。后来,毛泽东在回顾这段历史时曾说:"右派猖狂进攻哪个不着急?我看大家都有一点着急,我就是一个着急

---

[1]《建国以来重要文献选编》第10册,中央文献出版社1994年版,第273页。

的。着急才想主意。"[1]又说:"我这个人就是常常有忧愁,特别是去年五月右派进攻,我起床都起不得,就在床上吃饭,办公,一天看那些材料,尽是骂我们的。等到晚上两点钟以后,安眠药一吃,这个世界是我的,神气又来了。所有那些什么短文、短的指示,都是那个时候写的,而且有许多方针是起伏不定的,这样想那样想,那样想这样想,最后才有了定局。"[2]读了这两个材料,所谓毛泽东对"右派乘机猖狂进攻"是有充分思想准备的甚至是"所希望"的说法,能站得住吗?对于历史上这样一个重大而严肃的问题,那位作者竟会采取如此不严肃、不慎重、不负责任的态度!历史是科学,必须以科学的态度即实事求是的态度来对待,单凭主观想象、毫无根据的"推理",终究是站不住的。

对于反右派运动的评价,《毛传》所讲述的历史事实,印证了《历史决议》的论断,即对右派进攻的反击是完全正确的,但是被严重地扩大化了,造成了不幸的后果。

关于《正处》的修改和对它的评价问题。《正处》是毛泽东1957年2月27日在最高国务会议上的讲话。这个讲话是根据1956年国际国内出现的新情况、新问题作出的。国际上,发生了苏共二十大全盘否定斯大林,发生了波匈事件;在国

---

[1] 毛泽东在中共八大二次会议上的第三次讲话,1958年5月20日。
[2] 毛泽东在中共中央政治局扩大会议上的讲话,1958年5月29日。

内，出现了工人罢工、学生罢课、农民要求退社等情况。这些都是出乎人们意料的。社会主义国家怎么还会有罢工、罢课的事呢？党内不少干部按照老眼光、老习惯，往往把这些问题简单地当作敌我矛盾来处理。所以毛泽东这篇讲话最早的题目就是"如何处理人民内部矛盾"，强调要分清两类矛盾，把处理人民内部矛盾作为主题。在此之前，毛泽东为回答国际共产主义运动中提出的一些问题而主持起草的《再论无产阶级专政的历史经验》，为《正处》作了一定的理论准备。

《毛传》对《正处》的修改情况作了详细介绍，但它不是孤立地单纯地从文献研究的角度来写，而是紧密结合当时国内政治发展的情况来写的。这样，才能理解毛泽东为什么要这样修改，当时国内的政治形势对《正处》最后形成产生了哪些影响。

《正处》的修改工作，从4月24日开始，到6月16日定稿，历时五十四天。《毛传》对修改稿同原始稿作了一个比较，并对《正处》作了一个总体评价："正式发表稿保持了原讲话稿的主题、原讲话稿的基本内容和基本框架，理论形态更趋完备，思想内容更为丰富，逻辑结构和文字表述更加严谨。在修改过程中，中国政治形势出现了重要变化，极少数右派分子向共产党和社会主义制度进攻，因而毛泽东在思想上也发生了重要变化，这不能不反映到修改稿中。稿中加进了强调阶级斗争很激烈、社会主义和资本主义谁胜谁负的问题还没有真正解决这些同原讲话精神不协调的论述。"《关于正确处理人民内部矛盾的问题》是毛泽东在社会主义时期的最重要的著作之一。它总结了中国社会主义改造基本完成以后的新的历史经验,也借鉴和吸收了一年多来国际共运的历史经验。它提出并系统地论述社会主义社会矛盾的学说,把正确处理人民内部矛盾作为国家政治生活的主题,详细阐明处理人民内部矛盾的一系列方针,是对马克思主义的科学社会主义理论的重要丰富和发展。"[1]

有人认为,"以阶级斗争为纲"的思想起源于《正处》。我看不能这样说。《正处》在修改过程中是增加了一些强调阶级斗争的内容,但它仍然以分清两类矛盾、正确处理人民内部矛盾为主旨,肯定革命时期大规模的急风暴雨式的群众阶级斗争已经基本结束。文中所讲的"无产阶级和资产阶级之间的阶级斗争,各派政治力量之间的阶级斗争,无产阶级和资产阶级之间在意识形态方面的阶级斗争,还是长期的,曲折的,有时甚至是很激烈的",这同"以阶级斗争为纲"还是有原则区别的。社会主义改造完成以后,国内仍然存在阶级斗争,这也是中共八大的一个论断(见刘少奇的政治报告)。《历史决议》对这个问题作了科学的论述,指出:"由于国内的因素和国际的影响,阶级斗争还将在一定范围内长期存在,在某种条件下还有可能

---

[1]《毛泽东传(1949—1976)》(上),中央文献出版社2003年版,第708页。

激化。既要反对把阶级斗争扩大化的观点，又要反对认为阶级斗争已经熄灭的观点。"[1]这同《正处》强调阶级斗争在程度上有不同，并对阶级斗争的范围作了一定的限制，但实质是一致的。实践是检验真理的唯一标准。上述论断的正确性，已被国际国内的实践所证明。四项基本原则同资产阶级自由化之间的斗争，马克思主义同反马克思主义之间的斗争，就是在新的历史时期这种斗争的反映。而这种斗争将是长期的，在某种条件下还可能激化。

继后，毛泽东在中共八届三中全会上，提出两个阶级、两条道路的斗争是中国社会的主要矛盾，从而改变了八大关于主要矛盾的正确论断。

五、毛泽东为什么发动"文化大革命"？

毛泽东发动"文化大革命"有一个过程。1962年重提阶级斗争，经过不断升级的中苏论战，特别是经过"四清"运动，毛泽东越来越感到中国有出修正主义和复辟资本主义的危险。他认定，中国有走修正主义道路的社会阶层，而且相当广泛，人数不多，但有影响。他还认定，中国会不会放弃社会主义而走上资本主义道路，关键不在基层，而是在上层，尤其

---

[1]《十一届三中全会以来重要文献选编》上册，人民出版社1987年版，第347页。

是中央。他说："领导人、领导集团很重要。……六二年刮歪风，如果我和几个常委不顶住，点了头，不用好久，只要熏上半年，就会变颜色。许多事情都是这样，领导人一变，就都变了。"[1] 就在 1965 年九十月间召开的中央工作会议上，毛泽东第一次提出"如果中央出了修正主义，应该造反"的问题。从此以后就不断讲这个事。

防止出修正主义、防止资本主义复辟，成为毛泽东晚年思考和担心的焦点。用他的话来说，这是"新的中心课题"。他怕出修正主义，怕资本主义复辟，怕干部严重脱离群众，变成"官僚主义者阶级"，一句话，怕党和国家改变颜色。这就是毛泽东发动"文化大革命"的根本出发点和主观动机。有一次他对身边的护士长说："我多次提出问题，他们接受不了，阻力很大。我的话他们可以不听，这不是为我个人，是为将来这个国家、这个党，将来改变不改变颜色、走不走社会主义道路的问题。我很担心，我这个班交给谁我能放心。我现在还活着呢，他们就这样！要是按照他们的做法，我以及许多先烈们毕生付出的精力就付诸东流了。我没有私心，我想到中国老百姓受苦受难，他们是想走社会主义道路的。所以我依靠群众，不能让他们走回头路。建立新中国，死了多少人？有谁认真想

---

[1]《毛泽东年谱（1949—1976）》第 5 卷，中央文献出版社 2013 年版，第 521 页。

过？我是想过这个问题的。"[1]他想到了马克思、恩格斯去世后，第二国际变成修正主义；他想到了普列汉诺夫由马克思主义者变成列宁的反对者；他更亲眼看到赫鲁晓夫等人，在斯大林死后搞了修正主义。这些历史的和现实的事实越来越使他感到问题的紧迫性。他时不时地向别人（包括外国人）流露这样的心情："我快见马克思了，怎么交代？你给我留了修正主义尾巴，我不干。""鉴于这些情况，我们这批人一死，修正主义很可能起来。我们是黄昏时候了，所以，现在趁还有一口气的时候，整一整这些资本主义复辟。""我今年、明年就差不多了。……我明年七十三了，这关难过。……马克思、恩格斯没有料到……他们创立和领导的党——德国社会民主党、法国社会党等，在他们死后就成为资产阶级的党。……要准备，还来得及。"[2]

毛泽东觉得时不我待，就在七十三岁那年毅然发动了"文化大革命"。批判《海瑞罢官》只不过是一个突破口。

但是，毛泽东对党内和国内的政治情况作了不符合实际的、过于严重的估计，把持不同意见的各级领导干部看成是"修正主义分子""走资本主义道路的当权派"。而对于"修正主义""资本主义复辟"这些概念的外延，不断扩大，把许多

---

[1]《毛泽东传（1949—1976）》（下），中央文献出版社2013年版，第1389、1390页。
[2]《毛泽东传（1949—1976）》（下），中央文献出版社2013年版，第1410、1418页。

本来符合社会主义原则而有利于生产力发展的东西,也都说成"修正主义"或"资本主义复辟"。把许多不属于阶级斗争的问题也说成是阶级斗争,严重地混淆了是非,混淆了敌我。

　　毛泽东曾经宣布,大规模的急风暴雨式的群众阶级斗争已经基本结束。然而这次"文化大革命"却发动了空前规模的急风暴雨式的群众阶级斗争。用什么办法才能够彻底解决党内和社会上存在一些阴暗面的问题(在毛泽东看来,这些都是产生修正主义和资本主义复辟的社会根源),毛泽东想了很多,也想了很久。1967年2月3日,他同阿尔巴尼亚的卡博、巴卢库谈话,说明他为什么要发动大规模的群众斗争。他说:"1962年到1965年的时间工作没有做好,就是过去我们只抓了一些个别的问题、个别的人物,此外,还搞了……社会主义教育运动。这些都不能解决问题,就没有找到一种形式、一种方式,公开地、全面地、由下而上地来揭我们的黑暗面。""只有发动群众才有办法,没有群众我们毫无办法。"[1]

　　但是毛泽东对群众运动产生了一种片面的看法。他甚至容忍群众的自发性,让群众放任自流。他认为,各级领导干部,谁好谁坏,谁是走社会主义道路的,谁是走资本主义道路的,群众都清楚。每一个领导干部都可放到群众中去,接受群众的检验。毛泽东把"文化大革命"当作是对干部的一次大审查,

----

[1]《毛泽东传(1949—1976)》(下),中央文献出版社2003年版,第1469页。

用群众运动的方法来审查干部。他说：我们有一部分干部"不接近人民群众，也不接近下级干部，做官当老爷。对付这些人，我们毫无办法。这回好，群众就整他了"[1]。这样，在放弃党的领导的情况下，各种社会矛盾，人与人之间平时的积怨，就在自发的、失控的群众运动中，以革命的名义和极端的形式，集中地爆发出来，造成社会动乱。事实证明，这个方法不仅不能消除党内和社会上的种种消极腐败现象，解决干部脱离群众的问题，反而引出更多更大的矛盾和问题，给了各种政治投机分子、野心分子以可乘之机，破坏了干群关系，对党和国家造成极大的破坏。

综上所述，毛泽东发动的"文化大革命"，是出于反修防修的目的，在"以阶级斗争为纲"的错误指导思想下，由于对党内和国内的政治状况作了错误的估计，又采取了一种错误的方法，所进行的一场所谓的"革命"。有人把毛泽东发动"文化大革命"，说成是个人的权力之争，归结为毛刘之争，这是不符合实际的。如果只是解决刘少奇个人问题，对毛泽东来说是比较容易的事，而"文化大革命"涉及的范围那么广，涉及的人那么多（包括党内党外），用个人权力之争来解释是说不通的。

---

[1]《毛泽东年谱（1949—1976）》第6卷，中央文献出版社2013年版，第133页。

六、"林彪事件"是毛泽东逼出来的吗？

中共九大以后，国内形势趋于和缓，有些工作开始恢复正常。这一年的工农业生产取得较快的恢复性增产，国内生产总值比上年增长百分之十六点九。毛泽东曾表示，"文化大革命"该准备收尾了，并确定九大以后取消中央文革小组。但是，完全出乎他的预料，林彪集团正在急于攫取更高的地位和更大的权力。有两件事集中暴露了林彪及其集团的政治野心。一个是发布所谓"林副主席一号命令"，一个是关于设国家主席问题。

1969年10月，根据中共中央关于紧急疏散的通知，在京的党和国家领导人、大批党政军领导干部先后备战疏散到外地。10月18日，林彪从苏州向在北京的军委办事组组长、总参谋长黄永胜，发出一个"关于加强备战、防止敌人突然袭击的紧急指示"，要求"立即组织精干的指挥班子，进入战时指挥位置"。这个指示由军委办事组以"林副主席指示（一号命令）"名义正式下达。当晚，这个命令用电话传达到各作战部队，全军立刻进入紧急临战状态。命令下达的第二天，林彪才用"电话记录"的方式报告毛泽东。

未经军委主席毛泽东批准，事先又不报告，林彪居然擅自发布这样的军事命令，一夜之间调动全军进入临战状态，这是一个非常严重的事件，也是一个十分危险的信号，不能不引起毛泽东的警觉，作出强烈反应。

如果说"一号命令"是林彪为夺取更大权力而作出的带有某种试探性的行动，那么，在设国家主席问题上，林彪则公然向毛泽东进行挑战，由此引发了一场政治风暴。

1970年3月7日，毛泽东在武昌提出召开四届人大和修改宪法的意见，并建议不设国家主席。这是毛泽东第一次提出不设国家主席。3月8日毛泽东的意见在政治局会议上传达后，大家一致同意。林彪在苏州得知后，让叶群转告黄永胜和吴法宪："林副主席赞成设国家主席。"3月中旬，毛泽东审阅《关于修改宪法问题的请示》，再次表示不设国家主席。林彪却要秘书给毛泽东的秘书打电话说："林副主席建议，毛主席当国家主席。"4月11日，林彪又通过秘书打电话，向政治局转达他的三条意见，其中第一条就是，林彪仍然建议毛主席兼任国家主席。周恩来将林的意见报告毛泽东，毛泽东于4月12日批示："我不能再作此事，此议不妥。"这是毛泽东第三次表示不设国家主席。在4月下旬召开的政治局会议上，毛泽东还当面对林彪（此时林已由苏州回到北京）说："孙权劝曹操当皇帝。曹操说，孙权是要把他放在炉火上烤。我劝你们不要把我当曹操，你们也不要当孙权。"这是毛泽东第四次表态，而且直面林彪。话已经说到这个份上，林彪却置之不理，依然故我。他告诉吴法宪：还是要设国家主席，不设国家主席，名不正言不顺。根据林彪、叶群授意，7月中旬举行的中央宪法起草委员会全体会议期间，再次出现要求设国家主席的"呼声"。毛泽东得知后,一针见血地指出:"设国家主席,那是形式,不要因人设事。""因人设事"说明白了,就是"有人想当国家主席"。据有记载可查的,这已经是毛泽东第五次表态了。

设不设国家主席的问题,当然可以有不同的意见,不同意见的争论也是正常的。但是口口声声说"毛主席的话一句顶一万句"的林彪,在这个问题上却一反常态,顽固地、一再地同毛泽东唱反调,坚持设国家主席,显然已经超出党内不同意见的正常争论,其中必有不可告人的目的。还是叶群把这个问题挑明了,道出了林彪坚持设国家主席的真正目的。她私下对吴法宪说:"如果不设国家主席,林彪怎么办?往哪里摆?"

设不设国家主席的争论带到了九届二中全会即庐山会议上。林彪早就放出话说:"这事没有完,到庐山会有大的斗争。"林彪、陈伯达等利用大多数与会者不知道毛泽东的意见而热切期望毛泽东当国家主席这个情况,在庐山会议上,发动了突然袭击。林彪、叶群在暗中进行了一系列策划,瞒着毛泽东和多数常委,进行有预谋、有计划、有组织的非法活动。

8月23日,二中全会开幕。就在会议开始前一刻,林彪突然向毛泽东和其他常委提出要讲点意见。本来,毛、林事先都表示不在开幕会上讲话。林彪却来了个突然袭击,事先也不打招呼,突然提出要讲话。林彪拿着讲稿讲了一个多小时,主要就修改宪法问题谈毛泽东的领导地位,说这次宪法修改草案,就是突出毛主席和毛泽东思想在全国的领导地位,肯定毛主席的伟大领袖、国家元首、最高统帅的地位,并强调说,他仍然坚持"毛主席是天才"的意见。林彪这个讲话是事先经过精心设计的。与此同时,根据林彪、叶群在会前的布置,陈伯达与吴法宪商量后,整理出一份《恩格斯、列宁、毛泽东关于称天才的几段语录》,还准备了一份设国家主席的宪法草案条文。这一切活动,都是瞒着毛泽东和周恩来的。大家可以想想,事先不打招呼,突然讲一个多小时的话,又背着党中央的主要领导人在中央全会上抛出称天才的语录,还准备宪法条文,是不是有备而来的阴谋?是不是向中央主要领导人的公然挑战?是林彪在"逼宫",还是毛泽东在"逼"林彪?答案是很清楚的。

林彪讲话后,各组讨论,叶群和吴法宪等商定要统一行动,他们分别在几个组同时发难,拥护林彪讲话,宣讲"语录",要求设国家主席,并且提出有人反对毛主席,煽动要"揪人",来势十分凶猛,出现了像毛泽东所说的"大有炸平庐山"之势。毛泽东已经察觉到会议中的不正常现象,立即制止,向到会的人宣布:我和几位常委商量,认为现在各组讨论的问题不符合会议原定的三项议程。又说:设国家主席的问题不要再提了,谁坚持设国家主席,谁就去当,反正我不当!讲到这里,毛泽东冲着林彪说了一句:"我劝你也不要当国家主席!"根据毛泽东的意见,决定立即停止讨论林彪的讲话,收回煽动性最强的会议第6号简报,责令陈伯达等作出检查。

毛泽东经过调查研究，对庐山会议这场风波的情况大体有了了解。他知道与林彪有密切关系，但林彪是"副统帅"，又是党的九大党章确定的接班人，对林彪不去触动他，而采取了保护的态度。

庐山会议后，中央先后召开批陈整风汇报会、华北会议，集中批评陈伯达，同时指定叶群、吴法宪、黄永胜等人作检查。林彪对此怀恨在心。1971年2月，林立果同林彪、叶群密谋后，到杭州、上海活动。这年3月，林彪指使林立果搞了一个计划。3月下旬，林立果同"联合舰队"主要成员拟出以谋杀毛泽东为主要内容的代号为《"五七一工程"纪要》的政变计划。林彪抢班夺权的野心，暴露无遗。

1971年8月15日，毛泽东离京南下，到中南、华东等省巡视，同各地负责人谈话，"吹吹风"，讲党内两条路线斗争的历史，讲庐山会议的问题，强调"三要三不要"，以统一各地党政军领导干部的思想。他指出：这次在庐山，他们的地下活动、突然袭击，是有计划、有组织、有纲领的。同时又指出，要保护林副主席，当然他要负一定的责任。

9月5日、6日，在北戴河的林彪、叶群获悉毛泽东南巡谈话内容后，便决定将毛泽东杀害于巡视途中，发动武装政变。7日，林立果向"联合舰队"下达"一级战备"的指令。8日，林彪亲笔写下行动手令："盼照立果、宇驰同志传达的命令办。"

林彪的阴谋败露后，便紧急策划南逃广州，另立中央，分裂国家。此计不成，乘飞机北逃国外，所乘专机在蒙古国的温都尔汗坠毁，落得个"折戟沉沙，丧命异国"的下场。

以上根据《毛传》简略地介绍了林彪事件的前前后后。《毛传》都是严格根据第一手的可靠材料，包括大量档案和一些重要当事人的回忆编写的。事情是非常清楚的。在整个事件的过程中，林彪为了迫不及待地抢班夺权，一直采取进攻的态势；而在没有完全弄清楚情况之前，毛泽东一直没有触动林彪，而是对他采取了保护的态度。有一本海外出版的反共图书，却别有用心地编造许多极为荒唐的言论，说什么林彪出逃是逼出来的，林彪上了毛泽东的圈套，等等。我想，只要稍微有点良心的人，真正尊重历史事实的人，不抱任何偏见和主观成见的人，不是别有用心的人，是不会编出这种奇谈怪论的。

七、毛泽东与"四人帮"的根本区别

毛泽东发动和领导的"文化大革命"使党和国家遭到建国以来最严重的挫折。这是毛泽东犯的一个全局性的严重错误。江青、张春桥、王洪文、姚文元等人在"文化大革命"中受到毛泽东的重用，他们利用毛泽东的错误，背着他做了大量祸国殃民的罪恶活动。《历史决议》指出，毛泽东的错误终究是一个伟大的无产阶级革命家所犯的错误。他经常注意克服我们党内和国家生活中存在着的缺点。在他犯严重错误的时候，还多次要求全党学习马克思、恩格斯、列宁的著作,还始终认为自己的理论和实践是马克思主义的,是为巩固无产阶级专政所必需的,这是他的悲剧所在。"四人帮"则是另一种性质的问题。他们是一个阴谋夺取党和国家最高领导权的反革命集团。他们讲理论是曲解马克思主义,是为实现夺取党和国家最高领导权这个目的服务的。他们在实践中歪曲毛泽东的一些主张,把毛泽东一些错误的主张推向极端,也是为这个目的服务的。正是在这个意义上,如果说毛泽东的错误是具有远大理想和崇高信仰的无产阶级革命家所犯的悲剧性错误,那么,"四人帮"的言行则是一个阴谋集团为达到个人目的的闹剧表演。《毛传》依据大量事实有力地说明了毛泽东与"四人帮"之间的根本区别。在对待一系列重要问题上,都表现出这种区别。比如,对待各级领导干部特别是对待老一代革命家的问题;对待周恩来、邓小平的问题;对待军队的问题;对待武斗的问题;对待造反派的问题,以及其他许多具体问题。在对待这些问题上的区别,不是简单的认识问题,不是像有人说的那样是策略问题,而是涉及"文化大革命"的目的是什么,涉及要不要和怎样把党和国家的政治生活纳入一个正常轨道的问题。可以说,正是基于这些根本性的区别,毛泽东多次尖锐批评和揭露"四人帮",指出他们的政治野心,没有把党和国家的最高权力交给他们,这为以后我们党粉碎"四人帮"奠定了基础。

八、毛泽东如何对待周恩来的病情？

前面已经讲到一些，再补充两个例子。海外出版的一本反共图书造谣说，周恩来患膀胱癌后，毛泽东阻止给周恩来治疗。关于这个问题，《毛传》作了详细的记述。

1972年5月，周恩来被确诊患有膀胱癌。这对于大量内政外交事务都需要依靠周恩来的毛泽东来说，无疑是一个新的打击。毛泽东的秘书观察到：当逐字逐句地看完医疗组关于周恩来病情的报告后，主席的心情是那样沉重，这种沉重的心情反映在他平时很少出现过的异样严肃的脸上和紧皱着的眉头上。他叮嘱这件事对外要保密。对于怎样治疗，他说："开刀容易扩散，有危险，是否可通过中医的方法，用中药来控制病情。"并且这样解释："你们外科医生动不动就开刀，开一个死一个，陈老总不是开刀死了吗？谢富治不也是开刀死了吗？"毛泽东还要求"防止扩散，注意营养和休息"。同年11月，鉴于周恩来日益严重的病状，医务人员再次向中央报告有关情况。毛泽东在报告上批道："应当休息，节劳，不可大意。"在著名泌尿科专家吴阶平主持下，经过多次检查，决定采取"电烧"的办法，取得比较好的效果。手术后不到半小时，毛泽东就要身边工作人员打电话给吴阶平等医务人员说：医生们做得好，感谢他们！这以后，毛泽东每次审阅周恩来的病情报告时，总是非常认真仔细。特别是在因患眼病不能亲自阅看病情报告的情况下，听读报告时也是全神贯注。工作人员读过的报告，毛泽东能记住周恩来每天失血的数字以及实施手术的次数等细节。为了让毛泽东能够及时了解、掌握周恩来的病情和治疗方案，减少不必要的周转环节，工作人员常常是从周恩来的住地或医院将报告直接呈送毛泽东。他得知情况后总是嘱咐秘书："快去办。"

毛泽东对周恩来的病情一直挂在心上。有一次会见外宾时，同陪见外宾的李先念谈起周恩来的病情时说："他的身体，我是替他担心的。"

海外那本反共图书还讳莫如深地把1976年春节毛泽东要身边工作人员放鞭炮一事，同不久前周恩来的去世联系起来，进行影射。关于这个问题，《毛传》引用了毛泽东的机要秘书张玉凤的一段回忆。

1976年初农历除夕之夜（1月30日）是毛泽东度过的最后一个春节。张玉凤回忆道："毛主席这里没有客人，也没有自己家的亲人，只有身边几个工作人员陪伴着他，度过他生命的最后一个春节。他在这天，依然像往常一样在病榻上侧卧着吃了几口他历来喜欢吃的武昌鱼和一点米饭。这就是伟大领袖的最后一次年饭。饭后，我们把他搀扶下床，送到客厅。他坐下后头靠在沙发上休息，静静地坐在那里。入夜时隐隐约约听见远处的鞭炮声，他看看眼前日夜陪伴他的几个工作人员。远处的鞭炮声，使他想起了往年燃放鞭炮的情景。他用低哑的声音对我说:'放点爆竹吧。你们这些年轻人也该过过节。'就这样,我通知了正在值班的其他几名工作人员。他们准备好了几挂鞭炮在房外燃放了一会儿。此刻的毛主席听着这爆竹声,在他那瘦弱、松弛的脸上露出了一丝笑容。我们心里都明白,主席的这一丝笑容,是在宽慰我们这些陪伴他的工作人员。"[1]

仅仅从上述两个例子,读者不难看出,那本反共图书的作者,是如何卑鄙地颠倒黑白,制造谣言,蛊惑人心。同时,也反射出作者本人的阴暗心理和诡诈面貌。

---

[1]《毛泽东传(1949—1976)》(下),中央文献出版社2003年版,第1780、1781页。

按照《关于建国以来党的若干历史问题的决议》的精神评价毛泽东[*]

当年邓小平同志力排众议，坚持要作我们党的第二个历史决议，这是一个了不起的重大决策。事实证明，邓小平同志确实看得远，看得准，有历史眼光和战略眼光。这个《历史决议》已经发表二十多年了，它对于保障我们国家的改革、发展和稳定起到了至关重要的作用。邓小平同志在决议起草一开始就提出三项基本要求，明确指出：这个决议要确立毛泽东同志的历史地位；要对建国后三十年历史进行实事求是的分析，作出公正的评价；要统一全党的认识，引导大家团结一致向前看。他还说过，如果决议不阐述或者阐述不好毛泽东思想，这样的决议不如不做。对毛泽东同志的评价，对毛泽东思想的阐述，这不仅仅涉及毛泽东同志个人，而且同我们党、我们国家的整个历史分不开；这不仅仅是理论问题，而且是政治问题，是国际国内很大的政治问题。如果给毛泽东同志抹黑，也就是给我们

---

[*] 这是作者在第五届国史学术年会上的发言，发表在《当代中国史研究》2005年第6期。

党、我们国家抹黑。二十多年来的实践,尤其是苏联解体、东欧剧变的事实,证明了邓小平同志的远见卓识。

苏联的演变以致最后解体,有各种复杂的原因,其中一个十分重要的原因,就是对自己历史的否定,对自己领袖人物的否定,首先从否定和丑化斯大林开始,进而否定列宁。这个历史教训太深刻了。多年来,西方敌对势力又把目标盯住了中国共产党的领袖毛泽东,不择手段地对毛泽东进行百般诋毁,造谣诬蔑,竭力丑化。他们为什么要这么干呢?不为别的,就是因为毛泽东同志是中国共产党的代表,是中国社会主义制度的代表,是中国绝大多数人民特别是广大劳动人民根本利益的代表。如果把他打倒,把他妖魔化了,也就可以从根子上否定中国共产党的领导地位,否定社会主义的新中国,否定中国人民的根本利益。

看历史要看主流。现在有人认为,共和国成立后的前十七年和"文化大革命"的十年,毛泽东同志没做什么好事。这种看法完全不符合实际。毛泽东同志是中华人民共和国的主要缔造者。在以他为代表的第一代中央领导集体的领导下,实现了祖国的统一(除台湾等几个岛屿),这个统一是空前巩固的;创立了人民代表大会制度、共产党领导的多党合作和民主协商制度、民族区域自治制度,这些根本的政治制度最符合中国的实际,最能凝聚和团结全国各民族、各阶层的人们,共同致力于国家多方面的建设;还提出了一系列正确的经济和文化发展的方针，建立起了一个独立的比较完整的工业体系和国民经济体系，经济发展速度在世界上也是最快的国家之一。特别是以"两弹一星"为代表的科学技术取得重大成就，提高了中国的国际地位。正是因为有了这个基础，又创造了一个有利于对外开放的国际环境，我国经济才能在十一届三中全会以来以更快的速度向前发展。

我们并不否认毛泽东同志的缺点和错误，特别是发动"文化大革命"这个全局性的严重错误。这些，《历史决议》中都讲得清清楚楚。公开地进行自我批评，连领袖犯的错误也不避讳，这是中国共产党有胆识有自信的表现，是我们党的优良传统和自我完善、不断向前发展的法宝。在《历史决议》起草过程中，采取了非常慎重和科学的态度，并在全党四千多人的范围里进行讨论、征求意见，搞了差不多一年时间，最后取得了全党一致的看法。现在有些人搞不清西方敌对势力的企图，以为他们只不过是在攻击毛泽东同志一个人。其实，他们真正的意图绝不只是评论什么毛泽东个人对错的问题，而是通过攻击毛泽东同志来达到颠覆社会主义中国的目的。刚才陈奎元同志讲，对党的几代主要领导人评价要客观公正，不能任意褒贬，更不能采取泄私愤的态度。这个意见是很对的。我认为，在这方面，邓小平同志为我们树立了一个很好的榜样。他在"文化大革命"中深受迫害，被打成全国第二号最大的"走资派"，但"文化大革命"结束后，他主持公道，主持正义，坚持实事求是，代表全党全国人民的心声，作出了这个科学的《历史决议》，意义是非常深远的。

对毛泽东同志的历史功过不仅要客观评价，而且对毛泽东思想还要坚持和发展，这也是邓小平同志讲的。要把毛泽东思想同毛泽东同志晚年的错误区别开来，对毛泽东同志晚年的错误要纠正，但对毛泽东思想只能是继承和发展，没有纠正的问题。毛泽东思想仍然是我们党的指导思想。它是一个博大精深的科学体系，是毛泽东同志留给我们党和我们民族的一笔极珍贵的精神财富。毛泽东同志说过，如果没有党内历次路线斗争，没有历史上正反两方面的经验教训，他不会写出那些著作。同样的道理，邓小平同志也正是在总结新中国历史正反两方面的经验教训后，才创立了中国特色社会主义理论，而这个理论正是毛泽东思想的继承和发展。

对《关于正确处理人民内部矛盾的问题》的几点认识*

一

《关于正确处理人民内部矛盾的问题》(以下简称《正处》)产生的历史背景。可以归纳为这样几点。

第一点,《正处》是在中华人民共和国处于历史转变时期的产物。这个转变时期就是:由阶级斗争到向自然界斗争,由革命到建设,由过去的革命到技术革命和文化革命。1956年社会主义改造基本完成,革命时期大规模的群众性的阶级斗争基本结束,国内出现了许多新问题,人民群众中出现了各种各样的思想问题,暴露了一些不满的情绪,一些工人罢工,学生罢课,农民要求退社,即通常说的人民闹事。而我们的干部对这些新的情况、新的问题毫无思想准备:到了社会主义了,怎

---

* 这是作者在中共中央文献研究室和中国中共党史学会为纪念毛泽东《关于正确处理人民内部矛盾的问题》发表五十周年召开的座谈会上的发言提纲,2007年7月9日《光明日报》摘要发表。

么还会出现这样的事情呢？很不理解。因为搞阶级斗争搞惯了，一听到闹事，就想到敌人，就要实行专政，用对付反革命的办法用到闹事人的头上；对各种思想问题，就用简单粗暴的办法加以压制。之所以出现一些不满情绪，出现一些人民闹事的情况，一方面反映了社会主义改造完成以后，一些人还不适应新的环境，或者在改造过程中利益受到了一些损害。而更重要的是，在革命时期（包括民主革命和社会主义革命）是共产党和它的干部带领人民向阶级敌人作斗争，党和人民是站在一条战线上的，当革命时期的阶级斗争、对敌斗争基本结束，人民内部的矛盾（包括领导和群众的矛盾），各种各样的思想分歧就显现出来了。其实，人民内部矛盾，人民内部各种各样的思想分歧，包括许多错误思想，本来就存在的，在刚解放后的几年里甚至更乱一些。但是，那时候，那些矛盾，各种各样的思想分歧和错误思想，被大规模的阶级斗争掩盖了。一旦大规模的阶级斗争基本结束，这些问题就突出起来了。正是在这样一个大的历史背景下，毛泽东敏锐地察觉到这个问题，及时地提出正确处理人民内部矛盾这个重大命题，把它作为政治生活的主题。1957年2月27日毛泽东在最高国务会议讲话时就用了《如何处理人民内部的矛盾》这个题目。同年5月11日，毛泽东曾对一位外宾说过："我们的一些工厂、学校都有罢工、罢课，这样引起了党中央的注意，想到了应该如何解决人民内部矛盾。"[1]

第二点，鉴于斯大林的教训。斯大林在很长一段时期内，不承认社会主义社会有矛盾，把人民的某些不满、人民对政府的批评这些人民内部的矛盾看成是阶级斗争，当作敌我矛盾对待，要么当成反革命处置，要么认定是外国帝国主义的间谍，驱逐出境，结果打击错了许多人。毛泽东吸取了这个教训，认为社会主义社会还存在矛盾，并把它分为两类，敌我矛盾和人民内部矛盾。大量的是人民内部矛盾，解决人民内部矛盾，只能用民主的方法，而不是专政的方法。

第三点，总结了国际共运的经验。1956年，毛泽东先后主持起草了《论无产阶级专政的历史经验》（简称《一论》）和《再论无产阶级专政的历史经验》（简称《再论》），通过对苏共二十大全盘否定斯大林和波匈事件这两件事的总结，开始从理论上深入地探讨社会主义社会的矛盾问题。在《一论》里，一般地论述了社会主义社会的矛盾问题，引导人们了解社会主义社会还存在矛盾这一客观事实，破除认为社会主义社会不存在矛盾这一理想化的迷信。《再论》则讲到要分清两种性质的矛盾，一种是敌我矛盾，一种是人民内部矛盾。关于上层建筑与经济基础、生产关系与生产力的矛盾问题，《一论》肯定了这种矛盾的存在，《再论》则进一步讲到，这些矛盾如果处理不

---

[1]《毛泽东年谱（1949—1976）》第3卷，中央文献出版社2013年版，第153页。

好,还可能由非对抗性矛盾发展成为对抗性矛盾。

尽管《一论》和《再论》主要讲国际方面的问题,很少讲国内问题,但它们毕竟为《正处》讲话作了一定的理论准备。

总起来说,《正处》是在我国进入新的历史时期这个关键时刻,为了使党和国家的工作适应新情况,采取新方法,而及时发表的一个纲领性的理论著作和重要的历史文献。

二

关于《正处》的修改。

我们对《正处》的讲话稿同正式发表稿,作过详细的对照和研究,形成一个基本的判断,这就是:正式发表稿保持了原讲话稿的主题、基本内容和基本框架,而理论形态更趋完备,思想内容更为丰富,逻辑结构和文字表达更加严谨。在修改过程中,中国政治形势出现了毛泽东所没有料到的重要变化,极少数右派分子向共产党的领导和社会主义制度进攻,因而毛泽东思想上也发生了重要变化。这不能不反映到修改稿中,主要的是在修改稿加进了强调阶级斗争很激烈、社会主义和资本主义谁胜谁负的问题还没有真正解决这些论述。实际上增加的这些内容,在他发表讲话以后、修改讲话稿之前,所召开的一些座谈会以及在南下巡视的一系列讲话中,就讲到了。比如,讲大规模的阶级斗争基本结束,但阶级斗争没有结束;在意识形态领域，阶级斗争将长期存在，意识形态领域谁胜谁负的问题还没有解决，还需要相当长的时间才能解决，等等。

《正处》中关于社会主义时期阶级矛盾的论述，同《关于建国以来党的若干历史问题的决议》的有关论述相比较，强调的程度有所不同，但实质内容是一致的。它同"以阶级斗争为纲"是根本不同的，更不能说它是"以阶级斗争为纲"的起源。《正处》正式发表稿仍然以分清两类矛盾、正确处理人民内部矛盾为主旨。这样做正是为了调动一切积极因素，团结一切可以团结的人，化消极因素为积极因素，集中力量发展生产力，建设一个强大的国家。《正处》关于阶级斗争的论述是正确的，是符合实际情况的，并为后来大量的事实所证明了的。

《正处》的两稿对照，既不要以正式发表稿否定讲话记录稿，也不要以讲话记录稿否定正式发表稿。从讲话记录稿到正式发表稿，反映了这篇著作由不很完善到比较完善，由不完全成熟到比较成熟，而形成了一篇具有划时代意义的马克思主义著作。

三

《正处》是对党的八大路线的继承和发展。

《正处》对国内阶级斗争形势的判断和主要任务的确定，同八大基本上是一致的，是八大路线的延续。八大决议讲无产阶级和资产阶级之间的矛盾已基本解决，党和全国人民当前的主要任务是，集中力量发展生产力，把我国尽快地从落后的农业国变为先进的工业国，逐步满足人民日益增长的物质需要和文化需要。刘少奇在政治报告中又指出，社会主义改造完成后，国内仍然存在阶级斗争。对这个问题，《正处》的说法是：革命时期的大规模的急风暴雨式的群众阶级斗争基本结束，但阶级斗争还没有完全结束，阶级斗争还会长期存在，有时还很尖锐。现在提出分清两类矛盾，正确处理人民内部矛盾，就是要团结全国各族人民进行一场新的斗争——向自然界开战，发展我们的经济，发展我们的文化，建设我们的新国家。毛泽东在1957年3月20日的一次讲话中，更十分明确地指出："过去我们是跟阶级敌人作战，现在是团结人民向自然界作战，这是一场新的战争。我们要取得这场战争的胜利，并且希望在不要很久的时间内，使我们的国家变得比现在要富，比现在要强。革命就是为了这个目的。"[1]

《正处》没有讲主要矛盾，但并没有改变八大关于主要矛盾的论断，没有再讲无产阶级和资产阶级的阶级矛盾是主要矛盾，而是突出地强调人民内部矛盾问题。

《正处》用对立统一的观点，深刻剖析和研究了社会主义社会的矛盾问题，社会主义社会的一些发展规律问题，从理论

---

[1]《毛泽东年谱（1949—1976）》第3卷，中央文献出版社2013年版，第123页。

上丰富和发展了八大路线。

四

《正处》对构建社会主义和谐社会的理论意义和实践意义。

构建社会主义和谐社会是一很长的历史过程，是我们追求的一个远大目的。社会主义社会矛盾学说是构建社会主义和谐社会的理论基础，构建和谐社会需要研究和运用社会主义的矛盾规律。社会主义社会同其他社会一样，是充满矛盾的（当然矛盾的根本性质不同）。矛盾层出不穷，旧的矛盾解决了，又有新的矛盾出现。构建和谐社会，就是在不断地解决矛盾的过程中向前推进的，不断地向着更高的和谐程度发展。否认、回避或者掩盖矛盾，不但达不到构建和谐社会的目的，相反，矛盾积累到一定程度爆发出来，就要出乱子。

构建和谐社会，要具体分析具体矛盾，根据实际情况办事。首先分清两类矛盾。敌我矛盾是少量的，但绝不可掉以轻心。大量的是人民内部矛盾，处理这类矛盾只能用民主的方法、说服的方法，不能用专政的方法。毛泽东指出："现在我们胜利了，自己掌握政权，很容易强调专政，忽略民主的一面。"[1]

---

[1]《毛泽东年谱（1949—1976）》第3卷，中央文献出版社2013年版，第128页。

毛泽东特别强调，对待思想问题，对待精神领域的问题，不能用简单粗暴的办法，要充分说理，以理服人。他说："我们的重要任务就是让党员知识分子和左翼作家们不要生硬办事、简单化，要他们学会善于说理，使他们讲话、写文章有充分的说服力。"[1]

在人民内部可以自由地发表言论，但也有一个是非标准。《正处》提出六条标准，这同后来邓小平提出的四项基本原则是一致的。其中最重要的是两条：共产党的领导和社会主义道路，这是中国人民的正确选择，是载入了宪法的。违反这两条，同构建社会主义和谐社会是背道而驰的，是制造最大的不和谐，当然不能允许。

构建社会主义和谐社会，在我们的实际工作中，要十分注意矛盾的转化问题。第一，不能激化矛盾，而是尽最大努力化解矛盾。第二，要防止将非对抗性矛盾转化为对抗性矛盾，而努力做到变对抗性矛盾为非对抗性矛盾。社会矛盾是非常复杂的。在实际生活中，往往是敌我矛盾和人民内部矛盾、对抗性矛盾和非对抗性矛盾交织在一起。这就需要冷静地具体地分析问题，作出正确判断，区分不同情况加以解决。

《正处》一文提出一个重要思想，就是"统筹兼顾，适当安排"。毛泽东把这个问题称作"牵动大局的问题"，是一个"战

---

[1]《毛泽东年谱（1949—1976）》第3卷，中央文献出版社2013年版，第124页。

略方针"。他提出"统筹兼顾",特别强调是对全国所有的人(当时是六亿人口)的统筹兼顾。绝不是对一部分人,更不是对少数人的统筹兼顾。当时,毛泽东就曾说过:"照旧社会那样,对于大批有困难的人抛弃不管。人民政府不能这样做。这是制造矛盾的办法,不是解决矛盾的办法。"[1]这句话很值得我们深思。总之,统筹兼顾的战略方针,也应当是构建社会主义和谐社会的一个重要方针。

---

[1]《毛泽东传(1949—1976)》(上),中央文献出版社 2003 年版,第 679 页。

在毛泽东思想生平研究分会
成立大会上的讲话 *

同志们，朋友们：

今天，我们请来中央有关部门的领导、邀集全国各地研究毛泽东思想和生平的专家学者，在毛泽东的故乡湖南召开中国中共文献研究会毛泽东思想生平研究分会成立大会，这是我国思想理论界、中共党史学界的一件大事。

成立毛泽东思想生平研究会，是很多人共同的心愿，也是我由来已久的心愿。早在毛泽东诞辰一百周年的时候，也就是1993年，我们就曾酝酿发起成立毛泽东思想生平研究会。今天，2009年9月10日，经中央领导同志批准，毛泽东思想生平研究分会作为中国中共文献研究会的二级学会宣布成立了，对此我感到十分高兴。大会要我担任研究会的名誉会长，感谢同志们对我的信任，同时也令我感到责任重大。

毛泽东是伟大的马克思主义者，伟大的无产阶级革命家、

---

* 这个讲话的时间为 2009 年 9 月 10 日。

战略家和理论家，是近代以来中国伟大的爱国者和民族英雄，是领导中国人民彻底改变自己命运和国家面貌的一代伟人。他把马列主义基本原理同中国实际相结合，领导全党和全国各族人民，找到一条新民主主义的革命道路，结束了中国一百年来半殖民地半封建社会的历史，建立了中华人民共和国，确立了社会主义基本制度。在他的领导下，将一个受西方列强压迫和封建制度统治的、四分五裂的、积贫积弱的旧中国，变成一个独立的、统一的（除台湾等岛屿外）、初步繁荣的新中国，为中华民族的振兴奠定了基础。

对于这样一位历史伟人，如何把他多彩的人生经历，丰富的治党、治军、治国的经验研究好、总结好，把他集中了集体智慧而创立的毛泽东思想宣传好、继承好、发展好，为今天乃至未来党和国家的工作大局服务，无疑是一项具有重要意义的任务。

毛泽东思想生平研究分会的成立，为我们更好地研究毛泽东，研究毛泽东思想创造了有利条件。我们可以通过举行各种各样的学术活动，协调和组织全国有关研究力量，还可以联系国外一些学者，对毛泽东和毛泽东思想进行全面地、深入地、细致地、广泛地研究和宣传，取得更多有深度、有价值的研究成果，取得更多的为人民大众喜闻乐见的普及性的宣传成果。

同志们，研究毛泽东和毛泽东思想的任务是十分艰巨的，还有很多的工作要做。在作研究的时候，要注意遵循党的两个历史问题决议的精神，采取客观公正的态度，不能任意褒贬；要注意从他那个时代的历史环境和复杂的国际背景出发，从历史事实出发，不能简单地用今天党的方针政策去要求前人，更不能以主观想象去代替科学分析；要注意把毛泽东思想同毛泽东晚年错误区别开来，对毛泽东的晚年错误也要作具体的历史的分析。我们既要研究毛泽东的人生轨迹，更要研究他在每一个重大历史关头是怎样进行思考与作出决策的，研究他在革命和建设中如何处理种种纷繁复杂的关系、如何应对各种困难和挑战的。我们还要研究、宣传和发扬毛泽东倡导的精神风范。我们要立足现实，将毛泽东思想的研究同中国特色社会主义理论体系的研究、同改革开放和社会主义现代化建设实践中一些重大问题的研究结合起来，在研究、宣传马克思主义中国化最新成果、推进党的理论创新方面发挥积极作用。毛泽东思想和中国特色社会主义理论体系，是在不同历史时期形成的马克思主义中国化的理论成果。它们是一脉相承的，不能把它们割裂开来，更不能把它们对立起来，既要看到二者的联系，又要看到后者对前者的发展。

当然，我们不应回避毛泽东的缺点和错误，特别是发动"文化大革命"这样全局性的严重错误。但是正如《关于建国以来党的若干历史问题的决议》所指出的，就毛泽东的一生来说，他的功绩是第一位的，错误是第二位的。研究毛泽东，首先要注意研究他为中国革命和建设所做出的伟大贡献和积累的成功经验。对他的错误要采取严肃的、科学的态度,作出正确的分析。邓小平同志曾指出:"在分析他的缺点和错误的时候,我们当然要承认个人的责任,但是更重要的是要分析历史的复杂的背景。"批评毛泽东的错误,更重要的是为了认真汲取经验教训,使我们前进得更好。对于一代伟人毛泽东,无论他成功的经验,还是失误的教训,都是党的重要财富,都应当认真地加以科学的总结。

党的十一届三中全会以来,对毛泽东和毛泽东思想的研究出现了一个繁荣的局面,出版和发表了大量有关这方面的书籍和文章,其中有很多好的和比较好的作品,对推动这方面的研究和宣传起了积极的作用。值得注意的是,在境内外也出版和发表了相当一些不好的甚至是很坏的书籍和文章。有人不择手段地对毛泽东百般诋毁,造谣诬蔑,竭力丑化。有些自称为学者的,居然公开造谣、作假,丧失了最起码的学术道德。他们真正的意图绝不仅是什么评论毛泽东个人对错的问题,而是要从根本上否定中国共产党的领导地位,否定社会主义制度,否定中国人民的根本利益。对毛泽东的研究和评价,对毛泽东思想的阐述,涉及的绝不仅仅是毛泽东个人,而是同我们党、我们国家的整个历史分不开的;也绝不仅仅是学术问题,而且是政治问题。对于那些歪曲事实,造谣诬蔑的文章和书籍,我们应该抱着对历史负责的态度,有理有据地进行澄清和批驳,正本清源,还毛泽东的本来面目。

毛泽东逝世已经三十多年。他留给后人的精神遗产和政治遗产，不仅在今天影响着中国，对中国的明天还将继续产生影响。研究和宣传毛泽东和毛泽东思想，是一项长期的任务，一项不断开拓的事业。我们研究分会肩负的使命是光荣的。今天，出席成立大会的，有年纪大的老同志，有中年的同志，有年轻的同志。年纪大的老同志，阅历丰富，在研究宣传毛泽东和毛泽东思想方面将继续发挥他们独特的优势。中年同志，年富力强，应当勇挑重担，做出重要贡献。年轻的朋友，虽然阅历较浅，他们加入这个队伍，说明后继有人。对于毛泽东这样一位伟人，对于毛泽东思想这个博大精深的科学体系，值得大家用毕生的心血去了解、去研究、去学习和宣传。研究和宣传毛泽东和毛泽东思想的任务任重而道远，希望大家作出更多更大的成绩，为我们党的事业服务，为伟大的中华民族服务。

毛泽东关于建设社会主义的一些思路和构想[*]

毛泽东领导新中国二十七年，他的目标是要在一穷二白的基础上，把中国建设成为一个社会主义的现代化强国，使之以崭新的先进面貌，屹立于世界民族之林。这无疑是一个很困难的任务，没有现成的书本答案，又不能照抄外国经验，只有靠中国人自己在实践中探索。在探索中，毛泽东提出许多重要思想，深刻地影响着新中国的历史进程。

一、关于阶级斗争和经济建设

在处理阶级斗争和经济建设也就是阶级斗争和生产斗争这两者关系的问题上，毛泽东的认识有一个发展变化的曲折过程，反映出他对建设社会主义的基本思路的发展变化。

---

[*] 这是作者2009年9月10日在毛泽东思想生平研究分会上作的学术报告，发表在《党的文献》2009年第6期。

在基本完成社会主义改造、我国社会主义基本制度不仅在政治上而且在经济上全面确立的时候，毛泽东对中国20世纪的历史进程作了一个大致的划分，上半个世纪搞革命，下半个世纪搞建设，并宣布从那时起党和国家中心任务就是搞建设。他说："从鸦片战争反帝国主义算起有一百多年，我们仅仅做了一件事，就是搞阶级斗争。阶级斗争改变上层建筑和社会经济制度，这仅仅是为建设、为发展生产、为由农业国到工业国开辟道路，为人民生活的提高开辟道路。"[1]"阶级斗争基本结束，我们的任务转到什么地方？就是要转入到搞建设，率领整个社会，率领六亿人口，同自然界作斗争，把中国兴盛起来，变成一个工业国。"[2]

这些认识，毛泽东在1956年、1957年间，曾在多种场合，多次地反复强调过。这些认识进一步发挥了党的八大路线。八大路线的核心，就是对我国国内的主要矛盾作出科学论断，确定从今以后全国人民的主要任务是集中力量发展社会生产力。

但不久，在整风反右的斗争中，发生了扩大化的问题，与此相联系的，毛泽东对国内阶级斗争形势作出过分严重的估计。就在1957年10月召开的八届三中全会上，改变了八大关于我国社会主要矛盾的论断，重新强调无产阶级与资产阶

---

[1]《毛泽东年谱（1949—1976）》第3卷，中央文献出版社2013年版，第119页。
[2] 同上书，第116页。

级两个阶级、社会主义与资本主义两条道路的斗争是主要矛盾。这标志着在我国进入社会主义社会以后还要以阶级斗争为纲的"左"的指导思想的开端，但是当时还没有立即影响到党的实际工作。以阶级斗争为纲的指导思想有一个形成和发展的过程。

改变八大关于国内主要矛盾的论断，并不意味着毛泽东不再重视发展生产。毛泽东关于把中国建成社会主义的现代化强国的思想始终没有改变。在一段时期内，他仍然以主要力量，聚精会神地抓生产，抓经济建设。

八届三中全会闭幕不到三个月，1958年1月，毛泽东就提出把党的工作着重点放到技术革命上去。要求县以上各级党委都要抓社会主义建设工作，一定要完成历史赋予我们的伟大的技术革命。这实际上是以经济建设为中心的八大路线的延续。当时，全党和全国人民意气风发，斗志昂扬，为鼓足干劲、力争上游、多快好省地建设社会主义的口号所鼓舞，已经和正在形成生产高潮。这种情形深深地感动了毛泽东，他轻率地发动了"大跃进"。由于急于求成，忽视客观的经济规律，"大跃进"很快遭到挫折，给国家和人民造成非常严重的损失。但是，应当看到，发动"大跃进"的主观动机是为了尽快改变中国一穷二白的贫困落后面貌、迅速发展生产力，反映了几代中国人强国富民的热切愿望。毛泽东说："中国经济落后，物质基础薄弱，使我们至今还处在一种被动状态，精神上感到还是受束缚，在这方面我们还没有得到解放。"[1]这些话，反映了毛泽东发动"大跃进"的一种真实心态。毛泽东不会容忍奋斗了大半生所建立的新中国长期落后下去。

还应当看到，对"大跃进"发生的错误，毛泽东是最早发觉到，并立即进行反思、努力加以纠正。为了克服"大跃进"带来的严重困难，在毛泽东主持下，党中央采取了一系列切实有效的政策和措施，到1962年经济形势逐步好转。在政策调整的过程中，对形势的估计和对采取的某些措施，党内发生了意见分歧。以包产到户问题为导火线，使毛泽东认为有些领导人离开了社会主义方向，引发了他在八届十中全会上重提阶级斗争。他说阶级斗争要年年讲，月月讲，并认为在整个社会主义历史阶段都存在资产阶级企图复辟的危险，这是党内产生修正主义的基础。接着，在全国开展了社会主义教育运动。这标志着毛泽东强调阶级斗争的思想有了新的发展。但同时他又提出，不要让阶级斗争妨碍了我们的工作，要把工作放到第一位，阶级斗争不要放在很严重的地位。由于对阶级斗争作了一定的限制，国民经济调整工作得以继续顺利进行，工农业生产得到较快的恢复和发展。

毛泽东在领导社会主义教育运动这场全国范围的阶级斗争时，并没有放松对发展生产特别是农业生产的关注。在社教运

---

[1]《毛泽东文集》第7卷，人民出版社1999年版，第350页。

动中，他提出阶级斗争和生产斗争相结合的思想。他说："阶级斗争、生产斗争、科学实验三者必须结合。只搞生产斗争、科学实验，而不抓阶级斗争，人的精神面貌不能振奋，还是搞不好生产斗争、科学实验的。只搞生产斗争，不搞科学实验，行吗？只搞阶级斗争，而不搞生产斗争、科学实验，说拥护总路线，结果是假的。"[1]又说："只讲生产，不进行社会主义教育，结果增不了产。光搞社会主义思想教育，不搞增产，也要垮台。"[2]他强调，要使阶级斗争和社会主义教育运动有利于生产；社教运动的每一个步骤都要紧密结合生产；衡量社教运动搞得好坏的标准之一要看是否增产。"生产要发展，如果生产搞坏了，下降了，农村社会主义教育运动就是失败了。"[3]

在毛泽东看来，抓革命，抓阶级斗争，应当而且能够促进生产，因而用抓阶级斗争、用大搞群众运动的办法来促进生产的发展，叫作"抓革命，促生产"。实践证明，这并不是好办法。它可能奏一时之效，但从根本上说，在社会主义条件下，一旦把阶级斗争夸大和强调到各项工作之纲的不正确的地位，不仅会造成社会和人们思想上的紧张空气，并且会使一些干部和群众难免受到错误的打击，不可能集中精力一心一意去抓生产，不但不能促进生产，反而严重影响生产。

---

[1]《毛泽东年谱（1949—1976）》第5卷，中央文献出版社2013年版，第329页。
[2]《毛泽东年谱（1949—1976）》第3卷，人民出版社2013年版，第267页。
[3]《毛泽东年谱（1949—1976）》第5卷，人民出版社2013年版，第342页。

1963年夏，毛泽东提出发展国民经济分两步走的战略目标，即：在完成国民经济调整以后，搞一个五年设想，就是基本上搞一个初步的独立的工业体系和国民经济体系；然后再有十五年左右，建成一个具有现代农业、现代工业、现代国防和现代科学技术的社会主义强国。[1]他说："如果不在今后几十年内，争取彻底改变我国经济和技术远远落后于帝国主义国家的状态，挨打是不可避免的。"我们要"力求在一个不太长久的时间内改变我国社会经济、技术方面落后的状态，否则我们就要犯错误"[2]。从这些话中可以看出，中国在经济和技术上同发达资本主义国家的巨大差距对中国形成的压力，一直是毛泽东思考国内问题和作出决策的一个重要出发点。毛泽东的这些思想，通过周恩来1964年在三届全国人大一次会议上的《政府工作报告》发表出来，在相当一段时间内，作为我国国民经济发展的指导思想，动员和激励着全国人民为"四化"而奋斗。毛泽东在世时，我国已经建成了独立的、比较完整的工业体系和国民经济体系，尖端科学技术的某些领域已经达到国际先进水平，为十一届三中全会以后我国经济的大发展提供了重要的物质技术基础。

应当说，不论在理论方面还是在实践方面，毛泽东都是重

---

[1] 转引自周恩来在中央工作会议上的讲话记录，1963年9月6日。
[2]《毛泽东文集》第8卷，人民出版社1999年版，第340、341页。

视生产的。

由于国际国内不断出现一些出乎意料的新情况和政治风浪，出现了一些新的社会问题和一些阴暗面的东西，特别是还不时出现一些国内外敌对势力的攻击和破坏活动，这些客观情势，对于长期从事激烈紧张的阶级斗争的毛泽东来说，思想很容易发生变化，又越来越重视和强调阶级斗争，逐步超出对经济建设的重视，以致动摇了以经济建设为中心任务的基本国策。

毛泽东指出在社会主义社会仍然存在阶级斗争，告诫全党还必须注意阶级斗争，这是必要的，是符合实际的。《关于建国以来党的若干历史问题的决议》十分明确地指出："在剥削阶级作为阶级消灭以后，阶级斗争已经不是主要矛盾。由于国内的因素和国际的影响，阶级斗争还将在一定范围内长期存在，在某种条件下还有可能激化。"事实证明，这个论断是完全正确的。毛泽东的错误在于把对社会主义社会中在一定范围内存在的阶级斗争扩大化和绝对化。把本来不属于阶级斗争性质的问题，包括党内的意见分歧，也认为是阶级斗争或者是阶级斗争在党内的反映，混淆了是非，混淆了敌我，形成以阶级斗争为纲的指导思想。他认为，在社会主义社会，推动社会进步的仍然是阶级斗争。他把进行阶级斗争，作为反修防修、防止党和国家改变颜色、不使人民丧失已经取得的政权的根本战略方针。为了这些，有时甚至不惜付出严重影响生产这样沉重的代价，而离开他曾经一再强调的只有社会生产力比较充分的发展，我国的社会主义经济制度和政治制度才算获得了比较充分的物质基础，我们的国家才算充分巩固的正确思想，造成严重的后果。他发动"文化大革命"就是这样。但"文革"中的毛泽东也不是完全置经济于不顾。1970年7月，他对一位外国领导人说："你们现在愁你们的经济，我们也愁怎样把经济搞上去一点。……搞上去不是造几个原子弹，发射个把卫星，那可怜得很。"[1]1974年11月，他正式作出"把国民经济搞上去"的指示。1975年11月，他对另一位外国领导人说："中国是一个不发达国家，工业、农业都不发达，现在正在想办法。"[2]

1956年党的八大的时候，毛泽东曾说，斯大林的错误根源，在于阶级斗争已经完结，人民已经用和平的方法来保护生产力，而不是通过阶级斗争来解放生产力的时候，还进行阶级斗争。而到了1975年他却说："阶级斗争是纲，其余都是目。斯大林在这个问题上犯了大错误。"[3]在纠正"大跃进"错误的时候，毛泽东说过，不懂得商品交换、价值规律，就是不懂得什么叫社会主义。突出阶级斗争的时候他又说，不懂得阶级斗争，就是不懂得什么叫社会主义。这反映了二十年间，毛泽东

---

[1]《毛泽东年谱（1949—1976）》第6卷，中央文献出版社2013年版，第312页。
[2] 同上书，第622页。
[3] 同上书，第621页。

在对待阶级斗争和生产斗争两者的关系上发生的变化，即：从确定以发展生产力为党和国家的根本任务，到经济建设和阶级斗争并重，再到以阶级斗争为纲，其余（包括经济建设）都是目。阶级斗争这根弦，在他的头脑里始终没有断过，时隐时现，时伏时起，而总的趋势是越来越强调，把问题看得越来越严重，直到发动"文化大革命"。

中共十一届三中全会，总结过去二十多年正反两方面的实践经验，特别是"文化大革命"的沉痛教训，果断地停止使用以阶级斗争为纲的错误口号，肯定阶级斗争只是在社会一定范围内存在，而把党和国家的工作重心重新放到经济建设，回到八大的路线上来，回到毛泽东原来的正确思想上来，叫作"拨乱反正"，提出并阐明社会主义社会的根本任务是发展生产力这个基本理论观点。从此，我们党坚定不移地集中力量发展经济，并在发展经济的基础上发展社会主义现代化的各项事业，推动我国社会主义社会全面进步。

二、关于生产关系和生产力

毛泽东指出，在社会主义社会中，基本矛盾仍然是生产关系和生产力之间的矛盾，上层建筑和经济基础之间的矛盾。这就是说，在社会主义社会里，还要调整生产关系，适应生产力的发展；调整上层建筑，适应经济基础的要求。这是毛泽东在理论上的一个重要贡献，突破了斯大林关于社会主义社会中生产关系和生产力、上层建筑和经济基础完全相适应的观点。但是，社会主义的生产关系确立以后，具体采取什么样的经济运行体制和经营形式，并且如何适时地加以调整、完善，才能适应生产力发展的要求，不单纯是个理论问题，更重要的是个实践问题。

拿农业来说，中国农村的社会主义农业生产关系确立以后，究竟采取什么样的农业经营体制和形式，需要多大的经营规模，才有利于农村生产力的发展，毛泽东就经历了一个相当长时间的曲折的探索过程。我国农村从互助组到初级社，农业增产效果是明显的。到了合作化高潮时，毛泽东开始主张办大社。他认为小社人少、地少、资金少，不能进行大规模的经营，不能使用机器，不能搞综合利用，不利于搞水利建设，等等，因而束缚生产力的发展，越是大社越能解放生产力，以致最后办起"一大二公"的人民公社。毛泽东主张办大社的那些理由，不能说完全没有道理。但是有一个最关键的问题，即作为农村生产力中最活跃的因素广大农民的积极性，如何才能得到充分的调动和发挥被忽视了。实践的结果，不但没有解放生产力，反而造成对生产力的破坏。毛泽东一旦发现，立即调整公社的规模和体制（都涉及所有制问题），经过反复曲折的过程，最后形成三级所有队为基础的公社体制，同时废除人民公社的分配制度，恢复农业生产合作社的分配制度。作为基本核算单位的生产队，只相当于初级社的规模，二三十户。这同原来强调"一大二公"的人民公社相比较，甚至同高级社相比较，显然比较符合群众的要求，有利于生产力的发展。在这种体制下，从1962年到1966年，我国粮食生产平均每年增产二百七十亿斤（包括带有一定的恢复性增长）。毛泽东关于以生产队为基本核算单位的决策，是经过多次调查研究后作出的。他对这种体制非常满意。有人说，二十户左右的生产队规模太小，毛泽东说：二十户不小了，山里头更小一些也可以，十来户、七八户搞一个核算单位。唐县那个公社搞分配大包干，粮食年年增产，牲口也很壮。生产队富了就好办了，过去是搞"均"。[1]"均"，就是平均主义。毛泽东认为高级社就有平均主义了。事实证明，当生产力水平还很低下、基本是手工作业的条件下，集体经济的规模越大，并不是优越性越大，而是平均主义越严重，平均主义恰恰是束缚甚至破坏生产力的要害。在"文化大革命"中曾不断有人提出改变队为基础的体制，再回到以大队为基本核算单位，在这一点上毛泽东始终没有动摇，坚持以生产队为基本核算单位。这样，农业特别是粮食生产才得以继续发展，"文革"十年间，粮食年产量提高了一千四百亿斤，上了一个台阶。

但是，毛泽东对社会主义农业发展道路的探索到此就停步

---

[1]《毛泽东年谱（1949—1976）》第5卷，中央文献出版社2013年版，第30页。

不前了。对农村中出现的包产到户，他认为是走资本主义道路而加以反对。毫无疑问，从长远来看，中国要实现农业的社会主义现代化，一定要走集体化、规模化经营的道路，这也就是邓小平后来所说的农业发展的"第二个飞跃"。但是，作为农村集体经济的一个层次的家庭经营如包产到户，是很有生命力和生产发展潜力的，毛泽东恰恰忽视了这一点。实践证明，毛泽东确定的三级所有、队为基础的公社体制仍然没有充分调动农民的生产积极性。十一届三中全会以后，我们党通过改革，逐渐找到了农村集体经济的新的经营体制和经营形式，这就是农民家庭承包经营和集体统一经营相结合的经营体制和经营形式，使得农业生产力得到进一步解放，农村面貌发生了巨大变化。

十一届三中全会确定的改革开放，实质上就是运用社会主义条件下基本矛盾的法则，通过实践、试验、摸索，调整和改革束缚生产力发展的生产关系和上层建筑的某些环节和方面，以适应生产力发展的要求，保证国民经济又好又快地发展。毛泽东关于社会主义社会基本矛盾的思想，对十一届三中全会以来进行改革仍有着重要的理论意义。

毛泽东曾经说过，他注意较多的是制度方面的问题，生产关系方面的问题，至于生产力方面，知识很少。而在生产关系方面，他特别重视劳动生产中人与人的关系问题。从生产资料所有制社会主义改造基本完成以后，他不断地强调这个问题，形成他的一个思想特点。他说：所有制问题基本解决以后，最重要的问题是管理问题,这也就是人与人的关系问题。这方面是大有文章可做的。"劳动生产中人与人的关系,是改变还是不改变,对于推进还是阻碍生产力的发展,都有直接的影响。"在社会主义条件下,劳动生产过程中人与人之间,应当是一种什么关系呢?按照毛泽东的意见是:对领导者来说,"要以普通劳动者的姿态出现,以平等态度待人"。就企业的管理来说,要"采取集中领导和群众运动相结合,工人群众、领导干部和技术人员三结合,干部参加劳动,工人参加管理,不断改革不合理的规章制度,等等"。这就是"两参一改三结合"的具有中国特色的企业管理模式,被称为"鞍钢宪法"。这个管理模式已为某些发达资本主义国家所采用,而在我们国内现在却很少被人提及,值得深思。我们不仅要学习外国的好经验,更要珍惜我们自己创造的好经验。毛泽东还进一步指出,劳动者最大的权利是管理权,包括管理国家、管理军队、管理各种企业、管理文化教育。[1]这些,都充分体现了毛泽东对工人阶级和其他劳动者的权利和主人翁地位的维护、尊重,反映了毛泽东的民主观和平等观,反映了毛泽东关于人民群众创造历史的历史观。

1975年,中国科学院《关于科学技术工作的几个问题(汇报提纲)》中,引用了毛泽东的一句话"科学技术是生产力",毛泽东当时说,他不记得说过这个话。尽管他这样说,但是他

---

[1] 以上均引自毛泽东读苏联《政治经济学教科书》的谈话,1959年12月至1960年2月。

对科学技术还是非常重视的,体现在他的许多讲话和指示中。他对科学技术的重要性,对科技人员在社会主义建设中的作用,从来都给予高度评价。

1963年,毛泽东在听取聂荣臻汇报1963年至1972年十年科学技术规划的时候,斩钉截铁地说:"科学技术这一仗,一定要打,而且必须打好。""不搞科学技术,生产力无法提高。"[1]

毛泽东把提高国家整体科学技术水平,称作一个伟大革命,叫技术革命,曾把它同社会政治革命放到同等重要的地位。他说:"我们国家要建设,就要有技术,就要懂得科学,这是一个很大的革命。没有这样一个革命,单是政治改变了,社会制度改变了,我们国家还是一个穷国,还是一个农业国,还是一个手工业、手工技术的国家。"[2]又说:"我们还是农业国,工业化要很长时间,要半个世纪。""革命成功是一个条件,但是还有一个条件,这就是技术革命。"[3]

毛泽东综观世界一些国家的强国之路,深知欲达到强国之目的,必须采用最先进技术。他说:"资本主义各国,苏联,都是靠采用最先进的技术,来赶上最先进的国家。我国也要这样。"[4]"我们不能走世界各国技术发展的老路,跟在别人后面

---

[1]《毛泽东文集》第8卷,人民出版社1999年版,第351页。
[2]《毛泽东年谱(1949—1976)》第3卷,中央文献出版社2013年版,第119页。
[3] 同上书,第212页。
[4] 毛泽东读苏联《政治经济学教科书》的谈话,1959年12月至1960年2月。

一步一步地爬行。我们必须打破常规，尽量采用先进技术，在一个不太长的历史时期内，把我国建设成为一个社会主义的现代化的强国。"[1]在20世纪50年代，最先提议并作出发展我国原子能事业、搞原子弹这些赶超世界先进水平的尖端科学技术这一重大决策的，就是毛泽东。

20世纪60年代初，苏联撕毁合同，撤退专家，给我国经济建设和国防工业带来很大困难。1960年7月，毛泽东在听取李富春汇报国民经济计划时，作出一个极为重要的指示："要下决心，搞尖端技术。"当时以原子弹、导弹为主要标志的国防尖端技术项目是上马还是下马，在1961年7月召开的国防工业会议上发生了意见分歧。这时，正在杭州的毛泽东让秘书打电话给聂荣臻，传达他看了聂的报告后的指示，大意是：中国工业技术水平比日本差得很远，我们应当采取什么方针，值得好好研究一下。据聂荣臻说，毛泽东的这个指示以及根据这个指示研究的结果，成为解决这一争论的契机。[2]

我国的国防尖端技术，在三年困难时期那样极端艰难的条件下，根据毛泽东"要大力协同，做好这件工作"的指示，取得了突破性进展。第一颗原子弹和第一颗氢弹先后于1964年和1967年爆炸成功。不久，第一颗人造卫星也上了天。

---

[1]《毛泽东文集》第8卷，人民出版社1999年版，第341页。
[2]《聂荣臻回忆录》（下），解放军出版社1984年版，第810、811页。

毛泽东重视科学技术，又喜爱科学技术。请科学家讲课；同科学家交谈；读科学技术书籍，并要求全党努力学习自然科学和技术科学；多次参观科技展览，特别是新技术、尖端技术的展览。1967年6月，总参谋部和国防科委在北京召开赴越作战高炮部队座谈会。与会代表汇报了前线部队以劣势装备战胜现代化程度很高的空中侵略者的英雄事迹，同时表达了改善防空武器装备的殷切期望。7月7日，毛泽东等接见会议全体代表，毛泽东指示："要狠抓一下雷达、光学仪器、指挥仪，要减轻重量，提高质量，增加数量。"[1]直到1975年，已是八十二岁高龄的毛泽东，仍然关心着我国高科技事业。他对孔从洲关于加强电子对抗工作的建议作出批示，由叶剑英负责落实。他曾说过："自然科学是人们争取自由的一种武装。""大家要来研究自然科学，否则世界上就有许多不懂的东西，那就不算一个最好的革命者。"[2]

三、关于中央集权和地方分权

中国是一个幅员辽阔、人口众多、情况复杂、发展极不平衡的国家。实行怎样的国家行政管理体制最有利于经济和其他

---

[1]《孔从洲回忆录》，解放军出版社1989年版，第519页。
[2]《毛泽东文集》第2卷，人民出版社1993年版，第269、270页。

各项事业的发展,是毛泽东长期思考的一个问题。

中国这样一个多民族的、统一的、各个地区发展很不平衡的大国,必须有中央强有力的集中统一领导,否则就会是一个散的局面,甚至是一个乱的局面。但同时,又必须充分发挥各个地方的积极性,给予各个地方必要的权力,中央不能统得过死,否则就会影响各地以至全国经济的发展。所以毛泽东提出要发挥中央和地方两个积极性的问题。这个问题的实质就是正确处理中央集权和地方分权的关系问题,或者说全国的统一性和地方的独立性的关系问题。毛泽东说"这是个很大的问题,是整个社会主义时期进行社会主义建设过程中要经常注意解决的很关重要的问题"[1]。

毛泽东之所以提出这个问题,一方面来自亲身的调查研究,听到一些地方负责人的反映,他们觉得中央束缚了他们,若干事情不放手让他们做,他们的若干要求中央又不批准,严重影响了他们的积极性;另一方面,汲取了苏联搞过分集中的教训;再一方面,也考虑到一些资本主义国家发展的经验。

他从中外历史发展的比较中,对这个问题进行更深入的思考。他说:"欧洲的好处之一,是各国林立,各搞一套,使欧洲经济发展较快。我国自秦以来形成大帝国,那时以后,少数时间是分裂、割据,多数时间保持统一局面。缺点之一是官僚

---

[1]《毛泽东文集》第8卷,人民出版社1999年版,第138页。

主义，统治很严，控制太死，地方没有独立性，不能独立发展，大家拖拖沓沓，懒懒散散，过一天算一天，经济发展很慢。现在，我们的情况完全不同了，全国各省又是统一的，又是独立的。在政治上经济上都是如此。"[1]毛泽东所说的这种中央集权和地方分权相统一的国家行政管理体制，既坚定地维护全国的统一，又注意发挥地方的积极性和主动性，对发展全国经济非常有利。

毛泽东主张计划经济，但不赞成高度集中的计划经济。他认为，过分地集中是不利的，不利于调动一切力量来达到建设强大国家的目的。"中央计划要同地方计划结合，中央不能管死，省也不能完全统死，计划也不要统死。""不论农业扩大再生产也好，工业扩大再生产也好，都要注意中央和地方分权，不能竭泽而渔。"[2]同时要求，中央对各省如此，各省对下属的地、市、县也是如此。毛泽东还提出扩大企业自主权问题，企业要有半独立性，他说要有点"独立王国"。这又是一个十分重要的问题。他指出："有没有这种自治权，对促进生产的发展，还是阻碍生产的发展，关系很大。"毛泽东提出的这个问题，涉及整个社会主义经济的管理体制问题，他虽然没有再深入地具体地研究这个问题，但这个思路是很可贵的。所有这

---

[1] 毛泽东读苏联《政治经济学教科书》的谈话，1959年12月至1960年2月。
[2] 《毛泽东年谱（1949—1976）》第5卷，中央文献出版社2013年版，第569、570页。

些，都是对高度集中的计划体制的某种程度的突破。

毛泽东在强调地方独立性时，又很注意全国的平衡，全国的统一性。他说："地方要有独立性，同时还要有全国的平衡，我看这句话很好。有一些事情地方是不享有独立性的，只有国家的统一性；另一些事情地方是享有独立性的，但也还需要有全国的平衡，没有全国的平衡，就会搞得天下大乱。……没有平衡，没有调剂，我们全国的大工业、全国的工业化就搞不起来。我们在讲地方的独立性、讲地方独立自主的时候，要注意不要走向极端，偏到另一方面去了。"[1] 所谓全国的平衡、全国的统一性，就是我们通常所说的"全国一盘棋"。中央可以在全国范围内统一规划、统一调度、统一协调、统一安排，集中力量高效率地办大事，包括战胜各种严重的自然灾害。这正是我国社会主义制度优越性的体现。

今天我国实行的是社会主义市场经济体制，同当年计划经济体制时有很大不同。但是毛泽东关于发挥两个积极性、实行中央集权和地方分权相统一的思想，仍然是有现实意义的。

四、关于自力更生和对外交流

"自力更生为主，争取外援为辅"，这是毛泽东为我国社会主义经济建设确定的一个重要方针。进行经济建设主要依靠自

---

[1]《毛泽东文集》第7卷，人民出版社1999年版，第55—56页。

己的力量，以国内市场为主；同时，只要有可能，尽量争取同一切国家发展经贸往来，发展国外市场。

毛泽东一贯主张，搞经济建设首先要立足于国内，主要靠自己的人力、资源、市场。特别是中国这样的社会主义大国，决不能把国家建设放在对外国的依赖上。外援是一定要争取的，但不能干涉我国内政，不能侵犯和损害我国主权，不论哪个国家援助都不许可附带什么条件。毛泽东说："在国与国的关系上，我们主张，各国尽量多搞，以自力更生、不依赖外援为原则。自己尽可能独立地搞，凡是自己能办的，必须尽量地多搞。只有自己实在不能办的才不办。特别是农业，更应当搞好。吃饭靠外国，危险得很，打起仗来，更加危险。"[1]毛泽东把粮食称为"救命菩萨"，对粮食问题特别警惕，决不能依靠外国。

我国科技工作主要领导人之一聂荣臻，曾以自己的亲身经历，从发展我国国防尖端技术这个方面，说明"自力更生为主，争取外援为辅"方针的正确性和重要性。他在回忆录中写道："今天，如果把我们研制尖端武器所走过的道路重新回顾一下，证明中央当时所确定的'自力更生为主，争取外援为辅'的方针不但是正确的，而且是至关重要的。如果我们在武器装备方面，把立足点放在外国援助或主要靠购买外国的产品上，那就

---

[1]《毛泽东文集》第8卷，人民出版社1999年版，第128—129页。

不但不会这样快取得成就,而且必然造成研制工作的依附性,会让别人牵着鼻子走。"[1]

毛泽东在强调自力更生的时候,并不忽略加强对外交流的重要性和必要性。早在1954年,他就指出:"我们这类国家,如中国和苏联,主要依靠国内市场,而不是国外市场。这并不是说不要国外联系,不做生意。不,需要联系,需要做生意,不要孤立。"[2]1956年,他在修改八大政治报告的"商业"一节时,发现没有讲对外贸易,特地加写了一句很重要的话:"并且只要有可能,就发展同世界任何愿意和我们往来的国家的通商贸易关系。"这里强调的是,任何国家,只要你愿意,我们就发展通商贸易。后来,1959年,在讲到两个市场问题时又说:"'国内市场为主,国外市场为辅'这个口号好是好,但有一个缺点。我看应该加一句:但是国外市场极为重要,不可轻视,不能放松。辅是辅,但是非常重要。"[3]在当时的历史条件下,提出这样的思想,是很可贵的。

随着经济的发展和经验的积累,毛泽东越来越认识到国外市场的重要性。

建国初期,在以美国为首的西方国家对中国实行经济封锁的情况下,我国的对外经贸伙伴主要是苏联和其他社会主义国

---

[1]《聂荣臻回忆录》(下),解放军出版社1984年版,第802页。
[2]《毛泽东外交文选》,中央文献出版社、世界知识出版社1994年版,第161页。
[3]《毛泽东年谱(1949—1976)》第3卷,中央文献出版社2013年版,第650页。

家。苏联援建的一百五十六个工程项目,是新中国第一次大规模引进的国外先进技术和成套设备,为我国的工业化建设打下了重要基础。从1952年到1960年,我国先后同十二个社会主义国家签订了科技合作协定,大大拓展了对外交流的领域。但是,即使在那个时候,毛泽东也并没有把自己的眼光局限于这些国家。1949年12月,正在苏联访问的毛泽东就曾致电中共中央说:"你们在准备对苏贸易条约时应从统筹全局的观点出发,苏联当然是第一位,但同时要准备和波捷德英日美等国做生意,其范围和数量要有一个大概的计算。"[1]这里面就包括了几个主要的资本主义国家。

毛泽东从来就反对关起门来搞建设。他说:"搞经济关门是不行的,需要交换。""在与自然界作斗争方面,我们的第一个先生是苏联,美国也是我们的先生。"[2]又说:"我们的门是开着的,几年以后,英、美、西德、日本都将与我们做生意。他们有技术,我们需要技术,他们的经济有困难,就会向我们出口技术了。"[3]

新中国成立以后的二十多年时间内,美国对我国一直实行严厉的封锁、禁运政策。而毛泽东也一直在寻找各种机会和途径,力图突破美国的封锁、禁运,改变这种对我不利的局面,

---

[1]《建国以来毛泽东文稿》第1册,中央文献出版社1987年版,第197页。
[2]《毛泽东年谱(1949—1976)》第4卷,中央文献出版社2013年版,第68页。
[3]《毛泽东年谱(1949—1976)》第2卷,中央文献出版社2013年版,第639页。

想方设法先从美国以外的发达资本主义国家进口先进技术和装备。1956年10月1日,他在同法国共产党总书记杜克洛谈话时,十分明确地表达了这个意图。他说:"你看法国政府能否摆脱美国干涉,同中国建立外交关系,在贸易上能把成套设备卖给我们,要很久还是不很久?技术和装备出口的可能性怎样?不是指一般地做生意,是说替中国设计工厂、供应装备、安装装备并教会中国工人开动机器。"[1]这里值得注意的是,毛泽东所强调的,不是同发达资本主义国家发展一般的贸易往来,而是从他们那里进口成套设备,还要帮助我们设计工厂,教会中国工人掌握先进技术。这很有代表性地反映了毛泽东当时对外开放的思想。

毛泽东在会见一些发达资本主义国家的客人时,常常向他们表达同样的意思。比如,1956年9月29日他对比利时国会代表团的客人说:"我们主张同所有国家建立外交关系和进行交流。现在我们同比利时、法国等尚未建交,主要是由于美国的关系。中国是一个经济落后的国家,现在正在进行建设,比利时的技术装备出口可以在中国找到广大的活动余地。"[2]又比如,1957年4月21日对日本社会党书记长浅沼稻次郎说:"日本有先进的工农业技术,中国有丰富的资源,如果能合作交

---

[1]《毛泽东年谱(1949—1976)》第3卷,中央文献出版社2013年版,第2页。
[2]《毛泽东年谱(1949—1976)》第2卷,中央文献出版社2013年版,第642页。

流，一定能使两国繁荣。希望这一天早日到来。"[1]

中国大陆全部解放以后，香港要不要收回，对它采取什么方针，成为一个既是涉外又是涉内的重要问题。毛泽东和中共中央一再申明，对香港暂时不去动它，把它作为对外贸易的重要通道和门户。毛泽东说："香港是通商要道，如果我们现在就控制它，对世界贸易、对我们同世界的贸易关系都不利。"[2]"文革"时期，不少人想收回香港。毛泽东仍坚持说："我们是借香港做生意，同世界各国做生意，暂时不去惊动它。"[3]

20世纪60年代，中苏关系恶化，毛泽东把发展对外经贸关系，更多地转向资本主义国家。1962年在八届十中全会预备会议上，毛泽东在讲到国际修正主义也封锁我们时说："日本还卖给我们化肥，卖给我们特殊钢，卖给我们农药，还准备卖给我们生产维尼纶的世界第一流的设备。而社会主义国家不卖给我们。大概下个月他们的代表就要来了，叫高崎达之助，此人当过日本贸易大臣。要利用他们的技术。列宁也利用，斯大林也利用，利用德国的技术、美国的技术。我们现在要走这条道路，因为社会主义国家的尖端不给我们嘛。"[4]"我们现在要走这条道路"，这句很有分量的话，表达了毛泽东关于社

---

[1]《毛泽东年谱（1949—1976）》第3卷，中央文献出版社2013年版，第136页。
[2]《毛泽东年谱（1949—1976）》第5卷，中央文献出版社2013年版，第250页。
[3]《毛泽东年谱（1949—1976）》第6卷，中央文献出版社2013年版，第317页。
[4]《毛泽东传（1949—1976）》（下），中央文献出版社2003年版，第1256页。

主义中国同资本主义发达国家发展贸易、进口设备、引进先进技术的决心。从60年代起，中国从资本主义发达国家进口了大量成套设备。1963年6月，经毛泽东批准，中国同日本签订了第一个采用延期付款方式进口维尼纶设备的合同。随后，又从英国、法国、联邦德国、瑞典、意大利、瑞士、荷兰、比利时、奥地利等国进口了石油、化工、冶金、矿山、电子和精密机械等八十四项成套设备和技术。到1964年，在我国对外贸易额构成中转变为资本主义国家占百分之六十，社会主义国家占百分之四十，毛泽东认为这是合理的。"文化大革命"期间，毛泽东仍关心着我国的外贸情况。1973年，他对基辛格说："你们总统现在又好像要把中国的长城搬到你们美国去（指关税壁垒——引者注）。我们两国之间的贸易可怜得很喽，要逐步发展。"[1] 1975年，他向分管外贸工作的李先念询问进出口的情况，特别问到对美国、日本、欧洲这三大经济体发展贸易的情况。在"文化大革命"极"左"思潮泛滥的情况下，他排除"四人帮"的干扰，批准了周恩来和李先念提出的四十三亿美元的技术和成套设备的进口方案，即"四三方案"，进口大批化肥、化学纤维和一米七轧钢设备，成为新中国成立后第二次大规模引进先进技术和成套设备，而且主要是向西方发达国家引进，大大提高了我国的工业化水平。

---

[1]《毛泽东年谱（1949—1976）》第6卷，中央文献出版社2013年版，第469页。

在对外交流方面，毛泽东很重视向外国学习，包括美国等资本主义国家，并且提出要派留学生去。他说："一切国家的好经验我们都要学，不管是社会主义国家的，还是资本主义国家的，这一点是肯定的。"[1] 1961年他曾对蒙哥马利说："如搞社会主义还要积累经验。苏联、英国、美国、法国、日本的经验，我们都愿意接受。"[2] 搞社会主义，要向资本主义国家学习，在那个时候，是相当开放的一个思想。当然，不是学它们的社会制度，主要是学它们的科学的管理方法和先进的科学技术。1956年，毛泽东在听取三十五个部门汇报时，周恩来提出可以派人到资本主义国家去学技术，毛泽东极为赞成，说：不论美国、德国、瑞士、挪威，只要他们要我们的学生，我们就派去。1972年，毛泽东在同周恩来等人谈国际问题时交代说："我们下一代要多找些人学外国语，把外国的好的东西学过来，坏的东西不要，好的东西批判地吸收。"[3] 根据毛泽东的意见，周恩来立即派遣一些青年学生到英国学习英语，为我国的外交战线培养了一批新生骨干力量。

在20世纪50年代提出学习外国的口号，是要有相当的勇气的，反映了毛泽东的宽广的世界眼光。当时有些国家的领导人就不愿意提这个口号，甚至不敢提这个口号。

---

[1]《毛泽东文集》第7卷，人民出版社1999年版，第242页。
[2]《毛泽东年谱（1949—1976）》第5卷，中央文献出版社2013年版，第28页。
[3]《毛泽东年谱（1949—1976）》第6卷，中央文献出版社2013年版，第441页。

毛泽东主张同资本主义国家发展经济往来,还有另外一个方面的考虑,就是为同这些国家建立外交关系创造条件,打下基础。1961年毛泽东会见法国的密特朗。密特朗说:有一堵墙把中法两国隔开了。毛泽东说:"意识形态的墙和社会制度的墙,只要在互不干涉内政的原则下,是可以拆掉的。我们与法国没有建立外交关系,这也是暂时的。"[1]这就是说,国与国的关系,可以超越意识形态和社会制度,不因意识形态和社会制度的不同而受到影响。这又是一个开放的思想。法国于1964年同中国建交,成为第一个同中国建立正式外交关系的西方大国。1971年,中国进入联合国。1972年,打开中美关系大门、中日建交、中德建交。到1976年,同中国建交的国家达一百一十一个。1979年,中美这两个世界上最大的发展中国家和最大的发达国家正式建交,为世界所瞩目。说到中美建交,我想起毛泽东1964年会见智利新闻工作者说过一句话:"总有一天两国的关系会正常化的,我看还要十五年。"[2]事情居然那么巧,1964年到1979年正好是十五年。毛泽东对中国外交开辟的新局面,为党的十一届三中全会以后实行改革开放政策,准备了一个好的国际环境。

新中国成立以来,尽管毛泽东和中国政府希望同所有资本

---

[1]《毛泽东年谱(1949—1976)》第4卷,中央文献出版社2013年版,第537页。
[2]《毛泽东年谱(1949—1976)》第5卷,中央文献出版社2013年版,第366页。

主义发达国家发展经济往来，进行对外交流，但总是困难重重，受到很大限制。这里有当时整个国际环境的关系，但主要是长期以来美国一直采取敌视中国的态度，实行封锁、禁运政策，绝不是我们国家要实行什么闭关锁国政策，中国共产党和毛泽东从来没有这种政策。对于美国对我国实行封锁、禁运、打压，感受最深的，莫过于作为中国主要领导人的毛泽东。1956年他向来访的巴基斯坦总理苏拉瓦底说："你知道我们身上背了多大的压力吗？单单在日本，美国就有八百多个军事基地。南朝鲜、台湾、菲律宾、南越都在美国的控制之下。美国给我们的压力很大。"[1]当时，在美国操纵下成立的东南亚条约组织、巴格达条约组织都是针对中国的。1963年，美国新任总统一上台，他们的官员就声称：美国需要在中国周围建立一个包围圈来遏制中国，继续执行不承认中国和对中国大陆禁运的政策。

毛泽东一贯强调，我们的方针要放在自己力量的基点上，搞革命是这样，搞建设也是这样。确立这样一个思想，我们国家就经受得起各种困难的考验，在任何外来压力面前也不会屈服，使自己立于不败之地。当然，搞建设不应该也不可能孤立于世界各国之外，在任何时候都需要争取外援，都要加强同外国的经济联系，学习外国一切有益的东西。新中国尽管长期受

---

[1]《毛泽东年谱（1949—1976）》第3卷，中央文献出版社2013年版，第15、16页。

美国和其他一些西方国家的包围、封锁、禁运,毛泽东和中共中央还是尽最大努力用多种方式同一切可能交流与合作的国家发展各方面的交流与合作,打破美国等西方国家的封锁。当然,当年我国的对外交流或者叫对外开放,有着很大的局限性,同现在这样波澜壮阔的改革开放局面,是不能相比的。

五、关于生产和生活

在这个问题上,毛泽东的指导思想是:生产和生活必须兼顾,重点放在生产上。这就是说:要在发展生产的基础上,提高人民的生活水平。既反对只顾生产,不顾人民生活的偏向;又反对脱离生产发展的实际水平,对生活提出过高的要求。这里涉及积累和消费、国家利益和个人利益、人民当前利益和人民长远利益等一系列问题。

毛泽东历来反对忽视人民生活的偏向,反对不关心人民疾苦的官僚主义。1956年4月,他在听取李富春汇报"二五"计划时曾指出:"现在的危险是忽视个人利益。如果不注意个人收入问题,就可能犯大错误。"[1]话说得这样尖锐,可见他对这个问题的重视程度。后来,在修改八大政治报告中的"节约和人民生活"一节时,又专门写了一个批语,说"改善生活问

---

[1]《毛泽东年谱(1949—1976)》第2卷,中央文献出版社2013年版,第562页。

题讲得不够"。大家都知道，毛泽东是一贯倡导节约的，同时他又认为，只讲节约不讲消费不行，还要鼓励消费，这样既利于民生，又利于发展经济。1965年6月，毛泽东在杭州接见华东局书记处成员。江华说：今年讲过革命化春节，没有人买肉。毛泽东说："要生产，也要消费。讲节约，结果猪肉没人吃，花布无人穿，东西卖不出去，节约节得先念[1]不好过。猪肉有人要，农民才会养猪。"[2]他认为，出现这种情况同物价贵有关系，物价贵得没有道理。他主张薄利多销，货物多就要卖得便宜些。这样既惠及老百姓，又能使国家增加积累。他还主张，生产资料的利润要低一些，于国于民都有利。他说："生产资料利润低一些，不收周转税，这是两件大事情，影响整个人民生活。这样做的结果，初看起来，国家财政收入似乎要减少一些，但是基本建设多搞了，生产也发展了，结果利润会更大。基本建设发展了，工人也增加了，消费性的、服务性的市场也扩大了。"[3]

1958年冬"大跃进"期间，毛泽东发现各地出现了只顾生产、不顾群众生活的情况，从11月14日到25日的十二天内，连续发出三个指示，加以纠正。要求全党严重注意这个问题，做到生产、生活同时并重。第一个指示说："很值得注意，

---

[1] 先念，即李先念，当时任分管财政工作的国务院副总理。
[2] 《毛泽东年谱（1949—1976）》第5卷，中央文献出版社2013年版，第499页。
[3] 《毛泽东年谱（1949—1976）》第2卷，中央文献出版社2013年版，第529页。

是一个带全国性的问题，注意工作，忽视生活，必须立即引起全党各级负责同志，首先是省、地、县三级的负责同志的注意，方针是：工作生活同时并重。"[1]第二个指示说："生产和生活两方面，必须同时抓起来。不抓生活，要搞好生产是困难的。生产好，生活好，孩子带得好[2]，这就是我们的口号。"[3]第三个指示中，指出对人民生活这样一个重大问题缺少关心、注意不足、照顾不周，同我们对工作任务提得过重密切相关。"千钧重担压下去，县乡干部没有办法，只好硬着头皮去干，少干一点就被叫做'右倾'，把人们的心思引到片面性上去了，顾了生产，忘了生活。解决办法：（一）任务不要提得太重，不要超过群众精力负担的可能性，要为群众留点余地；（二）生产、生活同时抓，两条腿走路，不要片面性。"[4]这是毛泽东当时纠"左"的一个重要方面，其思想内涵具有普遍意义。

苏联在建设社会主义中，过分强调发展重工业，忽视农业和轻工业，影响了人民生活水平的提高。特别是对农民实行义务交售制，用以积累发展重工业的资金，把农民挖得很苦。鉴于这样的教训，毛泽东带总结性地指出："建设了社会主义，丢了人民，建立了重工业，丢了人民，这是不成的。"[5]

---

[1]《毛泽东年谱（1949—1976）》第3卷，中央文献出版社2013年版，第513页。
[2] 当时人民公社普遍办起了托儿所、幼儿园。
[3]《毛泽东年谱（1949—1976）》第3卷，中央文献出版社2013年版，第517页。
[4] 同上书，第531页。
[5] 同上书，第138页。

中国建设社会主义，能不能避免苏联的错误，做到既建立了重工业，又不丢掉人民？对这个问题，毛泽东心里还不是很踏实，他在1957年1月省市区党委书记会议上表示了这个担心。他说："苏联付的代价相当大，人民束紧裤带。他们是有了重工业，丧失了人民。我们是不是可以又有重工业，又得了人民？这个问题没有解决，要靠以后找出一条道路来。"[1]由于在经济建设上急于求成，后来在"大跃进"中还是在这个问题上犯了错误。实行过高的积累，片面地发展重工业，特别是钢铁工业，致使国民经济比例严重失调，不仅严重影响了人民生活，生产也遭到很大损失。

　　1965年，随着国民经济的根本好转，一些领导人头脑开始有些发热，又想大干快上。毛泽东比较冷静。他及时地提醒说："鉴于过去的经验，欲速则不达，还不如少一点慢一点能达到。""我看大家想多搞，你们也想多搞，向老百姓征税征粮，多了会闹翻，不行的。这是个原则问题。要根据客观可能办事，绝不能超过客观可能，按客观可能还要留有余地。留有余地要大，不要太小。要留有余地在老百姓那里，对老百姓不能搞得太紧。总而言之，第一是老百姓，不能丧失民心；第二是打仗；第三是灾荒。计划要考虑这三个因素，脱离老百姓毫

---

[1]《毛泽东年谱（1949—1976）》第3卷，中央文献出版社2013年版，第65页。

无出路,搞那么多就会脱离老百姓。"[1]周恩来把毛泽东讲的这些内容,概括为"备战、备荒、为人民"。对"大跃进"的教训,毛泽东是刻骨铭心,痛定思痛。他告诫说:"这些教训都要牢牢记住,要经常向人们讲,永远不要忘记。"[2]

  毛泽东关于民生方面的政策有一个指导思想,就是"统筹兼顾,适当安排",或者叫"统筹兼顾,各得其所"。全国解放后,根据毛泽东的意见,我们党对国民党时代的旧工作人员,全部包下来,大家都有饭吃,这对社会稳定起了重要作用,这也是一种人道主义的举措。社会主义建设时期,毛泽东把统筹兼顾作为一项战略方针,强调地提出来,有着重大意义。所谓统筹兼顾,是指对于全国几亿人而不只是对部分人的统筹兼顾。毛泽东列举了粮食问题、灾荒问题、就业问题、教育问题、知识分子问题、统一战线问题、少数民族问题等等,要求对这些问题都要从全国人的统筹兼顾这个观点出发,作出各种适当的安排。所有这些问题,都是关系到全国人切身利益的大事。实行这个方针,有利于调动一切积极因素建设社会主义,也有利于维持社会稳定。正如毛泽东所说:统筹兼顾、各得其所,这是一个战略方针。这个方针,就是调动一切积极力量,为了建设社会主义。实行这个方针比较好,乱子出得比较少。[3]当

---

[1]《毛泽东年谱(1949—1976)》第5卷,中央文献出版社2013年版,第501、502页。
[2]同上书,第481页。
[3]《毛泽东年谱(1949—1976)》第3卷,中央文献出版社2013年版,第69页。

时我们国家实行低工资、低物价、高就业的政策。生活虽不富裕，但都有饭吃，社会比较稳定。这是在当时生产力比较低下的历史条件下，实行统筹兼顾、各得其所方针的一个具体体现。

我国在建设社会主义初期，国家还穷，生产力水平也低，国家要花很多钱搞建设，就需要大量的积累。在这种情况下，要求人民生活一下子改善很多，是不切实际的。毛泽东说："人民生活的改善，必须是渐进的，支票不可开得过多。过高的要求和暂时办不到的事情，要向人民公开地反复地解释。"[1]应当说，这是一种实事求是的态度，是对人民负责的态度。有时为了国家建设，为了人民的长远利益，还暂时需要牺牲一些当前的利益。这也是在情理之中的事。毛泽东在这个问题上的观点是：人民的当前利益和人民的长远利益，两者必须兼顾，不兼顾是错误的，但是重点应当放在长远利益上。这就是我们常说的，当前利益必须同长远利益相结合，而以当前利益服从长远利益，因为人民的长远利益是人民的根本的、最大的利益。

问题还是回到生产和生活两者的关系上。人类的生产活动，是决定其他一切活动的东西。生产是基础，必须在发展生产的基础上，才能改善人民生活。诚如毛泽东所说："没有生产就没有生活，没有多的生产就没有好的生活。"[2]生产、生活

---

[1]《毛泽东年谱（1949—1976）》第3卷，中央文献出版社2013年版，第31页。
[2] 同上，第119页。

两者必须兼顾，而重点要放在生产上。

六、关于统一意志和生动活泼

中国在基本完成社会主义改造以后，大规模的急风暴雨式的阶级斗争基本结束，人民民主专政的国家政权进一步巩固，中国共产党的威望进一步提高，同时人民内部的矛盾越来越明显地突出出来。在这种新的形势下，毛泽东开始深入思考这样一个问题：从政治思想方面来说，中国在建设社会主义条件下，应当形成一种什么样的政治局面。

这时，毛泽东已经意识到："现在我们胜利了，自己掌握政权，很容易强调专政，忽略民主的一面。"[1]"中国共产党是一个力量很大的党，如搞不好，人民就要怕我们。一个党使人民怕，这个党就不好了，就危险了。党内党外的紧张要缓和，要充分展开辩论，讲道理，这样党和人民才能接近。"[2]"人民有意见就应当让他们说出来，不然这些意见一旦爆发成为对抗性的矛盾就不得了。"[3]

在一些社会主义国家里，一个比较普遍的现象，就是过分强调集中统一，忽略民主，在中国也存在这个问题。毛泽东觉

---

[1]《毛泽东年谱（1949—1976）》第3卷，中央文献出版社2013年版，第128页。
[2] 同上书，第136—137页。
[3] 同上书，第138页。

得这是一个大问题，特别是鉴于斯大林的教训，认为这个问题必须想办法解决。

1956年9月，他同南共联盟代表团谈话时，认为对斯大林的批评，揭开了盖子，使人可以独立思想，反对了家长制。接着就说："我们社会主义国家必须想些办法。当然没有集中和统一是不行的，要保持一致。人民意志统一对我们有利，使我们在短期内能实现工业化，能对付帝国主义。但这也有缺点，就在于使人不敢讲话，因此要使人有讲话的机会。我们政治局的同志都在考虑这些问题。"[1]考虑这个问题的，确实不只是毛泽东，还有其他中央领导人，周恩来就是其中之一。他1956年7月21日在中共上海市第一次代表大会上，发表题为《专政要继续，民主要扩大》的讲话，指出民主应该更扩大是从整个无产阶级专政的历史中得来的经验。他说："专政的权力虽然建立在民主的基础上，但这个权力是相当集中相当大的，如果处理不好，就容易忽视民主。苏联的历史经验可以借鉴。所以我们要时常警惕，要经常注意扩大民主，这一点更带有本质的意义。"[2]到1957年3月，毛泽东又明确地指出："我们希望的就是要造成这样一个中国，把我们中国变成这样一个活泼的国家，使人民敢于批评，敢于说话，有意见敢于说，不

---

[1]《毛泽东年谱（1949—1976）》第2卷，中央文献出版社2013年版，第634页。
[2]《周恩来选集》下卷，人民出版社1984年版，第207页。

要使人不敢说。"[1]

毛泽东提出关于正确处理人民内部矛盾的问题和"百花齐放，百家争鸣"的方针，为形成他所希望出现的使人敢于讲话、敢于批评的活泼的政治局面，从理论上和方针政策上创造了条件。毛泽东强调，要把正确处理人民内部矛盾作为政治生活的主题，在人民内部实行充分的民主，要使人民敢于讲话，敢于批评。对于人民中间的各种不满意、各种错误的议论，要用民主的方法、讨论的方法去解决，而不能用压制的方针，更不能用专政的办法解决。政治问题和学术问题应该加以区别，对学术问题鼓励自由讨论。凡是思想方面的问题，精神方面的问题，都不能用粗暴的方法，而只能用说理的方法、说服的方法。如果采取压制的方法，不让"百花齐放，百家争鸣"，那就会使我们的民族不活泼、简单化。

毛泽东对实行上述方针所要达到的目标，寄予很大希望而且充满信心。他 1957 年 3 月在上海市党员干部会议上说："我们采取上面所说的这些方针，我相信，我们的文化、科学、经济、政治，我们的整个国家，一定可以繁荣发展起来，我们国家就会变成一个有近代农业的、工业化的国家，人民的生活会要好起来，人民的政治情绪，人民跟政府的关系，领导者跟被领导者的关系，人民与人民之间的关系，将是一种合理的、活

---

[1]《毛泽东年谱（1949—1976）》第 3 卷，中央文献出版社 2013 年版，第 123 页。

泼的关系。我们希望的就是要造成这样一个中国,把我们中国变成这样一个活泼的国家,使人民敢于批评,敢于说话,有意见敢于说,不要使人不敢说。……按照这样的方针,我们的希望就一定可以实现。"[1]他在这次讲话的提纲中,还提出要使中国"变成一个大强国而又使人可亲"。后来,毛泽东把他希望达到的目标概括为:"是想造成一个又有集中又有民主,又有纪律又有自由,又有统一意志、又有个人心情舒畅、生动活泼,那样一种政治局面。"[2]这就是为邓小平所称道的、由第二个历史决议所肯定的"六有"局面。

集中和民主,纪律和自由,统一意志和生动活泼,都是对立的统一。两个方面都要有。只有前者而无后者,就会成为僵化的、呆板的、缺乏活力的社会,甚至会走上专制的道路。只有后者而无前者,就会是一个没有凝聚力的、无政府状态的社会,甚至出现乱的局面。但是,要使两个方面真正达到统一,恰当地结合起来,达到比较理想的境界,并不是轻而易举就可以做到的,要有许多条件,包括健全的法制、正确的政策以及有效的思想教育工作等。

毛泽东为创造一个理想的政治局面,有了一个很好的构想,可惜的是,在以阶级斗争为纲的思想指导下,"左"的错

---

[1]《毛泽东年谱(1949—1976)》第3卷,中央文献出版社2013年版,第123—124页。
[2] 同上书,第192页。

误发展得越来越严重,这些构想在他生前终究未能很好实现。我们党在十一届三中全会以后,经过拨乱反正,总结历史经验,在新的历史环境中,为实现"六有"局面,做了大量的艰苦的工作,取得了明显的成效。

1961年9月24日,英国蒙哥马利元帅问毛泽东:"主席遇到难题的时候,是不是同马克思联系?"毛泽东答:"他只有理论,他没有办过社会主义。社会主义,列宁办过。所以遇到实际问题,要问自己,要问苏联。"[1]

"遇到实际问题,要问自己",的确是这样的。以毛泽东为领袖的中国共产党领导中国人民建设社会主义,在没有经验的情况下,主要靠中国人自己在实践中摸索前进。有胜利和成就,也有挫折和错误。在探索过程中,毛泽东提出过许多非常好的思想,至今仍具有现实指导意义。他提出的有些思想是错误的,也造成严重的后果。不论是正确的还是错误的,都是中国共产党的重要财富。对的,继承下来,发扬光大;错的,引以为戒,避免重犯。对毛泽东的错误,应采取严肃的、科学的态度。正如邓小平所说的:"在分析他的缺点和错误的时候,我们当然要承认个人的责任,但是更重要的是要分析历史的复杂的背景。只有这样,我们才是公正地、科学地、也就是马克

---

[1]《毛泽东年谱(1949—1976)》第5卷,中央文献出版社2013年版,第28页。

思主义地对待历史,对待历史人物。"[1]毛泽东的错误"终久是一个伟大的无产阶级革命家所犯的错误"[2]。批评他的错误,是为了认真汲取前人的经验教训,使我们今天能前进得更好。在讲毛泽东错误的时候,决不能忘记他为建立和建设新中国所做出的伟大贡献。

在中国这个人口众多、经济文化落后的国家建设社会主义,确实是一件前无古人的伟大事业,也是一项极为复杂艰难的任务。对于什么是社会主义、怎样建设社会主义,谁都不可能一下子认识清楚,客观形势也不容许把事情都弄清楚后再起步,只能边干边学,要有一个实践、认识、再实践、再认识的过程。在这个过程中,不可能只有成功没有失败,只有正确没有错误。失败的教训总结了,错误认识了、纠正了,就会转化为正确,走向新的进步。以毛泽东为核心的党的第一代领导集体为建设社会主义进行了艰苦而有益的探索,不管是成功的还是遭受挫折的,都为后来者提供了极为丰富的经验教训。综合正确的和错误的两个方面,加以总结,使我们党对于建设社会主义的自觉性和规律性的认识,有了很大的提高,为创立中国特色社会主义理论体系准备了条件。

上世纪80年代初,邓小平在谈到对毛泽东功过的评价和

---

[1]《邓小平文选》第2卷,人民出版社1994年版,第172页。
[2] 见《关于建国以来党的若干历史问题的决议》。

毛泽东思想时,说过一段话:"从许多方面来说,现在我们还是把毛泽东同志已经提出、但是没有做的事情做起来,把他反对错了的改正过来,把他没有做好的事情做好。今后相当长的时期,还是做这件事。当然,我们也有发展,而且还要继续发展。"[1] 就用邓小平的这段话来结束这篇文章吧。

---

[1]《邓小平文选》第2卷,人民出版社1994年版,第300页。

毛泽东与新中国第一部宪法的诞生 *

1954年的宪法,是新中国的第一部宪法。这部宪法的公布和实施,在新中国的法制建设上,具有里程碑意义。

这部宪法从起草到第一届全国人民代表大会第一次会议通过,历时八个月零十二天。最初,陈伯达在1953年11月、12月间写了一个稿子,没有被采用。从1954年1月9日起,毛泽东领导的宪法起草小组在杭州重新起草,小组成员是胡乔木、陈伯达、田家英。这一稿,修改了七八次,后又经中共中央政治局讨论修改了两次。

1954年3月23日,毛泽东代表中国共产党向宪法起草委员会正式提出《中华人民共和国宪法草案(初稿)》。从3月23日到6月11日,宪法起草委员会先后召开七次会议,对宪法草案进行讨论和修改。在这中间,全国政协和各省市党政机关、军队领导机关、各民主党派和人民团体,共八千人进行讨

---

* 这篇文章发表在《党的文献》2009年第6期。

论，提出的修改意见达五千九百多条。

1954年6月14日，毛泽东主持召开中央人民政府委员会第十三次会议，作关于宪法草案说明的报告。会议经过讨论，一致通过《中华人民共和国宪法草案》。在这次会议上，傅作义委员发言说："在召集会议上，大家一致同意写上一条：中华人民共和国主席是国家元首。可是被毛主席抹去了。但是并不能抹去亿万人民衷心的爱戴。愈谦逊愈伟大，愈伟大愈谦逊。"对这些话，毛泽东在会上作了一些解释，说："有人说，宪法草案中删掉个别条文是由于有些人特别谦虚。不能这样解释。这不是谦虚，而是因为那样写不适当，不合理，不科学。在我们这样的人民民主国家里，不应当写那样不适当的条文。不是本来应当写而因为谦虚才不写。科学没有什么谦虚不谦虚的问题。搞宪法是搞科学。"[1]这里顺带澄清一个事实。过去有人认为，毛泽东这些话是针对他拒绝了关于将这部宪法命名为"毛泽东宪法"的建议而讲的，其实不是。《中华人民共和国宪法草案》在这次会后的当天正式公布，交付全国人民讨论并征求意见。

宪法草案公布以后，在近三个月的时间里，全国各界共有一亿五千多万人参加宪法草案的讨论，提出一百一十八万多条修改、补充意见和问题。饱受数千年封建专制统治的中国人民，

---

[1]《毛泽东文集》第6卷，人民出版社1999年版，第330页。

有史以来第一次享受到如此充分的民主权利，享受经过长期革命斗争所得来的胜利成果。正如毛泽东所说，"宪法是采取征求广大人民意见这样一个办法起草的"。他还说：这次起草宪法的一个成功的经验，是"采取了领导机关的意见和广大群众的意见相结合的方法"。今后，"一切重要的立法都要采用这个方法"。

毛泽东为起草宪法确定的指导思想是"以事实为根据"，即从当时中国的实际情况出发，同时以外国的宪法（社会主义的和资本主义的）、中国过去的历次宪法作参考。他认为，制定本国宪法，参照别国宪法和中国历史上有过的宪法，是完全必要的。人家好的东西，结合中国国情，加以吸收；不好的甚至是反动的东西，也可以引为鉴戒。当时毛泽东阅读了国内外一些宪法，并开列书目，要求中央政治局委员和在京的中央委员阅读，这是中共高层领导第一次系统地学习法律。

中华人民共和国的宪法是属于社会主义类型的宪法，所以毛泽东着重研究了1918年苏俄宪法和1936年的苏联宪法以及东欧人民民主国家的宪法。1918年苏俄宪法，把列宁写的《被剥削劳动人民权利宣言》放在前面，作为第一篇。毛泽东从中受到启发，决定在宪法总纲的前面写一段序言。"序言"这种形式，成为中华人民共和国宪法的一个特点，一直保持到现在。毛泽东对资本主义宪法也作了研究。他说，对资产阶级民主不能一笔抹杀，不能说他们的宪法在历史上没有地位。他认为，1946年《法兰西共和国宪法》是代表了比较进步、比较完整的资产阶级内阁制的宪法。

在宪法起草过程中，有一个问题，存在过不同的意见，就是宪法要不要写纲领性的内容，即将来要完成的任务。1936年斯大林曾说过，宪法只能承认事实，而不能搞纲领。胡乔木赞成斯大林这个意见。毛泽东不赞成，他说："一般地说，法律是在事实之后，但在事实之前也有纲领性的。1918年苏维埃俄罗斯宪法就有纲领性的。……我们这个宪法有两部分，就有纲领性的。国家机构那些部分是事实，有些东西是将来的，比如三大改造之类。"[1]

1954年宪法从内容上和结构上讲，主要有以下几个特点：第一，从法律上保证实施过渡时期的总路线。第二，从法律上保证发展国家的民主化。宪法中关于国家机构和人民权利的各项规定，都从法律上保障了国家民主化的发展。第三，从法律上加强各民族的团结。宪法在序言和总纲中，确定我国是统一的多民族国家，各民族享有自由平等的地位。禁止对任何民族的歧视和压迫，禁止破坏各民族团结的行为。各民族自治地方都是中华人民共和国不可分离的部分。第四，这部宪法是《共同纲领》的发展。1949年的《共同纲领》，起了中华人民共和国临时宪法的作用，宪法在起草的时候，充分利用了《共同纲

---

[1] 毛泽东在中共中央政治局扩大会议上的讲话记录，1959年3月1日。

领》，保留了《共同纲领》中关于我国国家性质、人民民主制度、人民权利、民族政策等方面的各种基本原则，并作了充分详细的规定。所以宪法序言里说，这部宪法是以《共同纲领》为基础，又是《共同纲领》的发展。第五，这部宪法的结构和文字力求简明，通俗易懂。条文共一百零六条，一万四千字，完全用白话文写成，凡是可以避免的难懂的字，一律避免。因为宪法是要在全国人民中间普遍宣传和普遍遵守的，所以宪法起草小组在宪法的结构和文字方面采取了这样的方针。为了将宪法搞得尽可能完备，宪法起草委员会特地邀请法学家周鲠生和钱端升为法律顾问，语言学家叶圣陶和吕叔湘为语言顾问。

1954年9月20日，第一届全国人民代表大会第一次全体会议通过《中华人民共和国宪法》时，出席会议代表一千一百九十七人，投票一千一百九十七张，同意票一千一百九十七张，全票通过。中国有史以来第一部人民的宪法诞生了。中国各族人民经过长期的艰难斗争，终于有了一部代表自己利益、体现民主原则和社会主义原则的宪法。

1954年宪法制定后的五十多年间，中国经济社会情况发生了很大的变化。从1982年以来，根据新时期的实践经验，我国宪法经过几次修改，但仍然是建立在1954年宪法的基础上，是1954年宪法的继承和发展。

毛泽东的历史功绩*

在中国历史上,出现了许许多多的杰出人物。他们对中华民族的发展与进步都做出过这样或那样的贡献。毛泽东是其中的佼佼者,是一位伟大的马克思主义革命家、战略家、理论家。他把自己的一生都奉献给中国革命和建设事业,为中华民族和中国人民做出巨大贡献。我们应当永远铭记毛泽东同志的历史功绩。

一、创建了一个新中国——中华人民共和国

毛泽东同他的战友们领导中国共产党和中国人民,经过长期的艰苦卓绝的斗争,经历了多次的挫折和失败,克服了千难万险,在几次危机时刻力挽狂澜,出奇制胜地挽救了革命,最

---

* 这篇文章原载《党的文献》2013年增刊。2013年12月25日《人民日报》发表时,文字作了一些压缩。

终取得革命的胜利，创建了新中国。一个黑暗的旧中国变成一个光明的新中国；一个四分五裂、内乱不已、匪患不绝、民不聊生的旧中国，变成一个空前统一（除台湾等几个岛屿）和人民安居乐业、各民族平等和睦相处的新中国；一个饱受列强欺凌和宰割、被人称为"东亚病夫"的旧中国，变成一个独立自主、屹立在世界东方的新中国；一个由地主、官僚、买办乃至洋人主宰的旧中国，变成一个由人民当家做主的新中国。谈到这些巨大而深刻的改变，首先不能不想到毛泽东对党、国家、人民和民族所建立的不可磨灭的历史功勋。正如邓小平所指出的："没有毛主席，至少我们中国人民还要在黑暗中摸索更长的时间。"[1]

新中国的成立，不仅在中国近现代历史上是一个翻天覆地的大事件，在中国几千年的历史上也是一个划时代的大事件。它改变了中国一百多年来半殖民地半封建的社会，推翻了帝国主义和封建主义的双重压迫和统治，废除了一百多年来帝国主义在中国的种种特权和延续几千年的封建土地制度，彻底结束了近代以来中华民族的屈辱历史。

毛泽东为新中国确立了人民民主专政的国体，并在此基础上，建立了一个根本的政治制度——人民代表大会制度，两个基本的政治制度——中国共产党领导的多党合作的政治协商制

---

[1]《邓小平文选》第 2 卷，人民出版社 1994 年版，第 345 页。

度、民族区域自治制度。毛泽东又适时地创造性地用和平的方法实现社会主义的三大改造，建立了社会主义的基本经济制度。这些制度，是总结了近代历史经验，完全根据中国的实际情况制定的。它们对于坚持和巩固社会主义，充分发扬人民民主，保证国家长治久安，巩固国家统一，实现各阶层、各党派、各民族的大团结，起着决定性作用。

把中国建设成为一个文明、民主、富强的社会主义现代化国家，使中国走在世界前列，是毛泽东一生奋斗的目标。为实现这一目标，他从思想上、理论上和政治实践上进行了艰辛探索。尽管经历了诸多困难，也犯过错误，走过弯路，终究在他和其他老一代革命家领导下，经过中国各族人民的艰苦奋斗，在不到三十年的时间里，在旧中国遗留下来的一穷二白的基础上，建立了一个独立的比较完整的工业体系和国民经济体系。这一时期，我国经济的发展速度总体说来，不是慢的，而是相当快的。从1953年到1978年，工农业生产总值年均增长率为百分之八点二，其中工业为百分之十一点四，居世界前列，超过许多发达国家和发展中国家。1949年我国人口五点四亿，人均占有粮食四百一十八斤。1976年人口九点三七亿，人均占有粮食六百一十五斤。这就是说，新中国成立后的二十七年间，人口增加了四亿，人均占有粮食却增加了二百斤。我国人均预期寿命1949年为三十五岁，1975年达到六十三点八岁。

毛泽东非常重视发展我国的科学技术，特别是尖端科学技术。当我国处于经济困难时期，在国防尖端技术是上马还是下马的关键时刻，毛泽东一锤定音："要下决心，搞尖端技术。"他说："国防尖端这个东西要切实抓一下，现在世界上没有这个东西，好像就不是一个国家，人家就不理你。"[1]在毛泽东的这个战略思想指导下，我国在尖端科技方面取得了突出成就，产生了许多重大成果，填补了许多空白，同时培养了大批科技人才。如果没有当年在尖端科技方面打下的基础和培养出来的人才，就不会有今天我国在"两弹一星"以及航天事业等方面的辉煌成就。20世纪80年代，邓小平就曾这样说过："如果六十年代以来中国没有原子弹、氢弹，没有发射卫星，中国就不能叫有重要影响的大国，就没有现在这样的国际地位。这些东西反映一个民族的能力，也是一个民族、一个国家兴旺发达的标志。"[2]

总起来说，新中国成立后的近三十年间，不论在制度建设方面、经济建设方面，还是科学技术方面所取得的成就和培养的人才，都为后来的发展提供了重要的制度保障、物质基础和技术力量。

作为中华人民共和国的主要缔造者，毛泽东时刻警惕地捍卫国家的独立、统一、主权和领土完整，始终不渝地维护中华

---

[1]《毛泽东年谱（1949—1976）》第4卷，中央文献出版社2013年版，第304页。
[2]《邓小平文选》第3卷，人民出版社1993年版，第279页。

民族的尊严。他绝不允许任何国家侵害中国的安全和尊严。他说:"我们热爱和平。如果有人危害我们的独立,我们的天性就是奋不顾身地起来捍卫。"[1]他敢于顶住来自任何霸权主义国家的压力,不管它是多么地气势汹汹,彰显了中华民族刚强不屈的骨气。

中华人民共和国的成立,引起了世界格局的重大变化。它以一个保卫世界和平、维护公平正义、反对帝国主义侵略的重要力量,站在世界舞台上。毛泽东为新中国制定的独立自主的和平外交政策和许多重大国际战略,使新中国赢得了国际尊严,赢得了越来越多的朋友,彻底摆脱了旧中国那种"弱国无外交"的险恶处境。毛泽东在晚年,提出三个世界划分的战略思想,团结了广大的亚非拉国家,与此同时,打开中美关系的大门,实现中日邦交正常化,新中国恢复在联合国的合法地位,开创了中国外交的新局面,为我国后来的改革开放和现代化建设事业创造了有利的国际环境。到1976年,同我国建交的国家达到一百一十一个。邓小平曾深情地说:"我们能在今天的国际环境中着手进行四个现代化建设,不能不铭记毛泽东同志的功绩。"[2]

总起来说,新中国成立后的前三十年,在毛泽东和中国共

---

[1]《毛泽东年谱(1949—1976)》第5卷,中央文献出版社2013年版,第283页。
[2]《邓小平文选》第2卷,人民出版社1994年版,第172页。

产党的领导下，我国在各个方面所取得的成就是十分显著的，为改革开放后的三十多年的发展，打下了重要而坚实的基础。改革开放前的三十年和改革开放后的三十多年，是中华人民共和国连续不断而又有所不同的两个历史时期。前者为后者打下基础，后者是对前者的继承和发展。不能将这两个历史时期割裂开来，更不能对立起来、互相否定。当然，前三十年中有个"文革"问题。"文革"必须否定。但是否定"文革"，是要否定"文革"的严重"左"的错误，从中深刻吸取教训，而不是也不能把那十年党和国家的全部历史和艰难取得的发展成就否定掉。《关于建国以来党的若干历史问题的决议》（以下简称《历史决议》）指出："在'文化大革命'中，我们党没有被摧毁并且还能维持统一，国务院和人民解放军还能进行许多必要的工作，有各族各界代表人物出席的第四届全国人民代表大会还能召开并且确定了以周恩来、邓小平同志为领导核心的国务院人选，我国社会主义制度的根基仍然保存着，社会主义经济建设还在进行，我们的国家仍然保持统一并且在国际上发挥重要影响。"[1]拿经济建设来说，在那十年当中，在党的领导下，全国人民排除"文革"的种种干扰和破坏，取得了一定的进展。例如，国民生产总值由1966年的一千八百六十八亿元，增加到1976年的二千九百四十三点七亿元；粮食年产量由1966年

---

[1]《三中全会以来重要文献选编》（下），人民出版社1982年版，第815页。

的四千二百八十亿斤,提高到1976年的五千七百二十六亿斤,平均每年增产一百亿斤,上了一个台阶。我国的氢弹试验成功,卫星上天,导弹发射成功,以及以南京长江大桥建成通车为代表的许多重要基础设施建设等,就是在这十年中取得的。当然,如果没有"文革"的严重干扰和破坏,经济建设肯定会有大得多的发展。总之,我们应当实事求是地、有分析地看待这两个历史时期的辩证发展关系。

二、建设了一个先进的党——中国共产党

近代以来,为了救国救民、改变旧中国的悲惨命运,无数的志士仁人和各式各样的政治力量,纷纷提出各自的救国主张,有改良的也有比较激进的。但是都不灵,没有一个能够解决中国的问题。以马克思列宁主义为指导思想的中国共产党一成立,情况就开始发生根本变化。诚如毛泽东所指出的:"自从有了中国共产党,中国革命的面目就焕然一新了。"[1]

中国共产党刚成立的时候,只有几十名党员。在一个相当长的时间里还是一个幼年的党,很不成熟。从一个幼年的党到一个完全成熟的党,直到领导中国人民取得中国新民主主义革命的胜利,经历了一个漫长的、艰难曲折甚至是痛苦的过程。

---

[1]《毛泽东选集》第4卷,人民出版社1991年第2版,第1357页。

这中间有胜利,有失败;有前进,有后退;有发展,有缩小;有正确的时候,有犯错误甚至是犯严重错误的时候。中国共产党在实际斗争中,运用马克思主义的立场、观点、方法,不断总结成功的经验和失败的教训,按照具体情况,实事求是地纠正党内各种错误倾向,"左"的和右的,并将这些经验上升为理论,反过来又指导革命实践向前发展。就这样经过多次的循环往复,中国共产党逐渐走向成熟。对此,许多老一代革命家都做出了贡献,而贡献最大、起着决定性作用的是毛泽东。

说毛泽东的贡献最大,不只是因为他参与了中国共产党的创建,是党的创始人之一,更主要的是他根据马克思的特别是列宁的党建理论,紧密联系中国革命斗争的实际,形成了中国共产党的一套完整的党建学说。早在抗日战争时期,毛泽东就提出,要把中国共产党建设成为一个全国范围的、广大群众性的、思想上政治上组织上完全巩固的布尔什维克化的党,并称之为"一件伟大的工程"。毛泽东完整的党建学说,是经过总结中国共产党成立以后二十年间正反两方面的实践经验,在延安整风时期全面确立起来的。作为毛泽东战友的邓小平曾经作过这样的回忆,他说:"我们回想一下,正是根据毛泽东同志的建党学说,才建立了这样一个好的党。从延安整风以后,无论前方后方的人,真是生气勃勃,生动活泼,心情舒畅,团结一致。毛泽东同志建立的这个党,既能够充分发扬民主,充分发挥下面遵守纪律的自觉性,又能够在这样的基础上建立高度的集中。毛主席、党中央的命令、号召，谁不听哪！谁不是自觉地听哪！没有这样的党的风气，我们能够战胜比我们强得多的敌人吗？我们能够在建国以后，取得一个又一个的胜利吗？"[1]

如果要把毛泽东的党建学说作一个概括，最主要的可以归纳成这样几条：关于党的工人阶级先锋队性质；关于全心全意为人民服务的根本宗旨；关于辩证唯物主义和历史唯物主义的世界观、方法论；关于共产主义的远大理想；关于实事求是的思想路线；关于民主集中制的组织路线；关于从群众中来到群众中去、集中起来坚持下去的工作路线；关于维护团结统一、维护中央领导权威、坚持集体领导的政治原则；关于坚持"五湖四海""德才兼备""任人唯贤"的用人方针；关于理论联系实际、密切联系群众、批评和自我批评的工作作风；关于正确处理党内矛盾的原则和方法等。最后一条，又包括：团结—批评—团结的公式；处理历史问题，不应着重于一些个别同志的责任，应着重于当时环境的分析，当时错误的内容，当时错误的社会根源、历史根源和思想根源，实行惩前毖后、治病救人的方针，借以达到既要弄清思想又要团结同志这样两个目的，等等。而着重思想建党，则是毛泽东党建学说中最突出最鲜明的一个特点。

---

[1]《邓小平文选》第2卷，人民出版社1994年版，第45页。

中国共产党在全国执政以后，所处的环境和面临的任务，发生了根本变化。毛泽东高瞻远瞩，把注意力集中到防止中国共产党腐化变质、脱离群众、做官当老爷、形成一个贵族阶层的情况发生。这是毛泽东在新中国成立后一直十分关注的一件大事。他不断向全党敲警钟，并采取了许多重大步骤及具体措施加以防范和严肃处理。他把这个问题作为党的建设中的重要任务，放到最突出的位置。新中国成立前夕，他就及时地提出"两个务必"，告诫全党防备糖衣炮弹的攻击。他同党内出现的形形色色的官僚主义进行了不懈的斗争。他曾说过这样一句狠话："我们一定要把领导上的老爷式作风、官僚主义作风、命令主义作风，完全消灭得干干净净。"[1]他总是叮嘱党的干部，一定要打掉官气，一定要平等待人，一定要以普通劳动者的姿态出现，并规定各级干部包括领导干部都参加生产劳动，解放军高级将领下连队当普通一兵。毛泽东多次说过，他最厌恶的是官僚主义，在老百姓面前摆官僚架子。邓小平曾指出："不要'做官当老爷'，要反对'衙门作风'，这是毛泽东同志的一些根本的思想观点。"[2]

毛泽东提出的关于党的建设的一系列重要原则和方针，使我们党从根本上区别于一切非无产阶级的政党，而成为最先进

---

[1]《建国以来毛泽东文稿》第9册，中央文献出版社1996年版，第109页。
[2]《邓小平文选》第2卷，人民出版社1994年版，第230页。

最有战斗力的党。这些基本原则和方针,在改革开放的今天,仍然是我们党所遵循的,并在新的历史条件下,有所发展,有所创新。

中国共产党有着共同的理想、一致的奋斗目标和统一的意志,有着严密的组织纪律,有着覆盖全国的基层组织,拥有巨大的动员、组织力量。它以全国各族人民的利益为最高利益,成为中国革命、建设和改革的领导核心,成为中国特色社会主义事业的领导核心。为了中国的民族独立、人民解放事业,中国共产党献出了千千万万的好党员、好干部,包括许多杰出的领导人。中国共产党是经过千锤百炼、经验十分丰富的党,是唯一能够团结、凝聚和领导中国这样一个拥有众多人口、众多民族和广大国土面积、情况十分复杂的大国的政治力量,没有任何一个政治力量能够替代它。唯有中国共产党能够把全国各族人民的力量组织和调动起来,集中力量办大事,从容应对各种不测之事。大家想想,仅仅用了六十多年的时间,就把一个积贫积弱、极端落后、被人看不起的中国,变成世界上第二大经济体、令人刮目相看的中国,这不是在中国共产党的领导下实现的吗?如果没有中国共产党的领导,中国会是一个什么样子呢?必定是天下大乱、四分五裂、人民遭殃,什么改革开放、社会主义现代化建设事业统统会被葬送。那将是中华民族的灾难。这绝不是危言耸听,东欧剧变、苏联解体就是前车之鉴。我曾写文章说过这样的看法:俄国人作过两次中国的教员。一次是十月革命，使中国走上革命胜利的道路，这是正面教育。一次是苏共下台、苏联解体，使中国共产党人和中国人民警觉起来，避免悲剧在中国重演，这是反面教育。反面教育的意义并不比正面教育的意义小。

中国共产党不是没有缺点和错误，而且还犯过很严重的错误。但是，错误都是由我们党自己而不是其他什么政治力量纠正的。中国共产党有着自我批评的精神，《关于若干历史问题的决议》和《关于建国以来党的若干历史问题的决议》就是集中的体现。有了错误就纠正、就总结，避免重犯同样的错误。不仅如此，中国共产党还把错误当作一种"财富"，为制定正确的方针、政策提供重要的经验教训。毛泽东所说的"错误往往是正确的先导"[1]，就是这个道理。

中国共产党历来重视自身的建设，包括思想建设、组织建设、作风建设、制度建设、反腐倡廉建设，同样也一贯重视提高执政能力，改进领导方法，与时俱进，始终保持自己的先进性和纯洁性。在改革开放、实行社会主义市场经济的条件下，如何进行党的建设，是一个新课题，一项艰巨任务，要解决许多新的、过去从未遇到过的复杂问题。这需要在实践中去寻找答案。其中要特别引起注意的是社会上下所关注的反腐倡廉问题，这个问题关系党的生死存亡。这也是毛泽东生前最为担

---

[1]《建国以来毛泽东文稿》第11册，中央文献出版社1996年版，第499页。

心、最为牵挂而千方百计地去寻求根本解决办法的问题。一代又一代的中国共产党领导人都在为此而努力。邓小平、江泽民、胡锦涛，为解决这个问题都做了重要贡献。习近平同志一担任党的总书记，就把解决这个问题提到十分突出的位置，坚决果断地拿出一系列具体措施，下手着力解决，并指出这个问题不解决，就有亡党亡国的危险。

三、缔造了一支人民的军队——中国人民解放军

毛泽东是中国人民解放军的创建人之一。这支军队开始的时候，是很弱小的，其主要成分是农民，又带有旧式军队的影响。要将这样一支军队改造并建设成用无产阶级思想武装起来的人民军队，其艰巨性是可想而知的。许多老一代革命家对军队的建设都曾做出过这样那样的贡献。但是，做出贡献最大、起着决定作用的还是毛泽东。

为建设和培育这支军队，毛泽东耗费了大半生的心血。从三湾改编决定党的支部建在连上，制定三大纪律、六项注意，到古田会议总结建军两年多来的经验并作出决议，明确红军是一个执行革命的政治任务的武装集团，红军肃清了旧式军队的影响，完全建立在马克思列宁主义的基础上，真正成为人民军队。至此，毛泽东的建军路线基本形成。以后，经过抗日战争、人民解放战争，毛泽东的建军思想不断发展，又提出一系

列重要思想。如规定官兵一致、军民一致、瓦解敌军的政治工作的基本原则；提出"三八"作风；在军队内部实行政治、经济、军事三大民主；规定军队是战斗队，又是工作队、生产队。全国解放后，又提出实现军队的革命化、正规化、现代化等等。如果把毛泽东关于中国人民解放军的建军思想综合起来，可以归纳为这样几条：（一）坚持党对军队的绝对领导；（二）全心全意为人民服务是军队的唯一宗旨；（三）政治工作是军队的生命线；（四）军队必须执行严格的纪律和发扬勇敢战斗、不怕牺牲、不怕疲劳和连续作战的优良作风；（五）军队要实现革命化、正规化和现代化。

在毛泽东建军思想的指导和培育下，在毛泽东亲自领导和指挥下，中国人民解放军由小到大，由弱到强，经过长期的艰苦卓绝的斗争，战胜了比自己强大得多的国内外敌人，解放了全中国（除台湾等岛屿）。这是一支听党指挥，与人民血肉相连，纪律严明，英勇善战的军队。当年人民解放军解放大上海，官兵不住民宅而露宿街头的事迹，被广为传颂。锦州那个地方出苹果，辽西战役的时候，正是秋天，老百姓家里有很多苹果，我们的战士一个都不去拿。这个消息感动了毛泽东，他说"我们的纪律就建筑在这个自觉性上边"。[1]这只是体现人民解放军性质、代表人民解放军形象的千千万万事例中的两个

---

[1]《毛泽东文集》第7卷，人民出版社1999年版，第162页。

具体事例。这就是毛泽东思想武装起来的人民军队，这样的军队无敌于天下。

新中国成立以后，中国人民解放军的任务、组织形式等都发生了很大变化。军队建设从低级阶段向高级阶段发展，由单一军种兵种的军队发展成为多军种多兵种组成的军队。人民解放军逐步建设成为一支正规化、现代化的革命军队。它担负着保卫国家安全，保卫国家主权和领土完整，保障人民过和平生活的神圣任务，是巩固人民民主专政的主要工具。毛泽东深刻指出：没有军队，就没有政权；没有军队，就没有独立；没有军队，就没有自由；没有军队，谁同你讲平等。[1]总之，没有一支人民的军队，便没有人民的一切。此外，人民解放军还担负着参加国家经济建设的重要任务，承担最艰巨、最困难的基本建设项目，是一支最有组织性、最有战斗力的生产大军。特别是在抗击严重自然灾害的斗争中，发挥着先锋队、突击队、主力军的作用。当特大自然灾害突如其来的时候，是人民解放军在第一时间里冲到救灾第一线，发扬一不怕苦、二不怕死、不怕疲劳连续作战的作风，为抢救人民的生命财产，发挥关键的作用。

这里特别要提到，毛泽东对建设空军和海军的重视和关怀。新中国成立之初，他就提出，我们不但要有一支强大的陆

---

[1]《毛泽东年谱（1949—1976）》第5卷，中央文献出版社2013年版，第341页。

军，还要有一支强大的空军和一支强大的海军。他亲自点将组建这两支队伍。为了在实战中锻炼和提高年轻的空军队伍，毛泽东让他们到抗美援朝战争的最前线，同世界上头号强大的美国空军在战斗中较量，使我国空军的战斗力得到了提高，涌现出一批战斗英雄。我国是一个海洋大国，有着一万八千多公里的海岸线。毛泽东对发展海军尤为重视。他说："为了肃清海匪的骚扰，保障海道运输的安全；为了准备力量于适当时机收复台湾，最后统一全部国土；为了准备力量反对帝国主义从海上来的向我国的侵略，我国必须在一个长时期内根据工业建设发展的情况和财政的情况，有计划地逐步地建设一支强大的海军。"[1] 1953年2月，他到南方视察，在视察海军舰艇部队时说："我们国家穷，钢铁少，海防线很长，帝国主义就是欺负我们没有海军。一百多年来，帝国主义侵略我们都是从海上来的，不要忘记这一历史教训。"[2] 他提出"一定要把我国一万八千多公里的海岸线筑成海上长城和海上铁路"[3]。他为乘坐的长江舰、洛阳舰和视察的其他三个舰艇分别题词，都是同样的一句话："为了反对帝国主义的侵略，我们一定要建立强大的海军。"后来，他又从发展远洋航运的需要出发，强调发展海军的重要性。他说："海军发展值得研究，提出十年搞

---

[1]《毛泽东年谱（1949—1976）》第1卷，中央文献出版社2013年版，第629页。
[2]《毛泽东年谱（1949—1976）》第2卷，中央文献出版社2013年版，第38页。
[3] 同上书，第34页。

五十万吨位,这太少,最少搞一百万吨位。我们要和外国做生意,需要远洋船只,还可造军舰、飞机。要修水上铁路(造军舰)。目前,太平洋实际上是不太平的。"[1]直到晚年,他仍惦记着海军建设问题。1975年5月3日他对海军司令员苏振华说:"管海军靠你,海军要搞好,使敌人怕,我们海军只有这样大。"[2]5月22日,苏振华向他报告:我们力争十年左右建设成一支较强大的海军。次日,毛泽东即作出批示:"同意。努力奋斗,十年达到目标。"毛泽东从记取历史教训的角度,又从未来海洋事业发展的角度,提出发展海军的紧迫性和必要性,这是一个极具前瞻性的战略考虑,对于军队建设和国防建设,对于国家的强大和经济的发展,都有着十分重要的意义。

中国人民解放军的建设,在我国改革开放时期,适应现代战争的需要,先后在邓小平、江泽民、胡锦涛的领导下,有了很大发展,做出了新的重要贡献。他们都继承了毛泽东确立的建军基本原则。最近,习近平总书记提出的新时期强军目标"听党指挥、能打胜仗、作风优良",言简意赅,意义深刻,同样是继承了毛泽东的建军基本原则,具有很强的现实针对性和指导意义。

---

[1]《毛泽东年谱(1949—1976)》第3卷,中央文献出版社2013年版,第380页。
[2]《毛泽东年谱(1949—1976)》第6卷,中央文献出版社2013年版,第582页。

四、创立了一个科学理论——毛泽东思想

上述毛泽东的三大历史功绩都同这个问题密不可分。新中国是在这个理论指导下创立和发展起来的；中国共产党是在这个理论指导下成熟和壮大起来的；中国人民解放军是在这个理论指导下成长和强大起来的。没有毛泽东思想，就没有这一切。

毛泽东思想是一个完整的、内容极其丰富的科学体系，包括政治、军事、经济、文化、统战、外交、党建等各个领域。在这些方面，毛泽东都有大量科学著述。而贯穿于其中的精髓，是他的哲学思想，即马克思主义的唯物史观、认识论和辩证法。当年邓小平主持起草《历史决议》，在讲到如何写毛泽东思想的问题时，曾特别嘱咐："历史决议中关于毛泽东同志对马克思主义哲学的贡献，要写得更丰富，更充实。""陈云同志说，他学习毛泽东同志的哲学著作，受益很大。""他在延安的时候，把毛泽东同志的著作认真读了一遍，这对他后来的工作关系极大。"[1]

毛泽东把产生于欧洲的先进科学理论马克思主义，创造性地运用到中国这个农民占人口绝大多数的经济文化落后的东方大国，紧密结合中国实际，并汲取中华文明之精华，创立了毛

---

[1]《邓小平文选》第2卷，人民出版社1994年版，第304、303页。

泽东思想，培育了马克思主义中国化道路上的第一个丰硕成果。这个理论，生长在中国这片土地上并已深深扎根在这片土地上。它具有彻底性、深刻性、严密性、实践性等特点，具有很强的说服力，又体现了新鲜活泼的、为中国老百姓所喜闻乐见的中国作风和中国气派。这个理论培养了一代又一代中国共产党人。这个理论被广大人民群众掌握，就变成改造和建设中国的巨大物质力量。

毛泽东思想是指导中国革命胜利的一面旗帜，是治党治国治军的法宝，而且已经成为中国人民崇尚的世界观、人生观和价值观，成为党和人民想问题、办事情的立场、观点和方法，成为我们战胜困难、勇往直前的精神力量。

任何一种科学理论，都是从实践中来的，是对实践经验的总结和概括，而不是凭空想出来的。毛泽东思想的形成也是如此。在这里，让我们看看毛泽东本人对这个问题是怎样说的。他说："我写的文章就是反映这几十年斗争的过程，是人民革命斗争的产物，不是凭自己的脑子空想出来的。先要有人民的革命斗争，然后反映在我们这些人的脑子里。既然有人民革命斗争，就产生要采取什么政策、策略、理论、战略战术的问题，栽了跟头，遭到失败，受过压迫，这才懂得并能够写出些东西来。"[1] 又说："从一九二一年到一九三五年遵义会议，经

---

[1]《毛泽东年谱（1949—1976）》第5卷，中央文献出版社2013年版，第161页。

过十四年的时间,才结束了多次错误路线对全党的统治。经过延安整风,我们全党才觉悟起来。""我们才逐步学会如何处理党内关系,如何处理党跟非党人员的关系,如何搞统一战线,如何搞群众路线,等等。这就是说,我们有了经验,才能写出一些文章。比如我的那些文章,不经过北伐战争、土地革命战争和抗日战争,是不可能写出来的,因为没有经验。"[1]毛泽东在讲到他那篇著名文章《中国革命战争的战略问题》时说:"没有那些胜利和那些失败,不经过第五次反'围剿'的失败,不经过万里长征,我那个《中国革命战争的战略问题》小册子也不可能写出来。"[2]这就是说,一种科学理论是要有长期实践经验的积累,包括正面的和反面的,才能产生出来。毛泽东这些切身经验之谈,对于我们进行理论创新是很有启发意义的。

对待毛泽东思想的态度,是一个严肃而重大的政治问题,涉及党的指导思想,涉及党的光荣历史,涉及党能否团结一致地领导中国人民继续前进。所以,邓小平力主在《历史决议》中把毛泽东思想这个问题写好。他说:"毛泽东思想这个旗帜丢不得。丢掉了这个旗帜,实际上就否定了我们党的光辉历史。""决议稿中阐述毛泽东思想的这一部分不能不要。这不只是个理论问题,尤其是个政治问题,是国际国内的很大的政

---

[1]《毛泽东文集》第7卷,人民出版社1999年版,第100—101页。
[2]《毛泽东文集》第8卷,人民出版社1999年版,第263页。

治问题。如果不写或写不好这个部分，整个决议都不如不做。"他警告说："不写或不坚持毛泽东思想，我们要犯历史性的大错误。"[1]

《历史决议》对毛泽东思想作了系统阐述和精辟概括。今天重温这些论述，仍然很有必要。决议指出："毛泽东思想是我们党的宝贵的精神财富，它将长期指导我们的行动。""毛泽东同志的重要著作，有许多是在新民主主义革命时期和社会主义改造时期写的，但仍然是我们必须经常学习的。这不但因为历史不能割断，如果不了解过去，就会妨碍我们对当前问题的了解；而且因为这些著作中包含的许多基本原理、原则和科学方法，是有普遍意义的，现在和今后对我们都具有重要的指导作用。因此，我们必须继续坚持毛泽东思想，认真学习和运用它的立场、观点和方法来研究实践中出现的新情况，解决新问题。"[2]

但是，对于毛泽东思想，社会上常会出现一些不同的声音，甚至是反对的声音。有人总想否定毛泽东思想，反对将毛泽东思想作为党的指导思想；也有人把毛泽东思想同中国特色社会主义理论体系割裂开来、对立起来。这里发生两个问题。第一，毛泽东思想和中国特色社会主义理论体系究竟是怎样的

---

[1]《邓小平文选》第2卷，人民出版社1994年版，第298、299、300页。
[2]《三中全会以来重要文献选编》(下)，人民出版社1982年版，第836页。

关系？第二，毛泽东思想与毛泽东晚年错误要不要区别开来？

关于第一个问题，中共中央在一系列重要文献中，一再作出明确的回答和阐述。基本观点就是：毛泽东思想和中国特色社会主义理论体系是马克思主义中国化的两大理论成果，是一脉相承的；后者是对前者的继承和发展，前者是后者的思想来源和理论基础。事实上，要把两者割裂开来、对立起来是不可能的。中国特色社会主义理论体系，是沿着毛泽东开辟的马克思主义中国化道路，随着时代的不同和建设社会主义实践的发展而向前发展的。其中许多基本原则、基本思想，是直接从毛泽东思想那里继承下来的。比如，作为中国特色社会主义理论体系的核心——"一个中心、两个基本点"，其中"四项基本原则"，是直接对毛泽东思想的继承，而"四项基本原则"是我们的立国之本。关于"以经济建设为中心"，这个问题需要作一些历史的分析和考察。在中共七届二中全会上，毛泽东就提出，进城以后，要以生产建设为中心。新中国成立初期，由于还有民主革命遗留的一些任务迫切需要去完成，同时又进行抗美援朝战争，还不可能做到这一点。即使这样，毛泽东还不止一次地提出要把党的工作重心转到经济方面上来。1951年2月，他要求全党明确"三年准备，十年计划经济建设"的思想，并加紧进行工作。仅仅用了三年的时间，就完成了恢复国民经济的任务，并且还有所发展。到社会主义改造基本完成，由毛泽东主持召开的中共八大就明确提出，党的根本任务是发展生产力。后来由于对形势的判断错误,毛泽东在指导思想上又转到以阶级斗争为纲。但是,他始终没有放弃实现中国现代化的宏伟目标,提出要"在一个不太长的历史时期内,把我国建设成为一个社会主义的现代化的强国"[1]。又比如,作为毛泽东思想灵魂的"实事求是",也正是中国特色社会主义理论体系的灵魂。再比如,前面列举的关于党的组织路线、群众路线、三大作风以及其他许多方面的基本原则和科学的领导方法、工作方法等,都继承了毛泽东思想。否定了毛泽东思想,中国特色社会主义理论体系就成了无源之水、无本之木。否定了毛泽东思想,中国特色社会主义理论体系就不是一个完整的理论体系,或者根本就不是中国特色社会主义理论体系了。我们党的指导思想就包括毛泽东思想。党的十八大报告指出:"科学发展观同马克思列宁主义、毛泽东思想、邓小平理论、'三个代表'重要思想一道,是党必须长期坚持的指导思想。"[2]

关于第二个问题,《历史决议》早就明确指出,要把作为科学理论的毛泽东思想,同毛泽东的晚年错误区别开来。毛泽东晚年逐渐脱离实际,他的错误恰恰直接违反了毛泽东思想。中国特色社会主义理论体系是在否定毛泽东晚年错误的基础上继承和发展了毛泽东思想的。这本来是在思想上、理论上已经

---

[1]《建国以来毛泽东文稿》第11册,中央文献出版社1996年版,第271页。
[2] 胡锦涛:《坚定不移沿着中国特色社会主义道路前进 为全面建成小康社会而奋斗——在中国共产党第十八次全国代表大会上的报告》,人民出版社2012年版,第8页。

廓清了的问题，却往往被人自觉或不自觉地忽略了，把两者混为一谈。更有甚者，有人居然把肯定毛泽东思想，看作"左"的表现。

这里，应当特别指出的是，中国特色社会主义理论体系对毛泽东思想的发展，不是一般的发展，而是具有突破性的发展。它是在新的历史条件下，总结新的实践经验，形成一系列新思想、新观点、新理论。实行改革开放的新政策，突破了以高度集中的计划经济为重要特征的社会主义发展模式，实行以社会主义市场经济为重要特征的社会主义模式，许多是毛泽东没有说过的新话。这个理论为实现社会主义现代化和中华民族伟大复兴的中国梦开辟了一条新路，这就是中国特色社会主义道路。

综上所述，毛泽东所创建的历史功绩，改变了中国近代历史发展的方向，实现了中国由弱到强、由衰而盛的伟大转折，为中华民族的振兴，奠定了基础，提供了保障。

《毛泽东年谱（1949—1976）》的主要特点和研究价值[*]

中共中央文献研究室编撰的《毛泽东年谱（1949—1976）》，是一部比较全面地反映毛泽东领导建立新中国，建立中国社会主义制度，探索中国社会主义建设道路二十七年历程的编年体著作，共六卷。这部年谱为研究新中国成立以后毛泽东的思想理论和工作实践，研究中国共产党领导社会主义革命和社会主义建设取得的历史成就和经验教训，研究中国特色社会主义的形成基础，提供了丰富史料。

《毛泽东年谱（1949—1976）》的主要特点

一、内容丰富，史料翔实

这部年谱，记述了从中华人民共和国成立到毛泽东逝世这

---

[*] 这篇文章由逄先知执笔，与冯蕙联合署名，发表在《中共党史研究》2014年第1期。引文均引自《毛泽东年谱（1949—1976）》。

段时期他本人的各个方面、党和国家一些重要方面的理论认识和工作实践。其中包括：各个历史阶段党的路线、方针、政策的制定，政治建设、经济建设、文化建设、国防建设的开展，党的建设的推进，国际国内发生的一些重大事件及应对情况，以及毛泽东对党的历史经验的总结、关于工作方法和思想方法的论述、读书学习情况、对中外历史人物和历史事件的评论、与亲朋好友的交往情况等等。

新中国成立以后，毛泽东的文稿和资料公开发表的已经很多了。这部年谱又收录了不少新的文献，主要有报告、讲话、谈话、批示、批注、按语、书信、题字等。同已经出版的一些年谱相比较，这部年谱长条目比较多，主要是记述毛泽东的报告、讲话、谈话，对文件的修改和文字较长的批示、按语等，目的是为了比较充分地全面地反映毛泽东的思想。不论是已经公开发表的，还是没有公开发表的，根据文稿的内容，有的全文收入，有的摘要收入。正确的、错误的、正确与错误交叉的都选。不回避毛泽东的错误。基本上引用原文、原话，一般不作转述或概括，保持毛泽东的原意和语言风格。有些讲话条目，还用了一些别人的插话，有些重要谈话，则用对话的形式记述。这样，既能了解毛泽东讲话的缘由，又能烘托出当时会议、谈话的氛围，加深人们的感受。毛泽东的文稿，思想深刻、文字优美、行文流畅，讲话生动活泼、旁征博引。许多条目虽然比较长，读起来却引人入胜，并不觉得长。

年谱根据有关档案,尽可能记下毛泽东每天的活动情况,包括开会、与人谈话、会见外宾、起草和批阅文电、读书看报、外出视察、参观访问等,都作了详细记载,绝大部分有具体的时间和地点。从中可以看到毛泽东的一天是怎样度过的,日理万机的工作是如何安排的。

这部年谱所使用的材料,主要是中央档案馆保存的档案。撰写者始终遵循客观记述、不作评论的方针。

二、叙事连贯,前后照应

党和国家主要领导人的著作集、传记、年谱,在中央文献研究室的编研工作中被称作"三大件"。各有各的特点、价值和意义。年谱,史料性强,体现了编年体的长处,按年、月、日顺序记述谱主的思想和活动,经历的重大事件和重大决策的制定与实施过程。这样编写,充分展示了毛泽东在二十七年间的思想和工作实践的轨迹,特别是可以从中具体地了解毛泽东如何领导处理各种重大事件、解决各种重大问题、完成党和国家各项重大任务的历史过程。这部年谱既可以供人们查阅某一问题、某一事件、某一时间的历史资料,又可以当作一部传记性的书阅读和研究。

这里举一个例子——《关于正确处理人民内部矛盾的问题》(以下简称《正处》)这一重要文献的形成过程及其前因后果的记述。毛泽东作这个报告的时间是 1957 年 2 月 27 日,年谱摘记的这个报告，不是后来正式发表的文本，而是当时初步整理的讲话记录稿，题目是《如何处理人民内部的矛盾》。毛泽东对这个讲话，一共修改了十三次。在修改过程中，国内政治形势发生了重要变化，由党的整风运动转为反右派斗争，这对于毛泽东的修改不可避免地产生了影响。年谱将毛泽东修改讲话稿的情况、当时国内政治形势的变化过程以及毛泽东在这段时间发表的讲话和批示等，一天一天地记述，直到《正处》1957年6月19日正式发表。在1957年2月27日之前，年谱记述了波匈事件和中共中央采取的方针政策以及《再论无产阶级专政的历史经验》一文的起草过程，国内出现的工人罢工、学生罢课等新情况，以及毛泽东当时发表的一些讲话和写给黄炎培的一封信，这些都反映了《正处》产生的历史背景和渊源；2月27日讲话之后，年谱记述的毛泽东一系列讲话和批示，反映了他雷厉风行地贯彻《正处》思想，为党的整风作准备的情形。这是一段比较完整的实录，可以当作一篇记述文章来阅读和研究。年谱对这二十七年中发生的许多重大事件和毛泽东领导作出的许多重大决策过程，大都是这样编写的。

三、背景材料的取舍，力求得当

年谱不只是记载毛泽东的言行，还记述了许多对研究和理解毛泽东言行不可缺少的背景材料。毛泽东指导全党的工作，一种常见的方式，是通过转发各个地方和中央各个部门的工作报告以及内部刊物、报纸上的材料,转发时以他个人或者以中央的名义写批语或作指示,提出指导性的意见。通过背景材料的记述,可以从中了解毛泽东所写的批语、所作的指示,以及对形势的判断的依据,了解他的意见、他的思想是从哪里来的。年谱还对毛泽东的一些重要指示下发后的反映、贯彻落实的情况有所说明。背景材料力求写得简明扼要,以能说明问题为原则。

毛泽东经常说,他的头脑只是一个加工厂,材料都是下面来的。他说:"写大文章不是大笔一挥,滔滔不绝,要根据下级和群众的意见,要有材料有分析,过细研究才行。"他还说过:"没有哪一个大问题是我们主观可以想出来的,都是根据下面的意见来的。合作化就是先从安徽、浙江看到新区可以大发展,又看到黑龙江双城县希勤村的全面规划,才使我有可能写出《关于农业合作化问题》那篇文章。"毛泽东发动"三反"运动,主要是看了高岗1951年11月1日的报告后决定的;从搞"三反"发展到搞"五反",则是由于看了北京市委1952年1月23日的报告。毛泽东1955年秋冬积极推动农业合作化的进程,包括办大社,都是根据当时各地送来的报告。他提出两年就可以超英,是看了薄一波1958年6月17日的报告;在庐山会议期间提出综合平衡,这个思想虽然早有酝酿,但直接受赵尔陆1959年5月26日报告的影响很大。1960年继续推广农村公共食堂,则是受贵州省委1960年2月24日报告的很大影响。这样的例子举不胜举。

年谱中的背景材料，除了党内和国内的，还有当时国际上发生的一些大事，如斯大林去世、苏共二十大、日内瓦会议、万隆会议、波匈事件、伊拉克革命、古巴革命、亚非拉国家的民族独立运动、美国对越南的侵略、美国黑人反种族歧视斗争等等，这些对毛泽东的思想和有关决策的作出都有着重要的影响。

四、谱主同他人的交流互动，尽量反映

毛泽东作为党和国家主要领导人，同各方面人的交往与接触非常多，党内党外，国内国外，上上下下，以至亲朋好友。主要是党内的，通过开会、谈话、通信、批转报告等。毛泽东提出的很多思想和政策，大都是在交流和互动中形成和发展起来的。他要作出某一重大决策时，一般是先找少数人谈话，然后再开较小范围的会，继而再开较大范围的会。同时，还要到地方上去，同省的和地、县两级的负责人交谈、开会，了解情况，听取意见。有些则是以党内通信的形式，进行交流。举一个例子。1953年我国开始大规模经济建设，毛泽东从1953年2月15日到26日南下视察。途中在同所乘"洛阳"舰的副政委谈话时说：今年，是我国大规模经济建设第一年。这次我到几个省走一走，就是想听听下面的意见，有助于中央作出正确的决策。在交流、互动的过程中，毛泽东的想法和考虑影响了别人，别人的意见又反过来影响毛泽东。当然，提出方针政策的最后决定者是毛泽东。当他的指导思想是正确的时候，这种互动是良性的；当指导思想发生错误的时候，这种互动则会产生负面的影响，会助长错误的东西，"大跃进"中的高指标的泛滥就是一个典型的例子。

五、注释比较周详

这部年谱的注释，共有三千九百条左右。大量的是关于人物的任职，同时还提供一些材料，作为正文的补充和对正文的说明。例如，1959年6月13日条，记述毛泽东召开的一次会议，在讲到钢产量指标的地方，加了一个注释，介绍1959年钢产量由一千六百五十万吨降到一千三百万吨的经过。又例如，第一次庐山会议期间，讲到毛泽东从纠"左"转到反右，在一定程度上也受到当时一些思想较"左"的同志的影响处，在这里写了一条注释，引用王任重的日记作为一个佐证。在记述毛泽东庐山会见贺子珍处，注释中引用了一位当事人对会见时一些具体情景的回忆材料。又例如，1959年7月29日，毛泽东同黄克诚、周小舟等四人谈话这一条。注释引用了《黄克诚自述》中对这次谈话情况的记述。又例如，关于1966年7月8日毛泽东给江青的信，曾有人认为这封信应当是在林彪事件以后写的，在1966年不可能写这样的信。在现存的档案中，有毛泽东的机要秘书徐业夫抄写的这封信，毛泽东在抄件上改了几个字。当年毛泽东写这封信后，曾在武昌给周恩来、王任重看过。对这封信作了一条注释，引用王任重1966年7月13日的日记，其中记载了他当时读到这封信的情况。又例如，1971年9月8日记述林彪亲笔写下手令，让执行林立果策划的谋害毛泽东的方案这一条，在注释中引用了王飞的亲笔供词和鲁珉的亲笔供词。年谱的注释，还对毛泽东读过的或者推荐别人阅读的文章作内容介绍，对毛泽东批示的落实情况作说明，对社会上流传的一些不实之事进行澄清，对文献中史实、文字方面的错误进行订正，等等。

《毛泽东年谱（1949—1976）》的研究价值

毛泽东当时是党和国家的主要领导人和决策者。他的思想在新中国成立后进行的革命和建设中，起着主导作用。研究毛泽东在这二十七年间的思想和工作实践，不仅有历史意义，还有现实意义和借鉴意义。年谱的内容非常之多，涉及的方面非常之广。下面仅就几个方面的问题，简要地介绍年谱记述的毛泽东的一些主要思想和工作实践及其发展变化情况。

一、关于探索适合中国情况的社会主义建设道路问题

这是全书最重要的内容之一。自1956年社会主义改造基本完成以后，毛泽东就开始围绕什么是社会主义、怎样建设社

会主义这个主题进行探索。《论十大关系》开了一个头。他说："解放后，三年恢复时期，对搞建设，我们是懵懵懂懂的。接着搞第一个五年计划，对建设还是懵懵懂懂的，只能基本上照抄苏联的办法，但总觉得不满意，心情不舒畅。1956年，基本完成生产资料所有制的社会主义改造。1956年春，同三十几个部长谈话，一个问题一个问题地凑，提出了《论十大关系》。当时还看了斯大林1946年选举演说，苏联在1921年产钢四百多万吨，1940年增加到一千八百万吨。二十年中增加了一千四百万吨。当时就想，苏联和中国都是社会主义国家，我们是不是可以搞得快点多点，是不是可以用一种更多更快更好更省的办法建设社会主义。"

这里，毛泽东发出一个重要信息：要找到一条不同于苏联的建设社会主义的道路。

《论十大关系》正是以苏联的建设经验为鉴戒，并总结了新中国最初几年建设的经验，对适合中国情况的社会主义建设道路进行了初步探索。

毛泽东认为，《论十大关系》是开始找到一条适合中国国情的路线，八大二次会议上刘少奇的报告就较为完整了。其实，从《论十大关系》到八大二次会议的两年多的时间里，国内形势发生了很大变化，毛泽东的思想也发生了很大变化。中间经过整风反右，八届三中全会改变八大关于中国社会的主要矛盾的论断，南宁会议批判反冒进，成都会议提出"敢想、敢说、敢做"等口号。八大二次会议就是在这样的背景下召开的。刘少奇在八大二次会议上的报告,主要是反映毛泽东的思想和主张,实际上偏离了八大路线和《论十大关系》的基本精神。会议后,毛泽东就发动了"大跃进"和人民公社化运动。经过第一次郑州会议到庐山会议前期的纠"左",庐山会议又由纠"左"转到反右,出现一个大的曲折。1960年春,毛泽东发现有些地方又刮起了"共产风",引起他的重视,连续转发广东、山东的两个报告,严厉批评"共产风"。但在当时浓厚的反右政治气氛下,没有产生什么效果。直到1960年秋冬,全国出现十分严重的困难,包括饿死人,毛泽东下决心扭转经济困难局面。1961年3月和5至6月先后在广州和北京召开中央工作会议,从调整农村政策着手,开始扭转严重的经济困难局面。对这段曲折的历史过程,年谱引用毛泽东在多次会议的大量讲话和批语,以及其他方面的材料,作了详细记载。

从1960年夏开始,毛泽东就对"大跃进"以来的经验教训不断进行总结和反思。1960年6月,写出《十年总结》,认为"我们对于社会主义时期的革命和建设,还有一个很大的盲目性,我们要用第二个十年的时间去调查它,研究它,找出它的固有规律"。到1961年的5月北京中央工作会议,他认为"对于社会主义的认识,怎样建设社会主义,大为深入了"。关于对社会主义的认识,他说第一次、第二次郑州会议还是"小学程度",1961年的广州中央工作会议和这次北京中央工作会议才到了"初中程度"。这就是说，距离找出社会主义建设的固有规律，还相差甚远，需要继续探索。

在北京中央工作会议上，毛泽东对庐山会议以后的一些"左"的错误作了比较详细的回顾和反思。他说：庐山会议后，我们错在什么地方呢？错就错在不该把关于彭、黄、张、周的决议，传达到县以下。应该传达到县为止，县以下继续贯彻《郑州会议记录》、上海会议的"十八条"，继续反"左"。一反右，就造成一个假象，可好了，生产大发展呀，其实不是那样。彭、黄、张、周的问题，在十几万人的小范围内传达就行了，搞下去就整出了许多"右倾机会主义分子"。现在看是犯了错误，把好人、讲老实话的人整成了"右倾机会主义分子"，甚至整成了"反革命分子"。郑州会议基本上是正确的，上海会议提出的"十八条"也还是基本上正确的，但对食堂问题、供给制问题是讲得不正确的。1960年春看出"共产风"又来了。先在广州召集中南各省的同志开了三个小时的会，时间这样短。接着在杭州又召集华东、西南各省的同志开了三四天会，议题不集中，整"一平二调"没有成为中心。后来又在天津召集东北、西北、华北各省同志开了会，也不解决问题。那时候提倡几个大办：大办水利，大办县社工业，大办养猪场，大办交通，大办文教。这五个大办一来，糟糕！那不又是"共产风"来了吗？去年七八月北戴河会议，也没有批评两个平均主义。"一平二调"问题的彻底解决，还是从11月发出"十二条"指示开始的。"十二条"指示，在执行中发生了一个错误，就是只搞了三类县、社、队，"共产风"、命令风、浮夸风、瞎指挥风、干部特殊风没有普遍去整。今年3月的广州会议启发了思想，解放了思想，搞了个"六十条"，但是解放得彻底吗？还不彻底，什么三七开呀，食堂问题呀，粮食问题呀，还有些别的问题，没有解决。我们搞了十一年社会主义，现在要总结经验。我今天讲的就是总结经验，我下回还要讲。

毛泽东在这里回顾和总结的，只是限于农业方面重刮"共产风"的教训。实际上，庐山会议反右之后，在工业生产战线和基本建设战线的盲目冒进以及所造成的损失，并不比1958年时的"大跃进"轻。

毛泽东对"大跃进"的错误，痛定思痛，多次作自我批评，承担主要责任。例如，1961年6月8日他在中央政治局常委扩大会议上说："违反客观事物的规律，硬去实行，要受惩罚。受了惩罚，就要检讨。现在我们受惩罚，土地、人、牲畜瘦了。'三瘦'不是受惩罚是什么？""现在的'三瘦'，主要是中央和我负责，我负主要责任。这些话应该在三级干部会上讲。"1965年2月21日，毛泽东听薄一波汇报工作时说："我自己也犯了错误，北戴河主张大炼钢铁，提出钢铁翻一番的要求，闹人海战术。""哪里是一马当先，万马让路？实际是万马都死了，头一匹马也死了一半，钢不是降了一半吗？这些教训都要牢牢记住，要经常向人们讲，永远不要忘记。"

一些外国领导人，主要是一些发展中国家的领导人，在同毛泽东会见时，常常提出要学习中国的建设经验。毛泽东怕他们把中国在经济建设方面的错误做法学过去，总是说我们犯过的错误，你们不要学。1965 年 7 月 14 日会见乌干达总理时说："我们犯了错误，要搞多，要快，结果证明是不行的。经济要逐步上升，发展只能根据可能，不能只按照需要。"1970 年 7 月 20 日，会见刚果人民共和国国务委员会代表团时说："这二十年中间，我们犯过许多错误。""我们走的弯路，你们不要再走了。"在送客人到门口时，毛泽东再次叮嘱："你们不要走我们的弯路。"

"大跃进"的挫折，使毛泽东头脑清醒了许多，深深地记取了教训，对于什么是社会主义，怎样建设社会主义也有了一些新的认识。

第一，建设社会主义需要一个很长的历史时期。毛泽东提出：社会主义这个阶段，又可能分为两个阶段，第一个阶段是不发达的社会主义，第二个阶段是比较发达的社会主义。后一阶段可能比前一阶段需要更长的时间。1961 年 9 月 23 日，他对蒙哥马利说：要完成社会主义的阶段，需要很长的历史时期，半个世纪到一个世纪。1962 年 1 月 30 日，他在七千人大会上又说："中国的人口多，底子薄，经济落后，要使生产力很大地发展起来，要赶上和超过世界上最先进的资本主义国家，没有一百多年的时间，我看是不行的。"显然，这同"大跃进"中的贪多图快，以及当时提出的"超英赶美"、急于向共产主义过渡那些极不切实际的想法，已是大不一样了。

第二，按劳分配和等价交换是社会主义社会必须坚持的两条基本原则。毛泽东说："我们各级干部中许多人不懂得什么是社会主义，什么叫按劳分配，什么叫等价交换，'共产风'一刮，大多数干部就不懂得了。我希望今年能够懂得什么叫社会主义。"又说："基本原则是两个，一个是各尽所能、按劳分配，一个是价值法则、等价交换。""公社搞供给制和食堂都是平均主义。"他的这种认识，主要是从公社化刮"共产风"的教训中得来的。然而在往后的日子里，随着他重提阶级斗争，并把是否承认阶级斗争是社会主义社会的主要矛盾作为懂不懂社会主义的标志，这样又偏离了他探索中国社会主义建设道路的正确方向。

第三，进行社会主义建设不能急，要稳步前进。毛泽东说："现在看来，搞社会主义建设不要那么十分急，十分急了办不成事，越急就越办不成，不如缓一点"，"不要图虚名而招实祸"。"水利、工业都不能冒进，要分步骤有计划地一步一步地搞。"他在听取余秋里汇报长期计划设想时还说："你们注意，不要闹五八年、五九年、六〇年那样的盲目多快，结果也不多，也不快。""鉴于过去的经验，欲速则不达，不如少一点慢一点能达到。"吃了"大跃进"的亏，毛泽东对高指标特别警惕，对经济建设工作非常谨慎。凡是在听取经济发展计划的汇报时,他总是强调要降低发展指标。他说:"要根据客观可能办事,绝不能超过客观可能。按客观可能还要留有余地,留有余地要大,不要小。"他告诫计划部门不要头脑发热,就怕再犯贪多、贪快的错误。他要大家包括他自己在内,永远记住这个沉痛的教训。

第四,不能用过去的方法搞建设。所谓过去的方法,是指革命战争时期的方法,就是政治运动的方法、大搞群众运动的方法。毛泽东说:"打完仗之后,遇到经济建设我们就不行了。所谓不行了,就是不能用过去的方法来搞建设了,是新事情,完全是新的问题。"毛泽东提出,要学会按经济办法改进工业管理体制,认为"目前这种按行政方法管理经济的办法,不好,要改"。他曾经提出,"托拉斯要发展"。他说:"资产阶级发明这个托拉斯,是一个进步的方法。托拉斯制度实际上是个进步的制度,问题是个所有制,资本主义国家是资本家所有,我们是国有。"毛泽东把托拉斯看作一种经营方法,资本主义国家可以用,社会主义国家也可以用。而到"文化大革命"时,他又否定了托拉斯,说"不要那个东西"。但是,一般地强调学习资本主义国家的先进技术和管理方法这一点,他一直没有改变。

第五,搞社会主义建设,一定要注意综合平衡。毛泽东说:"搞社会主义建设,很重要的一个问题是综合平衡。""农业也要综合平衡,农业包括农、林、牧、副、渔五个方面。"

他在1961年向外国朋友介绍中国十一年来经济建设的经验教训的时候说:"如何增产粮食、发展畜牧业和多种经济作物,如何炼钢、炼铁、增产煤炭、制造机器,如何找到石油并且炼制成各种可用的石油产品,所有这些都要有一个综合的平衡。"他在1959年庐山会议上总结几年来的经验时,认为基本问题是四个:"(一)综合平衡;(二)群众路线;(三)统一领导;(四)注意质量。四个问题中,最基本的是综合平衡和群众路线。"他将综合平衡列为四个基本问题之首。这绝不是偶然的,显然包含着"大跃进"中破坏综合平衡而吃了苦头的深刻教训在里面。综合平衡,确实是社会主义现代化建设中一个极为重要的问题。

第六,社会主义社会要大力发展商品生产和商品交换,提出价值规律是一个"伟大的学校"。毛泽东对这个问题的集中论述主要是在第一次和第二次郑州会议及以后一段时间。这是他在建设社会主义问题上的一个重要理论贡献。这方面的材料已经发表很多,这里就不介绍了。

毛泽东在探索中国社会主义建设道路过程中,还提出许多重要思想。包括:关于社会主义社会的基本矛盾问题;关于正确处理人民内部矛盾问题;关于处理社会主义建设中各种重大关系问题;关于统筹兼顾、全面安排的战略方针问题;关于共产党同民主党派长期共存、互相监督问题;关于自力更生为主、争取外援为辅的方针问题;关于不能关起门来搞建设,要积极学习国外先进的科学技术和扩大对外经济交流问题；关于农业为基础、工业为主导的发展国民经济的方针问题；关于工农业同时并举的中国工业化道路问题；关于实现四个现代化的宏伟目标问题；关于勤俭建国、勤俭办一切事业的方针问题；关于分配方面既反对平均主义又反对过分悬殊，强调共同富裕问题；关于文化建设方面的"百花齐放，百家争鸣"和"古为今用，洋为中用"方针问题；关于教育与生产劳动相结合、知识分子与工农群众相结合问题，等等。这些思想，在年谱中都有记述。

毛泽东在探索中国社会主义建设道路中所形成的一些积极成果，至今仍有现实意义。

探索一条适合中国情况的社会主义建设道路，是在没有经验而又不能照抄照搬外国经验的情况下，边干边学的。正如毛泽东所说的："我们搞社会主义是边建设边学习的。搞社会主义，才有社会主义经验，'未有先学养子，而后嫁者也'。"毛泽东提出的关于社会主义建设的一些重要思想，都是在不断总结实践的经验特别是失误的教训这一过程中提出来的。他的目的，是要找到在中国建设社会主义的规律，实现马克思列宁主义的基本原理同中国社会主义建设的具体实际的结合。毋庸讳言，在探索适合中国情况的社会主义建设道路的过程中，之所以走了不少弯路，发生过严重曲折，党和人民付出了很大代价，固然有客观原因，但同毛泽东的主观因素是分不开的。这一方面的情况，年谱也如实地作了记述。

二、关于处理阶级斗争和经济建设的关系问题

这是贯穿这部年谱的一条突出线索，反映了毛泽东对处理这两个问题在思想认识方面和工作实践方面所经历的曲折过程。这同一定时期内所处的国内国际的历史条件、党和国家所要完成的任务和所要解决的问题密切相关，同中国共产党在长期的革命斗争中所形成的思维惯性密切相关，同时又与毛泽东的主观因素密切相关。这个问题，实际上是包含在第一个问题之中的。因为这个问题特别重要，同时又为了叙述的方便，所以把它单独作为一个问题来介绍。在我别的文章中，也专门讲过这个问题。

从中华人民共和国成立到社会主义改造基本完成这七年中，年谱主要记述了毛泽东在领导阶级斗争方面的工作而发表的大量批语、指示、讲话。内容包括消灭国民党军队残余力量的军事斗争；为巩固新生的人民政权而进行的抗美援朝战争、镇反、"三反"、"五反"、肃反；继续完成民主革命未完成的土地改革等项任务；在文化领域开展的几次批判运动；对农业、手工业和资本主义工商业进行社会主义改造等。为指导上述各项运动，毛泽东每天阅读和转发大量的报告，起草大量批语和指示，常常一天起草两三件，三四件，甚至更多。从这些批语、指示中，可以了解毛泽东为什么要开展这些工作，他是

怎样指导这些工作的,当工作中出现偏差的时候,他又是怎样发现和加以纠正的。从这些批语、指示中,还可以了解他的政策策略思想和工作方法。

年谱在充分反映毛泽东抓阶级斗争方面情况的同时,也记述了这一时期毛泽东抓经济建设方面的情况。在新中国成立前夕的七届二中全会上,毛泽东就提出党的工作重心将由乡村转移到城市,城市工作必须以生产建设为中心。但在全国胜利后,民主革命尚未完成的任务要继续完成,又要指导和保证抗美援朝战争的胜利,当时毛泽东还不可能把主要精力放在经济建设方面。即使是这样,他仍十分关心经济工作,没有忘记要把工作中心转到经济建设上来。1949年12月18日,当中国人民解放军在广西消灭了国民党军的白崇禧集团后,他立即致电林彪:"整个中南六省的工作重心,已由军事转到经济与土改,希望你们于明年一月间成立中南军政委员会,集中力量领导全区经济工作,并积极准备土改条件。"从签订了中苏条约回国后,毛泽东即着力抓国民经济的恢复工作。连续召开政治局会议,听取各大行政区及上海、天津两市的汇报,一项重要内容就是讨论财政经济工作。1950年5月20日,他致电各中央局书记,要求"各中央局主要负责同志必须亲自抓紧财政金融经济工作,各中央局会议必须经常讨论财经工作,不得以为只是财经业务机关的工作而稍有放松,各分局、大市委、省委、区党委亦是如此"。并说"中央政治局现在几乎每次会议都要讨论财经工作"。在七届三中全会上，他在报告中号召全党和全国人民为争取财政经济状况的基本好转而斗争。当抗美援朝战争取得了第三次战役的胜利，朝鲜战局大体稳定下来，他于1951年12月1日向全党提出："从1953年起，我们就要进入大规模经济建设了，准备以二十年时间完成中国的工业化。"在朝鲜停战协定即将签字，历时三年的朝鲜战争就要结束的时候，毛泽东于1953年2月20日再次强调必须把经济工作这个中心工作抓好。他说："共产党从接管国民党政权的第一天起，就把眼睛盯住生产建设，不遗余力地抓好这一个中心工作。"同年6月30日又明确指出："现在朝鲜议和，土地改革结束，国内工作的重点正在转到社会主义改造和社会主义建设。"

从1953年起，我国开始实施第一个五年计划，要在全国开展大规模的经济建设了，这对于全党和全国人民来说，是一件振奋人心的大事。为了讨论和修改第一个五年计划草案，1954年11月毛泽东与刘少奇、周恩来、李富春等中央领导人同乘一趟专列到广州开会。年谱记载了一个情节。在一天的会议上，谈到三峡工程时，毛泽东说：要把三峡工程列入计划，但按我们国家现在的物力、财力，又不能列入五年计划，只能列入长期计划。我是看不到了。

从1949年到1956年间的年谱，可以看出，毛泽东一手抓阶级斗争，一手抓经济建设，而以前者为主。在他看来，抓阶级斗争的工作，如继续完成民主革命任务的土地改革，为巩固新生的人民政权而进行的各项工作，完成社会主义的三大改造等，目的都是为了解放和发展生产力，都是为经济建设扫除障碍和开辟道路。毛泽东主持制定的党在过渡时期的总路线，就体现了这个思路。这条总路线概括起来说，就是"一体两翼"，工业化是主体，对农业、手工业和对资本主义工商业的社会主义改造是两翼。这样一个战略布局反映了毛泽东的一个指导思想，即：社会经济制度方面由私有制改变为公有制的革命同生产技术方面的革命是结合在一起的。用他的话说：这几年是一边建设一边革命。

在社会主义改造基本完成以后召开的中共八大，对中国社会的主要矛盾作出正确判断，确定全国人民今后的主要任务是发展社会生产力。毛泽东在会议期间同一些参加八大的兄弟党代表团的谈话中，就清楚地反映了这个指导思想。1956年9月22日，会见意大利共产党代表团，在分析斯大林的错误时说："阶级斗争已经完结，人民已经用和平的方法来保护生产力，而不是通过阶级斗争来解放生产力的时候，但是在思想上却没有认识这一点，还要继续进行阶级斗争，这就是错误的根源。"9月26日，在会见保加利亚共产党代表团时，问他们对这次大会有什么感想。在客人回答之后，毛泽东说："这次大会的空气，是反映人民的希望，建设工业。"9月27日，在会见罗马尼亚工人党代表团时，毛泽东提出要同资本主义国家做生意的问题。他说："资本主义在经营上有许多地方比我们好，我们也要学习他们的好东西。""我们的门是开着的，几年以后，美、英、西德、日本等都将与我们做生意的。他们有技术，我们需要技术，他们的经济有困难，就会向我们出口技术了。"10月1日，在会见法国共产党代表团时，毛泽东的思想表现得更加开放。他说："在落后的经济基础上建设工业化国家并不容易。"接着他问："法国政府能否摆脱美国干涉，同中国建立外交关系，在贸易上能否把成套设备卖给我们，替中国设计工厂、供应装备、安装装备并教会中国工人开动机器？"从这些谈话中可以看出，毛泽东不仅已经明确地要把党和国家的工作重点转到经济建设上来，而且希望打开同西方资本主义国家的关系，同它们发展经济技术合作和贸易往来。

从中共八大到反右派斗争开展之前，是毛泽东对今后国家要以经济建设为中心的思想，阐述比较集中的一段时间。1957年3月在全国宣传工作会议上的讲话中，他提出要建设一个具有现代工业、现代农业和现代科学文化的社会主义国家。会后南下视察，到天津、到济南、到南京，最后到上海，一路走下来，在党员干部会议上，反复讲到以经济建设为中心这个问题。他说："我们现在处在这么一个时代，就是大规模的阶级斗争基本上结束。""阶级斗争基本结束，我们的任务转到什么地方？就是要转入到搞建设，率领整个社会，率领六亿人口，同自然界作斗争，把中国兴盛起来，变成一个工业国。"又说："拿共产党的历史来说有三十几年，从鸦片战争反帝国主义算起有一百多年，我们仅仅做了一件事，就是搞阶级斗争。阶级斗争改变上层建筑和社会经济制度，这仅仅是为建设、为发展生产、为由农业国到工业国开辟道路，为人民生活的提高开辟道路。""这个世纪，上半个世纪搞革命，下半个世纪搞建设。现在的中心任务是建设。"

毛泽东在强调把党和国家的工作中心转到经济建设上来的时候，并没有忽略阶级斗争。从下面这段话里就可以看出来："在建设过程中还是离不了人与人之间的斗争，在目前的过渡时期中，人与人之间的斗争还包括着阶级斗争。我们说阶级斗争基本完结，就是说还有些没有完结，特别是在思想方面，无产阶级与资产阶级之间的斗争，还要延长一个相当长久的时间。"

年谱详细记述了党的整风运动和由整风转到反右派斗争的过程。在反右派斗争中，毛泽东又把阶级斗争强化起来，对形势作出过分估计，导致反右派斗争严重扩大化。在 1957 年 10 月召开的中共八届三中全会，他改变了八大关于我国社会主要矛盾的论断，强调无产阶级与资产阶级两个阶级、社会主义与资本主义两条道路的斗争是主要矛盾。这标志着在指导思想上开始把以阶级斗争为纲的"左"的思想贯彻于社会主义建设中。

改变主要矛盾的提法，当时还没有立即影响到党和国家的实际工作，也不意味着毛泽东不再重视发展生产力。八届三中全会闭幕后，1958 年 1 月，毛泽东就提出把党和国家的工作着重点放到技术革命上去,这实际上是以经济建设为中心的八大路线的延续。迅速发展生产力,尽快改变中国的落后面貌,早日把中国建设成现代化的社会主义国家,这是毛泽东发动"大跃进"的动机和目的。由于急于求成,违反客观规律,"大跃进"遭受严重挫折。而在纠正"左"的错误过程中,庐山会议上出现的党内分歧,被毛泽东说成是"一场阶级斗争,是过去十年社会主义革命过程中资产阶级与无产阶级两大对抗阶级的生死斗争的继续"。这样,把反右派斗争中阶级斗争扩大化的错误,延伸到了党内。

1962年,由于对形势的估计和采取某些措施的问题上,党内又发生了意见分歧。以包产到户问题为导火线,引发毛泽东在八届十中全会进一步重提阶级斗争,并且说阶级斗争要年年讲、月月讲。这标志着毛泽东强调阶级斗争的思想有了新的发展。

鉴于庐山会议的教训,毛泽东接受了刘少奇的意见,提出不要因为对付阶级斗争问题而妨碍了工作。"要把工作放到第一位,阶级斗争和它平行,不要放在很严重的地位。我们不要受干扰,不要让阶级斗争干扰了我们的工作。大量的时间要做工作,但是要有专人对付这个阶级斗争。"就在十中全会前召开的中央工作会议上,他曾指出:"我们各方面政策的出发点和着眼点,是发展生产,促进生产,对生产有利。"把发展生产的意义提到这样的高度,说明毛泽东对发展国民经济的重视程度。

在八届十中全会重提阶级斗争以后,毛泽东从反修防修出发,决定在全国发动一场社会主义教育运动,并亲自主持起草《中共中央关于目前农村工作中若干问题的决定(草案)》。这个文件强调"当前中国社会出现了严重的尖锐的阶级斗争情况"。文件中还引用了毛泽东的一句话:"阶级斗争,一抓就灵。"

毛泽东在以主要精力领导社会主义教育运动的时候,也没有放松对生产特别是农业生产的关注和重视,提出要把阶级斗争和生产斗争结合起来。他说:"阶级斗争、生产斗争、科学实验三者必须结合。只搞生产斗争、科学实验,而不抓阶级斗争,人的精神面貌不能振奋,还是搞不好生产斗争、科学实验的。只搞生产斗争,不搞科学实验,行吗?只搞阶级斗争,而不搞生产斗争、科学实验,说拥护总路线,结果是假的。"他要求,社教运动的"每一步骤都要紧密结合生产"。"生产要发展,如果生产搞坏了,下降了,农村社会主义教育运动就是失败了。"

1963年夏,毛泽东提出发展国民经济分两步走的战略目标。他用带有警示的口气说:"如果不在今后几十年内,争取彻底改变我国经济和技术远远落后于帝国主义国家的状态,挨打是不可避免的。"我们应当"力求在一个不太长久的时间内,改变我国社会经济、技术方面的落后状态,否则我们就要犯错误"。

但是，从1962年八届十中全会重提阶级斗争以后，毛泽东的思想、精力、关注点和实际工作主要放在阶级斗争方面。一是发动社会主义教育运动；二是开展文化思想领域的大批判；三是领导中苏论战。这三个方面互相影响、互相推动，把社会主义社会中一定范围内存在的阶级斗争扩大化、绝对化，从国际上的反修联系到国内的反修防修，形成以阶级斗争为纲的"左"的指导思想。这些，年谱都作了详细记述。

1956年召开中共八大的时候，毛泽东说，斯大林错误的根源，是在阶级斗争已经完结，还要继续进行阶级斗争。到了1975年他却说："阶级斗争是纲，其余都是目，斯大林在这个问题上犯了大错误。"在纠正"大跃进"错误的时候，毛泽东说不懂得商品交换、价值规律，就是不懂得什么叫社会主义。在强调阶级斗争的时候，他又说不懂得阶级斗争，就是不懂得什么叫社会主义。这种情况说明，毛泽东对社会主义社会的主要矛盾和主要任务，以及采取什么方式方法在中国建设社会主义，在理论认识上还处于不确定状态。因而一遇到国内国际出现的风吹草动、政治风波，认识上就发生反复，就往阶级斗争上想，甚至说："马克思的学说，就是阶级斗争的学说。"

通读这部年谱，可以看出，1956年后的二十年间，毛泽东在对待阶级斗争和经济建设两者的关系的认识和处理上的变化过程。从确定以发展生产力为党和国家的根本任务，到阶级斗争和经济建设并重，再到以阶级斗争为纲，其余都是目。阶级斗争和经济建设这两个问题，在他的头脑里始终没有忘记。而总的趋势，则是以阶级斗争为纲的思想越来越强烈，直到发动"文化大革命"。

发动"文化大革命"，是毛泽东晚年所犯的全局性的严重错误。关于这个问题，在年谱中占有相当的篇幅。年谱比较详细地记述了毛泽东发动和领导"文化大革命"的过程。十年"文化大革命"，将阶级斗争扩大化、绝对化达到了极端，成为一场内乱，使经济建设遭到很大破坏。但是当他认为"文化大革命"高潮结束、整个形势处于相对稳定的时候，他的注意力又会转到经济建设方面。

通过年谱可以了解：毛泽东为什么发动"文化大革命"以及领导"文化大革命"的过程；"文化大革命"为什么要采取自下而上的群众斗争的形式，当运动中出现一些极端行为的时候，毛泽东和党中央采取怎样的措施，进行批评和制止；"文化大革命"为什么会延续十年之久，在这十年中间发生了哪些惊心动魄的斗争；毛泽东的干部政策、知识分子政策以及对待一些老一代革命家的态度，是怎样变化的；毛泽东是怎样从支持造反派，到批评造反派，进而对他们感到失望的；毛泽东是怎样从全力支持中央文革小组，到不再重用他们，进而批评"四人帮"，不让他们窃取党和国家最高权力的阴谋得逞；林彪是怎样从毛泽东的接班人变成谋害毛泽东的祸首而叛逃国外，机毁人亡；邓小平在"文化大革命"中被打倒以后，毛泽东是怎样保护邓小平，起用邓小平，而最后又发动"批邓、反击右倾翻案风"；毛泽东是怎样从搞个人崇拜，到抑制和批评对他的过分颂扬；等等。

三、关于国际战略和战争与和平问题

作为党和国家的主要领导人、伟大的战略家，毛泽东一直关注国际形势和国际动态，注重国际战略和战争战略的谋划。对于在世界上团结谁、争取谁、孤立谁、打击谁，始终做到心中有数。关于世界格局，从提出"中间地带"到"两个中间地带"再到"三个世界"的划分，以及提出"一条线"的战略，反映了毛泽东广阔的世界眼光和国际战略思维。

早在20世纪40年代中期，毛泽东就提出"中间地带"这个概念，当时指美、苏两国之间的广大地带。从50年代中期，毛泽东又多次讲到这个问题，主要是指社会主义阵营国家同美国之间的广大地带。后来，他对"中间地带"作了具体分析："现在的世界，社会主义阵营算一个方面，美国算另一个方面，除此以外，都算中间地带。但是中间地带国家的性质也各不相同：有些国家有殖民地，如英、法、比、荷等国；有些国家取得了真正的独立，如几内亚、阿联、马里、加纳；还有一些国家取得了名义上的独立，实际上仍然是附属国。英国和法国是帝国主义，但同美国也有矛盾，可以作为人民的间接同盟者。"

到1964年，毛泽东把中间地带明确区分为两个部分，叫作两个中间地带（有时又称作"两个第三世界"）。他说："中间地带有两部分，一部分是指亚洲、非洲、拉丁美洲的广大经济落后的国家，一部分是指以欧洲为代表的帝国主义国家和发达的资本主义国家。这两部分都反对美国的控制。在东欧各国则发生反对苏联控制的问题。"不久，他又说："亚洲、非洲、拉丁美洲是第一个中间地带，欧洲、加拿大、澳洲、日本是第二个中间地带。"到1974年，毛泽东明确提出了三个世界的划分：美国、苏联是第一世界。日本、欧洲、澳大利亚、加拿大是第二世界。亚洲除了日本，都是第三世界。整个非洲都是第三世界，拉丁美洲也是第三世界。他把第三世界称作"一大片"。三个世界划分的国际战略的提出，使中国在国际舞台上争取了广大的朋友。邓小平曾说过："毛泽东同志关于三个世界划分的战略思想，给我们开辟了道路。"

反对霸权主义、中国永远不称霸、中国是属于第三世界，这是毛泽东确定并对外宣示的一项基本国策。他向外国政要多次申明，比如1970年6月19日对索马里政府代表团说："我们把自己算作第三世界的。现在报纸上经常吹美国、苏联、中国叫做大三角。我就不承认。"

长期以来，毛泽东一直反对美国的霸权主义。后来，苏联也搞霸权主义，变成美、苏两霸争夺世界。毛泽东就提出：美、苏两霸一起反。20世纪60年代末70年代初，中苏关系日趋紧张，苏联对中国构成主要威胁。而苏联的扩张野心又威胁着美国的全球利益，特别是美国在欧洲、中东的利益。毛泽东根据中、美、苏三国战略关系的变化，提出"在两个超级大国之间可以利用矛盾，就是我们的政策。两霸我们总要争取一霸，不两面作战"。随后又提出"一条线"的战略，即"美国、日本、中国、巴基斯坦、伊朗、土耳其，阿拉伯世界，欧洲，都要团结起来"，共同对付苏联霸权主义。所谓"一条线"，按照毛泽东的说法，是按地球纬度画的一条横线。

处理同美国的关系，在中国的国际战略中，始终占着重要的位置。新中国成立后，在美国敌视新中国、对新中国采取包围封锁的情况下，美帝国主义自然成为中国人民的头号敌人。毛泽东和我们党及时了解美国动向，对美国作出一系列独到的分析和判断，对美国既敢于斗争又善于斗争，一切以维护国家和民族的最高利益为根本出发点。

1950年10月，抗美援朝战争打响不久，毛泽东在讲到中国为什么要进行抗美援朝战争时，曾这样说过："我们对朝鲜问题，如果置之不理，美帝必然得寸进尺，走日本侵略中国的老路，甚至比日本搞得更凶。它要把三把尖刀插在我们的身上，从朝鲜一把刀插在我们的头上，以台湾一把刀插在我们的腰上，把越南一把刀插在我们的脚上。天下有变，它就从三方面向我们进攻，那我们就被动了。我们抗美援朝就是不许它的如意算盘得逞。'打得一拳开，免得百拳来'。"

五六十年代，毛泽东一直强调，对中国的战争威胁主要来自东面，来自美国。他说："世界战争的危险和对中国的威胁主要来自美国的好战分子。他们侵占中国的台湾和台湾海峡，还想发动原子弹战争。"1959年3月，西藏发生武装叛乱。4月26日，印度外交秘书杜德发表谈话，说达赖喇嘛已进入印度。尼赫鲁会见了他，并在议会中宣布，达赖在印度会受到尊重的待遇。杜德的谈话，还把中印关系中出现的不正常现象的责任推到中国方面。在印度严重伤害中印关系的情况下，毛泽东重申中国的主要斗争方向仍然在东方，而不在其他方面。他在审阅中国外交部对杜德谈话的答复稿时，加写了一段话，其中说："中国人民的敌人是在东方，美帝国主义在台湾、在南朝鲜、在日本、在菲律宾，都有很多的军事基地，都是针对中国的。中国的主要注意力和斗争方针是在东方，在西太平洋地区，在凶恶的侵略的美帝国主义，而不在印度，不在东南亚及南亚的一些国家。""中国不会这样蠢，东方树敌于美国，西方又树敌于印度。"

由于美国自身存在一些困难，以及它对日本军国主义的扶持，毛泽东认为，美国要在东方发动战争，主要依靠日本。他说："将来美国在东方战争中不依靠日本是搞不起来的，因此我们要很好地研究日本的情况。"又说："美国如果要打中国，它一国不行，得拉日本、南朝鲜反动派，还有蒋介石。欧洲国家参加不参加就不一定了。主要是没有日本它就不敢打，因为美国管的事太多了,又是亚洲、非洲,又是欧洲,还有拉丁美洲。"说到日本,毛泽东在70年代中日邦交恢复以后,对日本将来的发展变化有一个清醒的估计。1974年,当英国前首相希思问中国是否相信日本的和平意图时,毛泽东说:"在可以估计到的一段时间内,将来很难说。"

60年代末70年代初,毛泽东根据美、苏、中三国战略关系的变化,适时调整斗争策略,同美国改善关系。当时美国基于它的战略利益考虑,也急于同中国改善关系。毛泽东对美国改变对华政策,曾作过这样的分析:"我们有些朋友们不理解为什么我们要请尼克松到北京来。美国困难大得很,别的地方紧张起来了,它一定要使东方有个缓和的局面才能够把主要的注意力放在它的国内,放在欧洲和地中海。他跑到北京的目的就是这个。"

毛泽东同美国领导人会谈中始终保持清醒的头脑,维护国家的尊严。他会见基辛格时,基辛格总是强调苏联要整中国,并说美国已经决定不允许中国的安全遭到破坏,被毛泽东顶了回去。事后,毛泽东对周恩来、乔冠华等说:美国说苏联要打我们,才不要信他的话呢!我同基辛格那篇谈话,意思就是把他的球踢回去。当心!北极熊要咬你们,要向西,到欧洲、中东和美国,对付他的"当心!北极熊要整中国"。对美国要注意,搞斗争的时候容易"左",搞联合的时候容易右。我看不跟它搞军事同盟一套。世界上的事要看嘛,一百年。今天在座的,有年老的同志、中年的同志,青年同志占多数。要保持清醒头脑,这个要动点脑筋,有所分析。但是乱战一气,也不行。

从新中国成立之日起,毛泽东就希望有一个和平的国际环境,以便集中力量进行国内建设。关于战争与和平问题,关于世界大战能不能打起来的问题,是毛泽东一直在思考的一个重大问题,因为这是制定国际国内方针政策的重要前提。1949年12月他第一次访苏,同斯大林会谈时提出的第一个问题就是:如何和在多大程度上能够保障和平?

1954年8月24日,毛泽东在同英国工党代表团谈话时,表达了中国对世界和平的渴望。他说:"中国是农业国,要变为工业国需要几十年,需要各方面帮助,首先需要和平环境。经常打仗不好办事,养许多兵会妨碍经济建设的。如果诸位同意的话,我们要继续创造一个和平的国际环境。""我们认为,不同的制度是可以和平共处的。"同年10月23日,在会见印度总理尼赫鲁时,他再次表达了这个愿望:"我们现在需要几十年的和平,至少几十年的和平,以便开发国内的生产,改善人民的生活。我们不愿打仗。假如能创造这样一个环境,那就很好。凡是赞成这个目标的,我们都能同他合作。"1955年5月26日,在会见印尼总理沙斯特罗阿米佐约时说:"就是西方国家,只要它们愿意,我们也愿同它们合作。我们愿意用和平的方法来解决存在的问题。""如果美国愿意签订一个和平条约，多长的时间都可以，50年不够就100年，不知美国干不干。"每当外国友人问到毛泽东中国进行建设的条件是什么？他总是回答：第一要有时间，第二要有和平的国际环境。

毛泽东的愿望是一回事，现实的情况是另一回事。从新中国成立起，一些西方国家，主要是美国，对中国实行封锁、遏制等种种手段，并以武力相威胁。特别是到了60年代，我国周边环境十分险恶。东边是美国支持的台湾，天天喊反攻大陆，南面先是中印边境发生武装冲突，后又有美国侵略越南；北边则有苏联陈兵百万。毛泽东对战争威胁保持了高度警惕。

毛泽东对战争的基本态度是：第一条，反对；第二条，不怕。1956年1月29日，他在审阅政府工作报告时，将其中的一句话修改为："我们要求和平，但是如果国际侵略集团把战争强加在我们头上的话，我们也并不惧怕战争。"1959年3月13日，毛泽东会见美国著名黑人学者杜波伊斯，当被问到为什么中国人不害怕战争时，毛泽东是这样回答的："如果帝国主义一定要发动战争，你害怕有什么用呢？你怕也好，不怕也好，战争反正到来，你越是害怕，战争也许还会来得早一些。因此，我们有两条：第一条，坚决反对战争；第二条，如果帝国主义一定要打仗，我们就同它打。把问题这样想透了，就不害怕了。"1960年8月28日，在会见阿尔巴尼亚国防部长时又说："谁说一定要打仗？一百年不打仗，我都赞成。帝国主义打来了，你怎么办呀？你是要跪在地下，还是要打？要打就要死人。你如果怕打,天天说帝国主义已经变了,它不会打了,没有世界大战的可能性了,那事情好办了,睡觉就是了。这样是很危险的,使人们丧失警惕。"1965年4月28、29日在听贺龙等汇报工作时说:"世界上的事情总是那样,你准备不好,敌人就来了;准备好了,敌人反而不敢来。"

毛泽东在处理重大问题、作出重大决策时,总是向最坏的可能性作准备,争取最好的前途和结果,对待战争问题也是如此。

毛泽东在维护国家独立和主权问题上,坚定不移,绝不容许受到任何侵犯和危害。他指出:"我国人民不需要也不应当侵占外国任何领土主权,但是我国人民必须保卫自己的领土主权不受侵犯。"又说:"我们热爱和平。如果有人危害我们的独立,我们的天性就是奋不顾身地起来捍卫。"

捍卫国家主权是要靠实力的。没有实力在国际上就没有发言权,就缺乏维护国家的独立和主权的基础性的条件和保障。毛泽东说:"世界上从有历史以来,没有不搞实力地位的事情。任何阶级、任何国家,都是要搞实力地位的。"这是毛泽东从古今中外的历史经验中得出的结论。联系到当时中国的经济状况,他尖锐地指出:"如果不在今后几十年内,争取彻底改变我国经济和技术远远落后于帝国主义国家的状态,挨打是不可避免的。"

说到实力,首先是要有一支能打胜仗、能战胜任何侵略者的坚强军队。侵略者要侵犯一个国家的领土、危害其独立和主权,最终往往是要诉诸武力,发动侵略战争。新中国刚一成立，毛泽东就提出："我们不仅应该有强大的陆军，还应建立强大的空军，强大的海军。"毛泽东非常重视空军特别是海军的建设。他说："过去帝国主义侵略中国大都是从海上来的。现在太平洋还不太平。我们应该有一支强大的海军。""我们国家穷，钢铁少，海防线很长，帝国主义就是欺负我们没有海军。一百多年来，帝国主义侵略我们都是从海上来的，不要忘记这一历史教训。"1958年6月29日，毛泽东提出："海军发展值得研究，提出十年搞五十万吨位，这太少，最少搞一百万吨位。我国要和外国做生意，需要远洋船只，还可造军舰、飞机。要修水上铁路（造军舰）。目前，太平洋实际上是不太平的。"毛泽东从记取历史教训加强国防的角度，并从未来海洋事业发展的角度，提出发展海军的紧迫性和必要性，这是一个极具前瞻性的战略考虑。

国防尖端科学技术水平，是衡量一个国家实力的重要标志。毛泽东特别重视这件事。他说："国防尖端，这个东西要切实抓一下，现在世界上没有这个东西，好像就不是一个国家，人家就不理你。"今天我国在"两弹一星"和航天事业所取得的辉煌成就，就是在毛泽东时代作出了战略谋划并打下了重要基础的。

毛泽东对中国国际战略、战争与和平问题的思考和提出的决策，是随着国际局势、国际关系特别是中国与美、苏等大国关系的变化而变化的，是与时俱进、实事求是的。毛泽东对中国外交和国际战略的深谋远虑及其做出的巨大努力和贡献，功不可没。

四、关于党的建设与党的群众路线

新中国成立以后，中国共产党成为执政的党。党所处的环境变了，地位变了，权力也大了。根据这一新的情况，在党的建设方面毛泽东的注意力比较集中到以下几个方面。

第一，提出反腐倡廉，倡导全党同志必须永远保持艰苦奋斗的作风。

在全国革命胜利前夕，毛泽东就及时地向全党敲警钟，提出要坚持两个"务必"，警惕"糖衣炮弹"的攻击。事实证明，毛泽东的预见是正确的。1951年12月1日，他在审阅修改《中共中央关于实行精兵简政、增产节约、反对贪污、反对浪费和反对官僚主义的决定》时，在加写和改写的一些话中指出："自从我们占领城市两年至三年以来，严重的贪污案件不断发生，证明一九四九年春季党的二中全会严重地指出资产阶级对党的侵蚀的必然性和为防止克服此种巨大危险的必要性，是完全正确的，现在是全党动员切实执行这项决议的紧急时机了。""现在必须向全党提出警告：一切从事国家工作、党务工作和人民团体工作的党员，利用职权实行贪污和实行浪费，都是严重的犯罪行为。""一切贪污行为必须揭发，按其情节轻重，给以程度不等的处理，从警告、调职、撤职、开除党籍、判处各种徒刑、直至枪决。"同时指出："浪费和贪污在性质上虽有若干不同，但浪费的损失大于贪污，其结果又常与侵吞、盗窃和骗取国家财物或收受他人贿赂的行为相接近。故严惩浪费，必须与严惩贪污同时进行。"

毛泽东及时地发动了一场以反贪污、反浪费、反官僚主义为主要内容的"三反"运动。这次运动是在全国解放不久，法制还很不健全的条件下进行的，做法上又有过头的地方，曾发生了一些错案，但大都很快得到纠正。应当说，这次运动开展得非常及时，对于健全党的肌体，防止腐败现象蔓延，起了积极的和相当长时间的作用，同时也挽救了许多干部。年谱引述了毛泽东关于发动和指导"三反"运动的大量的指示、批示。

毛泽东从新中国成立一直到他的晚年，从来没有放松过同党内的腐败现象进行斗争。

毛泽东总是谆谆教育党的各级干部和广大共产党员，一定要保持艰苦奋斗的作风。新中国建立伊始，他就提出，希望"全国一切革命工作人员永远保持过去十余年间在延安和陕甘宁边区的工作人员中所具有的艰苦奋斗的作风"。以后他又不断地提醒大家。1956年在中共八届二中全会上，他提出"要勤俭建国，反对铺张浪费，提倡艰苦朴素作风，与群众同甘共苦"，并把艰苦奋斗提到是我们党的"政治本色"这样的高度来认识。1957年开展整风运动，他希望经过整风，把艰苦奋斗的传统在全党好好发扬起来。他说："因为革命胜利了，有一部分同志，革命意志有些衰退，革命热情有些不足，全心全意为人民服务的精神少了,过去跟敌人打仗时的那种拼命精神少了,而闹地位,闹名誉,讲究吃,讲究穿,比薪水高低,争名夺利,这些东西多起来了。"这是对全党又一次提醒。1965年,毛泽东重上井冈山,颇有感触地对陪同人员说:"没有过去井冈山艰难的奋斗,就不可能有今天。我劝大家,日子好过了,艰苦奋斗的精神不要丢了,井冈山的革命精神不要丢了。"

毛泽东还特别强调要在青年中加强艰苦奋斗的教育,让这个优良作风一代一代地传下去。他说:"现在我们的上层、中层干部还没有忘记艰苦的斗争,但现在二十岁的青年,革命胜利时只有十岁,不懂艰苦,要加以教育,使他们有革命干劲。不要当了科学家、干部就忘记艰苦,只搞个人主义。"他更担心的是干部子弟,语重心长地说:"我很担心我们的干部子弟,他们没有生活经验和社会经验,可是架子很大,有很大的优越感。要教育他们不要靠父母,不要靠先烈,要完全靠自己。"

第二,提出反对官僚主义,倡导党和国家的各级干部要以普通劳动者的姿态出现。

可以这样说,毛泽东同党内的官僚主义现象斗争了一辈子。1952年12月,他看到山东分局纪律检查委员会《关于反对官僚主义、反对命令主义、反对违法乱纪的意见的报告》,即为中共中央起草《关于反对官僚主义、反对命令主义、反对违法乱纪的指示》,指出:"对于不了解人民群众的痛苦,不了解离开自己工作机关稍为远一点的下情,不了解县、区、乡三级干部中存在着许多命令主义和违法乱纪的坏人坏事，或者虽然对于这些坏人坏事有一些了解，但是熟视无睹，不引起义愤，不觉得问题严重，因而不采取积极办法去支持好人，惩治坏人，发扬好事，消灭坏事，这样一方面的官僚主义，则在许多地区、许多方面和许多部门，还是基本上没有解决。"毛泽东对官僚主义是毫不留情的。他在又一个批示中写道："我们一定要把领导上的老爷式作风、官僚主义作风、命令作风，完全消灭得干干净净。"

特别值得注意的是，毛泽东严肃地提出要警惕在我们国家形成一个贵族阶层的问题。他说："我们一定要警惕，不要滋长官僚主义作风，不要形成一个脱离人民的贵族阶层。谁犯了官僚主义，不去解决群众的问题，骂群众，压群众，总是不改，群众就有理由把他革掉。我说革得很好，应当革掉。"他在读苏联《政治经济学教科书》时，还提出要警惕出现"既得利益集团"的问题。他说："社会主义社会的发展过程中，还有一个问题值得注意，这就是既得利益集团的问题。每一个时期，总会有这样一部分人，保持旧制度对他们有利，用新制度代替旧制度对他们不利。他们安于已有的制度，不愿意改变这种制度。"这些话是早在五十多年以前说的，今天读起来却有很强的现实感。

毛泽东认为，同官僚主义作斗争是一个长期的任务："官僚主义和命令主义在我们的党和政府，不但在目前是一个大问题，就是在一个很长的时期内还将是一个大问题。""官僚主义这种旧社会遗留下来的坏作风，一年不用扫帚扫一次，就会春风吹又生了。"

毛泽东最厌恶的就是那些高高在上、在老百姓面前在下级面前摆官僚架子的人。他反复地讲，领导干部要打掉官气，要平等待人，要以普通劳动者的姿态出现。这鲜明地反映了毛泽东的平等观和价值观。他在《工作方法六十条（草案）》中，专门就这个问题写了一条，其中说："以真正平等的态度对待干部和群众。必须使人感到人们互相间的关系确实是平等的，使人感到你的心是交给他的。""人们的工作有所不同，职务有所不同，但是任何人不论官有多大，在人民中间都要以一个普通劳动者的姿态出现。决不许可摆架子，一定要打掉官风。"毛泽东之所以特别强调地提出这个问题，就是因为我们有些干部，如他所说的，老子天下第一，看不起人，靠资格吃饭，做了官，特别是做了大官，就不愿以普通劳动者的姿态出现。他说"这是一种恶劣现象"。今天我们来读读毛泽东这些话，总是感到那么鲜活，那么尖锐，有那么强的现实针对性。

为保证党和国家的各级干部以普通劳动者的姿态出现，同老百姓打成一片，平等待人，毛泽东曾经提出许多措施，包括：规定各级干部每年要有四个月到基层调查并参加生产劳动，解放军的将军下连队当兵，等等。

以上我们引用了那么多毛泽东的警世名言，说明什么呢？说明作为人民共和国和共产党主要领导人的毛泽东，最担心的问题就是共产党的干部脱离人民群众，丢掉为人民服务的本色，蜕化变质。他想方设法解决和预防这个问题的发生，一直奋斗到晚年。

第三，提出共产党要接受监督。

毛泽东说首先是阶级的监督、群众的监督、人民团体的监督，还要有民主党派的监督。这是毛泽东关于加强执政党建设的一个重要思想。他认为，共产党一党执政，权力很大，在群众中的威望又很高，没有监督就会犯错误。他说："现在我们胜利了，自己掌握了政权，很容易强调专政，忽略民主的一面。""我们的党很大，掌握权力，做了许多好事，人们就拍手，毛病就产生了，官僚主义就出来了。"又说："中国共产党是一个力量很大的党，如搞不好，人民就要怕我们。一个党使人民怕，这个党就不好了，就危险了。"在讲到要接受民主党派的监督时，毛泽东曾说过这样一段话："其原因就是因为我们这个党功劳太大，在中国社会的威望太大，这就发生一个危险，容易包办代替，用简单的行政命令行事。所以，我们特地请几个民主党派来监督我们，并且跟我们长期共存。"1957年中国共产党开展反对官僚主义、宗派主义和主观主义的整风运动，曾邀请民主党派帮助整风，真诚希望他们向党提意见，就是一次具体的监督实践。后来由整风转到反右派斗争时，在反击右派向党和社会主义的进攻中，发生了严重扩大化的错误，其中也伤害了民主党派人士，这是一个严重的教训。党在《关于建国以来党的若干历史问题的决议》中已总结和吸取了这方面的教训。中国共产党作为执政党,要接受民主党派和党外民主人士监督这个方针,是应当长期坚持并很好实行的。

第四,提出防止和平演变,强调要高度重视和切实抓好培养社会主义事业接班人的工作。

从20世纪50年代末,毛泽东对社会主义国家可能发生和平演变问题,就开始注意起来。他第一次明确地提出这个问题,是在1959年11月12日同华东地区各省市委第一书记的谈话中。他向到会的同志讲了杜勒斯的三次讲话。其中杜勒斯说到,对社会主义国家"放弃使用武力并不意味着维持现状,而是意味着和平的转变"。毛泽东说:他们要"和平转变谁呢?就是转变我们这些国家,搞颠覆活动,内部转到合乎他的那个思想"。"用和平转变,腐蚀我们。"和平演变是西方帝国主义国家看到不能以武力征服社会主义国家的情况下提出的新战略,是他们的一项长期不变的战略。毛泽东敏锐地抓住这个问题,及时提出要防止和平演变的战略任务,这是具有重大而深远意义的。

毛泽东提出培养社会主义事业接班人问题,并提出接班人的一些基本标准,就是为了保证党不变质,国家不变色,是具有战略眼光的。但是他最终并没有解决好这个问题,而且有着严重的教训。

毛泽东在其晚年,特别是在"文化大革命"中,违反了他一贯倡导并身体力行的党的建设方面的基本原则和优良传统,给党和国家造成很大损害。这一方面的情况,年谱作了记述。

反腐倡廉,反对官僚主义,共产党要接受监督,培养社会主义事业接班人,这些都是为了防止中国共产党脱离群众,为了使广大党员和干部特别是各级领导干部始终保持同人民群众的密切联系,在各项工作中实现、发展和维护好人民的切身利益和根本利益。因此这些举措都体现了党的群众路线。

毛泽东关于群众路线的论述很多,是他在不同场合,针对不同情况,与不同对象谈的,或者是在一些批示中写下来的。从1959年至1965年这段时间,特别是在纠"左"、总结"大跃进"的经验教训的时候,讲得最多。1959年6月22日,他同河南省委负责人谈话时就指出:"公社教训就是群众路线的问题,脱离群众,刮'共产风'。哪一件事情触怒了群众呢?就是刮'共产风'。"第二次郑州会议以后,毛泽东在1959年3月17日关于召开县的四级或五级干部大会问题,给各省、市、自治区党委第一书记的通信中指出:"我们的公社党委书记同志们,一定要每日每时关心群众利益,时刻想到自己的政策措施一定要适合当前群众的觉悟水平和当前群众的迫切要求。凡是违背这两条的,一定行不通,一定要失败。"1961年1月29日,他同江苏省委负责人谈话时说:"马克思主义基本原则是为人民服务,否则是国民党作风。对群众没有感情,对贫下中农没有感情,不顾群众死活,不了解情况,不听群众的话,也不听上边的话,这种人不能做领导工作。"1961年5

月14日，毛泽东在转发张平化关于调查问题的来信的批示中指出："都要坚决走群众路线，一切问题都要和群众商量，然后共同决定，作为政策贯彻执行。各级党委，不许不作调查研究工作。绝对禁止党委少数人不作调查，不同群众商量，关在房子里，作出害死人的主观主义的所谓政策。"1961年5月21日，毛泽东在中央政治局常委扩大会议的讲话中很有感触地说："过去我们开会，都是说的人家的话，听地委、县委的，总之都是听来的，说人家的话，因为你没有到群众中去，听群众的话。如食堂问题，这次蹲了点，了解了真实情况，才能说我们自己的话。"这段话说得很平实，却包含了深刻的教训，是付出了沉重的代价的，对我们今天有很大的教育意义。1961年6月8日在中央工作会议上，毛泽东作自我批评，表示承担对发动"大跃进"负主要责任时，还说过这样的话："管他马克思、恩格斯、列宁、斯大林、毛泽东、你们、伙夫、马夫讲的，拿到群众中行得通才行。违反客观事物的规律，硬去实行，要受惩罚。"

毛泽东特别强调要依靠占人口最大多数的劳动人民——农民。农民问题，在毛泽东的头脑里始终占着十分重要的地位，从民主革命时期一直到社会主义革命和建设时期。他说："没有农民拥护，不管你修多少铁路，搞多少钢铁，也会搞翻的。"1964年5月12日，他在听取国家计委领导小组汇报时又说："你们做计划工作的也要注意绝大多数，注意贫下中农。"

毛泽东在同外宾谈话时，常常根据中国革命的经验，结合他自己的切身体会，阐述马克思列宁主义的群众路线问题。他对日共《赤旗报》总编辑说："我们的经验也是列宁的经验，即十月革命前后列宁在世时的经验，主要的是相信群众、组织群众，党的政策要反映群众的意见。在列宁的著作中，可以充分看到他对群众路线的重视。"毛泽东把革命胜利还是失败的决定因素归结于是不是脱离群众。他对阿尔及利亚客人说："革命总是要经过反复斗争的，做得好可以把政权保持下去，不脱离群众。凡是脱离群众的，非失败不可，凡是胜利了，都是由于得到群众的支持，凡是胜利了又失败，一定是脱离了群众。"1957年4月21日，毛泽东会见日本社会党领导人浅沼稻次郎时，主动提出要谈谈人民力量的问题，他说："人民力量一定要胜过反人民力量。我们党为什么能取得政权呢？为什么能和有外国援助的军队打仗呢？就是因为有人民。"1963年4月24日，在会见印度尼西亚军事友好代表团时，毛泽东又进一步指出："我们跟蒋介石和日本一共打了二十二年，主要一条经验是，要同群众结合起来。什么时候跟群众合作得好，我们就得到发展；什么时候脱离群众，我们就犯错误，就失败。"1963年9月9日，毛泽东同新西兰共产党主席威廉斯谈话时，曾谈到他对中国情况的认识主要是向群众学习。他是这样说的："我认识中国经过很长时间，走过很长的道路，有胜利，也有失败。有一个时候可以说是中国人不认识中国。我向马克思学习，向列宁、斯大林学习，向敌人学习，最重要的是向群众学习。"为什么"最重要的是向群众学习"呢？这个话是讲得很深刻的。马克思主义经典作家的思想，以及人类一切包含真理性认识的思想，归根到底，都是从群众的社会实践经验中总结出来的。

有一位外国客人问毛泽东：您这样伟大的秘密是什么？力量的源泉是什么？毛泽东回答说："我没有什么伟大，就是从老百姓那里学了一点知识而已。当然我学了一点马克思主义，但是单学马克思主义还不行，要从中国的特点和事实来研究中国问题。力量的来源是人民群众。不反映人民群众的要求，哪一个也不行。要到人民群众那里学得知识，制定政策，然后再去教育人民群众。"

× × ×

从中华人民共和国成立到毛泽东逝世的二十七年间，是新中国的一个重要历史阶段。它是人民共和国奠基的阶段，是我们党探索中国社会主义建设道路积累了正反两方面丰富经验的阶段。今天，无论国际、国内都发生了巨大的变化。我们来看那段历史，对那一代党的领导人进行评价，应该采取历史唯物主义的观点，放在当时的历史条件下和历史过程中，去加以考察和研究。不能简单地用今天的政策和做法去衡量那段历史，也不能用今天我们党对建设社会主义的认识水平，去要求前人。他们的探索，包括成功的和不成功的，都是为我们党和国家留下的极其宝贵的财富。

重新学习《为人民服务》*

中国共产党从成立那一天起，就肩负着民族独立、人民解放的历史责任。经过二十三年艰苦卓绝的斗争，一个响亮的口号被正式提出来了，这就是七十年前毛泽东在一个普通战士的追悼会上喊出的"为人民服务"。这个口号的产生，正值毛泽东思想已达到成熟并全面展开，即将成为全党指导思想的历史时刻。过了不到半年，毛泽东在党的七大政治报告《论联合政府》中，根据二十四年的经验，对为人民服务的思想，从理论与实际的结合上，作了全面而深刻的阐述。

为人民服务这个口号一经提出，立即在全党传播开来。随后又在全国人民中间广泛传播开来，深入人心，成为中国共产党领导中国人民进行革命、建设和改革的最有凝聚力量和动员力量的口号。

---

* 这是作者2014年9月4日在中国延安精神研究会举办的纪念《为人民服务》发表70周年座谈会上的发言，发表在《中华魂》2014年11月上半月刊。

为人民服务，只有五个字，却有千钧重的分量。它有着丰富的科学内涵、深厚的理论基础和坚实的实践经验。

首先，为人民服务这个口号，是中国共产党的性质、宗旨、作风的集中概括和集中体现。中国共产党是无产阶级的先锋队，又是民族解放的先锋队。它以人民利益为最高利益，而没有自己的特殊利益。这就是由它的性质所决定的，是它同一切其他政党的根本区别之一。毛泽东说："全心全意地为人民服务，一刻也不脱离群众；一切从人民的利益出发，而不是从个人或小集团的利益出发；向人民负责和向党的领导机关负责的一致性；这些就是我们的出发点。"[1]"共产党人的一切言论行动，必须以合乎最广大人民群众的最大利益，为最广大人民群众所拥护为最高标准。"[2]这就是我们党的宗旨，就是我们每一个共产党员应当遵循的最基本的行动准则。毛泽东又说："共产党人必须随时准备坚持真理，因为任何真理都是符合于人民利益的；共产党人必须随时准备修正错误，因为任何错误都是不符合于人民利益的。"[3]在这里，毛泽东提出一个重要命题，即真理同人民利益的一致性。毛泽东又说："二十四年的经验告诉我们，凡属正确的任务、政策和工作作风，都是和当时当地的群众要求相适合，都是联系群众的；凡属错误的任务、政

---

[1]《毛泽东选集》第3卷，人民出版社1991年第2版，第1094—1095页。
[2] 同上书，第1096页。
[3] 同上书，第1095页。

策和工作作风，都是和当时当地的群众要求不相适合，都是脱离群众的。"[1]这说明，中国共产党为人民服务得好不好，是不是脱离群众，主要决定于党的路线、方针、政策和工作作风是否正确，是否符合人民群众的利益。这不但是二十四年的经验，而且是中国共产党全部历史的经验。

其次，为人民服务这个口号，是建立在马克思主义唯物史观的理论基础上。唯物史观的一个基本原理，就是人民群众是历史的创造者。毛泽东对这个问题作过许多精辟而中肯的表述。例如他说："人民，只有人民，才是创造世界历史的动力。"[2]"群众是真正的英雄，而我们自己则往往是幼稚可笑的。"[3]这就是说，人民群众在人类社会发展中是起决定作用的。承不承认这一点，是唯物史观同唯心史观的根本区别。唯物史观承认杰出人物在历史上的作用，但是他们的作用，必须顺应时代的潮流即广大人民群众的要求，才能发挥出来，否则将一事无成。正如毛泽东所指出的："力量的来源是人民群众。不反映人民群众的要求，哪一个也不行。"[4]对一个人来说是如此，对一个政党来说也是如此。毛泽东在同外国客人的一次谈话中曾经说过："革命总是要经过反复斗争的，做得好可以把

---

[1]《毛泽东选集》第3卷，人民出版社1991年第2版，第1095页。
[2] 同上书，第1031页。
[3] 同上书，第790页。
[4]《毛泽东年谱（1949—1976）》第5卷，中央文献出版社2013年版，第401页。

政权保持下去，不脱离群众。凡是脱离群众的，非失败不可，凡是胜利了，都是由于得到群众的支持，凡是胜利了又失败，一定是脱离了群众。"[1]毛泽东还说过"上帝就是人民，人民就是上帝"[2]。党的干部不论职位高低都是人民的勤务员，这个比喻，非常深刻而形象地揭示了党和人民群众的关系，体现了历史唯物主义的基本观点。

第三，为人民服务这个口号，是马克思主义基本原理同中国革命丰富的实践经验相结合的产物。我们前面说过，毛泽东正式提出这个口号，是在中国共产党成立二十三年的时候。二十三年的奋斗，经过北伐、土地革命战争和抗日战争三次伟大的斗争，不管是在顺利的时候，还是处在逆境之中，不管经受多么大的困难，我们党和它的广大党员，一直在为人民的利益而斗争，对一切危害人民利益的行为进行批评和纠正，涌现出了许许多多为人民利益而牺牲的英雄人物和无数的革命烈士。中国共产党的历史，就是一部为人民利益而奋斗的历史。正如毛泽东所说的："共产党的路线，就是人民的路线。"[3]我们党也犯过错误甚至严重的错误，损害了人民的利益。但是，这些错误都是由我们党自己纠正的，并且从错误中汲取教训，总结经验，使自己更加成熟起来，更好地为人民服务。为人民

---

[1]《毛泽东年谱（1949—1976）》第5卷，中央文献出版社2013年版，第204页。
[2] 同上书，第480页。
[3]《毛泽东文集》第2卷，人民出版社1993年版，第409页。

服务这个口号，正是在丰富实践经验的基础上提炼出来的。

为人民服务，是我们共产党员崇尚和践行的一种人生观、价值观。毛泽东在《为人民服务》一文中说道："为人民利益而死，就比泰山还重；替法西斯卖力，替剥削人民和压迫人民的人去死，就比鸿毛还轻。张思德同志是为人民利益而死的，他的死是比泰山还要重的。"[1]这就是共产党人的人生观、价值观。这种人生观、价值观，是要在长期的政治、理论学习和实际锻炼中才能逐渐形成。现在，我们所处的时代，与革命战争年代已经大不相同了，跟20世纪五六十年代的社会主义革命和建设时期也大不相同了。我们党是在改革开放和实行社会主义市场经济条件下执政的。社会呈现多元化的特征，各种思潮、各种价值取向都竞相在社会中扩展自己的影响。在这种多元化的社会环境里，我们共产党员应当怎样保持和践行为人民服务的理念呢？这是一个非常重要而现实的问题，是共产党员面临的严峻的考验。我们说，越是在这样的社会环境中，在个人利益驱动日益增强的情况下，共产党员越是要强化为人民服务的意识，做"一个高尚的人，一个纯粹的人，一个有道德的人，一个脱离了低级趣味的人，一个有益于人民的人"[2]。为人民服务，决不是否定个人利益。相反，在为人民服务当中，可

---

[1]《毛泽东选集》第3卷，人民出版社1991年第2版，第1004页。
[2]《毛泽东选集》第2卷，人民出版社1991年第2版，第660页。

以充分施展自己的才能,实现自身的价值。只要是做好本职工作,为国家、为社会、为党的事业做出贡献,就是为人民服务。多年来,我们国家在各条战线上,涌现出许多英雄模范人物,许多获得"最美"称号的人物,以及许多秉持"帮助别人,快乐自己"高尚精神的人物。他们都是实践为人民服务的典型代表,都是为国家、为社会做出突出贡献的,受到了人们的尊重和崇敬。

为人民服务体现了社会主义核心价值观。它同极端个人主义、拜金主义、享乐主义等是截然对立的;同那种"人不为己,天诛地灭"之类的腐朽的人生观、价值观更是不相容的。这些腐朽的思想观念对人们是一种腐蚀剂,对构建和谐社会具有破坏力。

人的思想是会变的。在我们党内,有一些党员包括一些高级干部,原本也并不是坏的,也曾经为党和国家的事业做出过贡献。但是,他们在灯红酒绿的环境中,在权钱交易的诱惑下,一个一个地倒下了。什么理想信念,什么为人民服务,早就抛到九霄云外了,由人民公仆变成人民的罪人。这是一个十分严重的教训。要清除这种现象,防止这种现象的发生,必须从体制和制度方面加以解决,这是根本的。但同时,对每个党员来说,加强自身的学习和修养是十分重要的。要把理想信念,把为人民服务的理念,牢牢记在心里,时时警醒自己,去抵御各种不正的风气,打消各种邪恶的念头,防止自己的灵魂被侵蚀。人民给予的权力是用来为人民服务的，不是为了谋取个人私利的。被授予的权力越大，地位越高，应当为人民服务得越好，贡献越大。这才是正确的权力观。如果返其道而行之，随着所掌握的权力的扩大，私欲愈来愈膨胀，最后必然落得个身败名裂。要知道，欲壑是难填的。今天，我们重新学习《为人民服务》这篇文章，学习毛泽东关于为人民服务的重要论述，自觉实践这一理念，显得特别重要。还是毛泽东那句话，学习全在于应用。学习《为人民服务》就是要落到实际行动中。为人民服务的口号喊得再响而不去实行，那是毫无意义的。我们要在建设中国特色社会主义，实现中华民族复兴的中国梦的伟大事业中，担负起一个共产党员的责任。每个党员干部，都要带头做好为人民服务，作一个踏踏实实为老百姓办实事的勤务员。